基础会计(第2版)
(微课版)

杨承亮　陈小英　主　编

清华大学出版社
北京

内 容 简 介

本书收录了最新修订的《企业会计准则》和相关会计法规的有关规定，2019年4月1日以后的税制和2019年5月10日财政部新修订的一般企业财务报表的格式，按照调减后的增值税的新适用税率更改了书中涉及增值税的相应计算，更新了资产负债表、利润表等会计报表的格式和内容。本书按照高职高专理论教学以必需、够用为度的原则，以会计凭证、会计账簿和会计报表为主线，运用实例，系统地阐述了会计应知、应会的基本知识和基本操作技术，从而使学习者对会计核算工作的全过程有一个完整的了解，为专业会计课程的学习奠定基础。本书内容突出对学生会计岗位职业技能与实践操作能力的训练，为备战会计专业技术初级资格考试打下扎实基础。

本书共分为9个项目，包括认识会计，原始凭证的填制、审核与传递，记账凭证的填制、审核与传递，建账、登账及错账更正，期末处理，财务报告，账务处理程序，会计凭证的装订及会计档案的管理，会计工作组织。

本书可作为高职高专院校、成人高等学校会计专业及财经类相关专业用书，也可作为在职会计人员培训及自学用书。

本书封面贴有清华大学出版社防伪标签，无标签者不得销售。
版权所有，侵权必究。举报：010-62782989，beiqinquan@tup.tsinghua.edu.cn。

图书在版编目(CIP)数据

基础会计：微课版/杨承亮，陈小英主编. —2版. —北京：清华大学出版社，2020.9（2025.1重印）
ISBN 978-7-302-56010-4

Ⅰ. ①基… Ⅱ. ①杨… ②陈… Ⅲ. ①会计学 Ⅳ. ①F230

中国版本图书馆CIP数据核字(2020)第121743号

责任编辑：梁媛媛
封面设计：刘孝琼
责任校对：周剑云
责任印制：沈 露

出版发行：清华大学出版社
    网　　址：https://www.tup.com.cn，https://www.wqxuetang.com
    地　　址：北京清华大学学研大厦A座　　邮　　编：100084
    社 总 机：010-83470000　　邮　　购：010-62786544
    投稿与读者服务：010-62776969，c-service@tup.tsinghua.edu.cn
    质量反馈：010-62772015，zhiliang@tup.tsinghua.edu.cn
    课件下载：https://www.tup.com.cn，010-62791865
印 装 者：三河市科茂嘉荣印务有限公司
经　　销：全国新华书店
开　　本：185mm×260mm　　印　张：20.25　　字　数：491千字
版　　次：2016年9月第1版　2020年9月第2版　　印　次：2025年1月第6次印刷
定　　价：58.00元

产品编号：087638-01

前 言

为了适应高等职业技术院校应用型人才的培养需要,紧扣高职高专基础会计教学目标和高职高专学生的特点,充分吸收近年来高等职业教育的最新教改成果和最新会计准则,我们在总结长期教学改革经验的基础上编写了本书。

在编写体例上,本书力求符合教学规律的要求,尽量循序渐进地按照学习和理解知识的规律来安排结构、层次和内容。

本书共分为 9 个项目,每个项目又设计了若干个任务,从会计的证、账、表入手,以会计工作流程为主线,突出了会计职业活动典型工作任务的设计,体现了高职教育职业化和实践化的特色。

为了培养学生的学习能力和实际操作能力,本书的每个项目前均安排了知识目标、技能目标和案例引导;每个项目后均安排了项目小结、项目强化训练(包括单项选择题、多项选择题、判断题、名词解释、思考题、业务题等),以便学生更好地掌握各项目的基本理论、原理和方法;并且还配套编写了《基础会计模拟实训(单项、综合)(第 2 版)》一书,在清华大学出版社同期出版,使理论与实践相结合,做到教、学、做一体化,提高学生的实际操作能力。使学生学有所练、学以致用,为提高分析问题和解决问题的能力奠定基础,也为以后学习其他专业课程创造条件。

本书在再版过程中收录了最新修订的《企业会计准则》和相关会计法规的有关规定,2019 年 4 月 1 日以后的税制和 2019 年 5 月 10 日财政部新修订的一般企业财务报表的格式,按照调减后的增值税的新适用税率更改了书中涉及增值税的相应计算,更新了资产负债表、利润表等会计报表的格式和内容,并对案例进行了优化和修订,使全书更具有时效性和实用性。

本书由福建农业职业技术学院杨承亮、陈小英共同编写,具体编写分工是:杨承亮编写项目一、二、三、四、五、六、九;陈小英编写项目七、八。最后,由杨承亮总纂定稿。

本书在出版过程中得到了清华大学出版社的大力支持。另外,在编写过程中,我们还参阅了许多基础会计教材,吸收、借鉴与引用了近年来高等职业教育的最新教改成果及有关资料,在此一并表示诚挚的谢意!

由于编者水平有限,书中难免有不妥之处,敬请读者批评指正,以便在修订时改正。

编 者

目　　录

项目一　认识会计 1

任务一　会计概述 2
一、会计的产生及发展 2
二、会计的定义及职能 4
三、会计的任务及其核算方法 5

任务二　会计对象 7
一、会计对象的定义 7
二、会计对象的具体内容 7

任务三　会计核算的基本前提和会计信息质量要求 9
一、会计核算的基本前提 9
二、会计信息质量要求 11

任务四　会计核算的基础和会计计量 ...14
一、会计核算的基础 14
二、会计计量 14

项目小结 16
项目强化训练 16

项目二　原始凭证的填制、审核与传递 21

任务一　认识原始凭证 22
一、原始凭证的概念及种类 22
二、原始凭证的基本内容 28

任务二　原始凭证的填制 28
一、原始凭证填制的基本要求 28
二、自制原始凭证的填制方法 30
三、外来原始凭证的填制方法 34

任务三　原始凭证的审核与传递 35
一、原始凭证审核的内容 35
二、原始凭证审核结果的处理 35
三、原始凭证的传递 36

项目小结 37
项目强化训练 37

项目三　记账凭证的填制、审核与传递 43

任务一　会计要素和会计等式 46
一、会计要素 46
二、会计等式 52

任务二　会计科目和账户 57
一、会计科目 57
二、账户 63

任务三　复式记账原理 66
一、单式记账法 66
二、复式记账法 67

任务四　借贷记账法 68
一、借贷记账法的概念 68
二、借贷记账法的内容 69
三、会计分录 74
四、借贷记账法应用举例 75
五、账户的试算平衡 78
六、账户的分类 79

任务五　记账凭证的填制、审核与传递 ...87
一、记账凭证的概念及种类 87
二、记账凭证的基本内容 93
三、记账凭证填制的基本要求 94
四、记账凭证的填制方法 95
五、记账凭证的审核与传递 98

任务六　企业主要经济业务的核算 99
一、筹集资金业务的核算 99
二、生产准备业务的核算 105
三、生产过程业务的核算 115
四、销售过程业务的核算 123
五、财务成果业务的核算 132

项目小结 141
项目强化训练 142

项目四 建账、登账及错账更正 165

任务一 会计账簿概述 167
一、会计账簿的概念及作用 167
二、会计账簿的种类 167

任务二 会计账簿的设置及登记 173
一、会计账簿设置的原则及其
基本内容 173
二、会计账簿的启用 175
三、会计账簿的记账规则 175
四、日记账的设置与登记方法 176
五、总分类账的设置与登记方法 180
六、明细分类账的设置和登记
方法 181
七、总分类账和明细分类账的
平行登记 187

任务三 错账更正的方法 191
一、划线更正法 192
二、红字更正法 192
三、补充登记法 194

项目小结 196
项目强化训练 196

项目五 期末处理 205

任务一 对账 206
一、账证核对 207
二、账账核对 207
三、账实核对 209

任务二 财产清查 209
一、财产清查的概念和意义 209
二、财产清查的分类 211
三、财产清查的方法 212
四、财产清查结果的处理 217

任务三 结账 221
一、结账的内容和程序 221
二、结账的方法 222

项目小结 224
项目强化训练 224

项目六 财务报告 233

任务一 财务报告概述 234
一、财务报告的概念 234
二、财务报表的组成 234
三、财务报表的种类 234
四、财务报表的编制要求 235
五、财务报表编制前的准备工作 237

任务二 资产负债表 237
一、资产负债表的概念和作用 237
二、资产负债表的结构 238
三、资产负债表的编制方法 240
四、资产负债表编制举例 243

任务三 利润表 246
一、利润表的概念和作用 246
二、利润表的结构 246
三、利润表的编制方法 248
四、利润表编制举例 249

任务四 现金流量表 252
一、现金流量表概述 252
二、现金流量表的结构 252
三、现金流量表的编制方法 254

任务五 所有者权益变动表 254
一、所有者权益变动表的内容及
结构 254
二、所有者权益变动表的编制
方法 257

项目小结 258
项目强化训练 258

项目七 账务处理程序 267

任务一 账务处理程序概述 268
一、账务处理程序的概念和意义 268
二、账务处理程序的基本要求 268
三、账务处理程序的种类 269

任务二 记账凭证账务处理程序 269
一、记账凭证账务处理程序的
概念 269
二、记账凭证账务处理程序的
特点及凭证、账簿的设置 269

三、记账凭证账务处理程序的
　　　　工作步骤..................269
　　四、记账凭证账务处理程序的
　　　　优缺点及适用范围..........274
任务三　科目汇总表账务处理程序......274
　　一、科目汇总表账务处理程序的
　　　　概念......................274
　　二、科目汇总表账务处理程序的
　　　　特点及凭证、账簿的设置....274
　　三、科目汇总表账务处理程序的
　　　　工作步骤..................274
　　四、科目汇总表的编制方法......275
　　五、科目汇总表账务处理程序的
　　　　优缺点及适用范围..........278
任务四　汇总记账凭证账务处理程序....278
　　一、汇总记账凭证账务处理程序的
　　　　概念......................278
　　二、汇总记账凭证账务处理程序的
　　　　特点及凭证、账簿的设置....279
　　三、汇总记账凭证账务处理程序的
　　　　工作步骤..................279
　　四、汇总记账凭证的编制方法....279
　　五、汇总记账凭证账务处理程序的
　　　　优缺点及适用范围..........281
项目小结..............................282
项目强化训练..........................282

项目八　会计凭证的装订及会计
　　　　　档案管理..................289

任务一　会计凭证的装订与保管........290

　　一、会计凭证的装订..............290
　　二、会计凭证的保管..............291
任务二　会计档案管理..................292
　　一、会计档案概述................292
　　二、会计档案的归档、保管和
　　　　查阅........................292
　　三、会计档案销毁................294
项目小结..............................295
项目强化训练..........................295

项目九　会计工作组织..................299

任务一　会计工作组织的基本内容......301
　　一、会计工作组织的意义..........301
　　二、会计工作组织的原则..........302
任务二　会计机构......................303
　　一、会计机构的设置..............303
　　二、会计机构内部的岗位设置......303
　　三、企业会计工作的组织形式......304
任务三　会计人员......................304
　　一、会计人员的职责和权限........305
　　二、会计人员的职业道德..........306
　　三、会计人员的工作交接..........306
任务四　会计法规......................309
　　一、会计法规体系................309
　　二、会计法........................309
　　三、企业会计准则................309
　　四、企业会计制度................311
项目小结..............................312
项目强化训练..........................312

参考文献..............................315

项目一 认识会计

【知识目标】

- 掌握会计职能的概念及会计核算的基本前提。
- 能够描述会计信息的质量要求。
- 能够识别会计核算的方法。

【技能目标】

- 能够根据资金的循环及分布状态确定业务类型。
- 理解会计任务的重要性,掌握充分实现会计各项任务的方法。

> **案例引导**
>
> **案例一：你眼里的会计**
>
> 第一次上基础会计课程时，会计老师问："什么是会计？"张同学说："会计是指一个人，我们村里就有一个程会计。"李同学说："会计是指一项工作，我妈妈就在一个公司当会计。"邓同学说："会计是指一个部门、一个机构，每个公司都有一个会计部或会计处。"陈同学说："会计是一个学科或专业，我们现在学的就是会计专业。"
>
> 思考：你认为他们说得对吗？谈谈什么是会计？
>
> **案例二：会计产生的原因**
>
> 李平是会计专业的大三学生，他开发设计了一套开放型的会计电算化软件，增加了管理分析、产品控制、财务分析和预警等独特功能。受学校提倡创业计划的鼓励，他自己注册了一家经营会计电算化软件的咨询服务公司——银蝶公司，且他本人是唯一的所有人。他没有向任何人提供公司的财务信息，也没有聘用会计和出纳，只是自己根据发票缴纳税金。
>
> 在经营一段时间后，李平准备进一步扩大公司规模，于是增加了4位股东。4位股东共投入了200万元股本，共享有50%的股份，李平自己独自拥有50%的股份。由于其他股东都在外地，因此公司由第一大股东李平经营。但是，身在外地的4位股东从自身投资安全考虑，担心代理人李平从机会主义的角度出发，不再像自己独自经营时那样精打细算，从而损害自己的利益，于是他们希望了解并随时掌握公司的全部经营活动。当然，他们最关心的还是公司的经营成果、各自能分得的份额及公司的发展前景等。这样一来，银蝶公司就必须成立会计机构，以向股东提供会计信息。
>
> 思考：根据上述内容，分析会计产生的原因。

任务一 会 计 概 述

一、会计的产生及发展

在人类历史发展的最初阶段，即原始社会，生产力极为低下，人类在群居生活和共同劳动中勉强维持生存和延续后代，不需要也不会产生会计。在原始社会末期，随着生产力的发展，开始有了剩余劳动，人类为记录劳动成果的数量，采用了"结绳记事""刻木记数"等简单方法。这当然很难称之为会计，但会计的萌芽却已从这里产生。随着生产力的进一步发展，出现了社会分工、原始的文字和数字，于是会计从生产职能中分离出来，成为一种独立的管理职能。

古代会计经历了漫长的发展过程。在我国奴隶社会的西周时期，就出现了"会计"一词。西周王朝设立了专门管理钱粮赋税的官员——司会，进行"月计岁会"，把每月零星算称为"计"，把年终总合算称为"会"；在封建社会的宋朝初期出现了"四柱清册"，反映钱粮的"旧管""新收""开除""实在"，相当于现代会计的"期初结存""本期收-9

入""本期支出"和"期末结存";"四柱"之间的结算关系可用会计方程式表示为"旧管+新收=开除+实在"。在"四柱"中,每一柱都反映经济活动的一个方面,各柱相互衔接形成的平衡公式,既可检查日常记账的正确性,又可系统、全面、综合地反映经济活动的全貌。我国宋朝时期,官府办理钱粮报销或移交手续时,一般都运用"四柱结算法",所编制的会计报表称为"四柱清册"。这是我国古代会计的一个杰出成就,为我国通行多年的收付记账法奠定了理论基础。明、清两代,会计工作者又在"四柱结算法"原理的启发下,设计了"龙门账"的会计核算方法。"龙门账"把全部经济业务划分为"进""缴""存""该"四大类。所谓"进",是指全部收入;"缴"是指全部支出;"存"是指全部资产;"该"是指全部负债。四者之间的关系可用会计方程式表示为"进-缴=存-该"。每届年终结账时,一方面可根据有关"进"与"缴"两类账目的记录编制进缴表,计算差额,决定盈亏;另一方面还应根据有关"存"与"该"两类账目的记录编制"存该表",计算差额,决定盈亏。两方面计算的盈亏数额应该相等。这种双轨计算盈亏并核对账目的方法叫"合龙门",也叫"龙门账"。"龙门账"中的进缴表相当于现代会计中的利润表,存该表相当于现代会计中的资产负债表。

随后,商品货币经济又有了进一步的发展,资本主义经济关系开始萌芽,在民间商业界出现了"四脚账",又称"天地合"。这种账要求对日常发生的一切账项,既要登记它的来账方面,又要登记它的去账方面,借以全面反映同一账项的来龙去脉,这表明我国的会计已由单式记账法向复式记账法过渡。我国的记账方法一度在世界上处于领先地位,但几千年的封建社会中,自给自足的自然经济始终占主导地位,阻碍了生产力的发展,也使会计的发展随之滞后,并逐渐落后于西方资本主义国家会计的发展。

近代会计的发展是以欧洲产业革命和资本主义商品经济发展为背景的。在这一时期,以1494年出版的卢卡·巴其阿勒所著的《算术、几何及比例概要》一书为标志,确立了借贷记账法。自从这部著作问世,整个会计界才从会计实务的研究中摆脱出来,会计才发展成为一门科学。因此,借贷记账法的产生被称为会计发展史上的一个重要里程碑。随后,借贷记账法相继传至世界各国,并在实践中不断发展和完善,直至今日仍被世界绝大多数国家所采用。中华人民共和国成立后,我国曾一度是工业企业使用借贷记账法,商品流通企业使用增减记账法,行政事业单位使用收付记账法。经过1993年的会计改革和2006年会计准则的修订和实施,记账方法开始统一使用借贷记账法,从而使我国的会计工作既能满足管理上的需要,又能适应改革开放的深入发展。

现代会计的发展是以原子能、电子技术和空间技术的发展为背景的。首先,由于计算机在会计上的应用,使会计的技术方法发生了质的飞跃,由手工簿记系统发展成为计算机会计系统;其次,由于生产和管理科学的飞速发展,作为对内报告会计的管理会计产生了,从而使传统会计逐步分化为财务会计和管理会计两大分支。管理会计的产生,使会计不仅能够说明过去,而且还能够科学地筹划未来。

会计产生和发展的历史告诉我们,它是适应社会生产力的发展和经济管理的需要而产生和发展的。会计经历了一个由低级向高级、由简单到复杂的漫长的发展过程。

二、会计的定义及职能

(一)会计的定义

在生产活动中,为了获取一定的劳动成果,必然要耗费一定的人力、财力、物力。人们一方面关心劳动成果的多少,另一方面也注重劳动耗费的高低。因此,人们在不断革新生产技术的同时,必须对劳动耗费和劳动成果进行记录和计算,并对其加以比较和分析,从而有效地组织和管理生产。会计就是这样产生于人们对经济活动进行管理的客观需要,并随着加强经济管理、提高经济效益的要求而发展的,与经济发展密切相关。因此,我们可以将会计定义为:以货币为主要计量单位,借助于专门的技术方法,对各单位的经济活动进行全面、连续、系统、综合的核算与监督,并向有关方面提供会计信息的一种经济管理活动。

(二)会计的职能

会计的职能是指会计在经济管理过程中所具有的功能。《中华人民共和国会计法》(以下简称《会计法》)将会计的基本职能定为核算职能与监督职能。

1. 核算职能

会计核算贯穿于经济活动的全过程,是会计最基本的职能,也称反映职能。它是指会计以货币为主要计量单位,通过确认、计量、记录、计算、报告等环节,对特定对象(特定主体)的经济活动进行记账、算账、报账,为各有关方面提供会计信息的功能。记账是指对特定对象的经济活动采用一定的记账方法,在账簿中进行登记;算账是指在记账的基础上,对企业单位一定时期的收入、费用(成本)、利润和一定日期的资产、负债、所有者权益进行计算;报账是指在算账的基础上,将企业单位的财务状况、经营成果和现金流量情况,以会计报表的形式向有关方面报告。

2. 监督职能

会计监督职能也称控制职能,是指会计人员在进行会计核算的同时,对特定对象经济业务的合法性、合理性进行审查。合法性审查是指保证各项经济业务符合国家的有关法律法规,遵守财经纪律,执行国家的各项方针政策,杜绝违法乱纪行为;合理性审查是指检查各项财务收支是否符合特定对象的财务收支计划,是否有利于预算目标的实现,是否有奢侈浪费行为,是否有违背内部控制制度要求等现象,为增收节支、提高经济效益严格把关。会计监督职能包括事前监督、事中监督和事后监督。

上述两项基本会计职能是相互依存、相辅相成、辩证统一的关系。会计核算是会计监督的基础,没有核算所提供的各种信息,监督就失去了依据;而会计监督是会计核算质量的保障,只有核算没有监督,就难以保证核算所提供信息的真实性、可靠性。

随着生产力水平的日益提高、社会经济关系的日益复杂和管理理论的不断深化,会计所发挥的作用日益重要,特别是管理会计的兴起,其职能也在不断丰富和发展,如预测经济前景、参与经济决策、控制财务预算、分析经营业绩等职能。

三、会计的任务及其核算方法

(一)会计的任务

会计的任务是指对会计对象进行核算和监督所要达到的目的。会计的任务取决于会计对象和经济管理的要求。尽管各个单位会计对象的具体内容有所差别,经济管理上的要求也有所不同,但会计对象的基本内容和管理上的一般要求却是相同的,因此各个单位会计的基本任务也是相同的。概括地说,会计的基本任务主要有以下三个方面。

1. 加强经济核算,及时、正确地提供经济信息

财务部门要通过会计核算,正确反映资金的运动情况,计算各项收入和支出;严格掌握成本和开支,正确、及时、完整地核算经营成果,为有关部门和单位提供可靠的经济信息。

2. 监督经济活动,维护财经纪律,控制经济活动的全过程,保护社会主义财产的完整

财务部门要按照经济管理的目的和要求,对经济活动是否合理、合法、有效进行审核,对财务收支是否按照财经纪律和财务制度执行进行监督,对单位的目标、资金、成本、利润的实现情况进行控制,制止不法行为,维护财经纪律,保护社会主义财产的安全与完整。

3. 参与经济计划、预测和决策,加强经济管理

财务部门要依据会计信息和其他有关信息,运用一定的技术方法,对企业资金运用的各个方面的发展趋势或状况进行估计和测算,有效地参与拟订经济计划、业务计划和经营决策,安排合理的经济活动,发挥会计的综合管理职能,以提高生产经营和财务收支活动的综合经济效益。

(二)会计的核算方法

任何一项管理工作,为了执行其职能,实现其目标,都必须借助于一定的手段,这就是方法。会计的核算方法是如何行使会计核算与监督的职能,完成会计任务的手段。会计的核算方法不是一成不变的,会随着会计核算和监督内容的不断发展及对会计工作不断提出的新要求而不断地改进和发展。

1. 会计方法

在现代会计中,会计方法包括会计核算方法、会计分析方法、会计检查方法。各种方法紧密联系,相互依存,相辅相成,形成了一个完整的会计方法体系。会计核算方法主要是通过计量、计算、记录与登记,提供有用的会计信息,是整个会计工作的基础。会计分析方法主要是利用会计核算提供的资料及其他信息资料对会计主体的经济活动及其效果进行评价、分析,肯定成绩,发现存在的问题,并提出相应的改进措施,改善经营管理,改善财务状况,提高经济效益。会计分析方法是会计核算方法的继续和发展,是全面发挥会计职能作用的必要阶段。会计检查方法主要是对会计核算资料的合法性、公允性、一贯性进行检查验证,以保证会计核算和会计分析的可信赖性,是会计核算和会计分析必不可少的补充。会计检查方法是会计核算方法和会计分析方法的保证。学习会计首先应从基础开始，从掌握会计核算方法入手，下面将主要介绍会计核算方法。

2. 会计核算方法

会计核算方法是对会计对象进行完整、连续、系统的核算和监督所应用的一系列专门方法，具体如下。

1) 设置账户

账户是对会计对象的具体内容分门别类地进行记录、反映的工具。设置账户就是根据国家统一规定的会计科目和经济管理的要求，科学地建立账户体系的过程。进行会计核算之前，首先应将多种多样、错综复杂的会计对象的具体内容进行科学的分类，通过分类反映和监督，才能提供管理所需要的各种指标。每个会计账户只能反映一定的经济内容，将会计对象的具体内容划分为若干项目，即为会计科目，据此设置若干个会计账户，就可以使所设置的账户既有分工又有联系地反映整个会计对象的内容，提供管理所需要的各种信息。

2) 复式记账

复式记账是一种科学的记账方法。运用这种方法，对于每一项经济业务的发生，都要以相等的金额，在两个或两个以上相互联系的账户中进行登记。采用这种方法可以使每项经济业务所涉及的账户发生对应关系，通过账户的平衡关系，可以检查有关经济业务的记录是否正确，可以了解每笔经济业务的来龙去脉，掌握经济活动的全过程。

3) 填制和审核凭证

记账的根据是会计凭证，会计凭证是用来记录经济业务、明确经济责任的书面证明，是登记账簿的依据。会计凭证分为原始凭证和记账凭证。每发生一笔经济业务，都应该取得或填制原始凭证，对原始凭证审核无误后，根据复式记账原理，再将经济业务的内容填制在记账凭证上，作为登记账簿的依据。会计凭证的填制和审核，可以为会计核算提供真实可靠、合理合法的原始依据，它是保证会计核算质量、实行会计监督的重要手段。

4) 登记账簿

账簿是用来全面、连续、系统地记录各项经济业务的书面簿籍，是保存会计数据资料的重要工具。登记账簿就是将会计凭证记录的经济业务，序时、分类地记入有关簿籍中所设置的各个账户。登记账簿必须以审核无误的会计凭证为依据，并定期进行结账、对账，以便为编制会计报表提供完整而又系统的会计数据。

5) 成本计算

成本计算是指在生产经营过程中，按照一定对象归集和分配发生的各种费用支出，以确定该对象的总成本和单位成本的一种专门方法。通过成本计算，可以确定材料的采购成本、产品的生产成本和销售成本，可以核算和监督生产经营过程中发生的各项费用是否节约和超支，并据以确定企业经营盈亏。

6) 财产清查

财产清查是指通过盘点实物、核对账目，保持账实相符的一种方法。通过财产清查，可以查明各项财产物资和货币资金的保管和使用情况，以及往来款项的结算情况，监督各类财产物资的安全与合理使用。在清查中如果发现财产物资和货币资金的实有数额与账面结存数额不一致，应及时查明原因，通过一定审批手续进行处理，并调整账簿记录，使账面数额与实存数额保持一致，以保证会计核算资料的正确性和真实性。

7) 编制财务报告

财务报告是根据账簿记录定期编制的、总括反映企业和行政事业单位特定时点(月末、季末、年末)和一定时期(月、季、年)财务状况、经营成果、现金流量等的书面文件。财务报告提供的资料，不仅是分析考核财务成本计划和预算执行情况及编制下期财务成本计划和预算的重要依据，也是进行经济决策和国民经济综合平衡工作必要的参考资料。

会计核算的七种方法相互联系，一环套一环，缺一不可，形成了一个完整的方法体系。

在会计对经济业务进行记录和反映的过程中，不论是采用手工处理方式，还是使用计算机数据处理系统方法，对于日常所发生的经济业务，首先都要取得合法的凭证，按照所设置的账户进行复式记账，根据账簿的记录进行成本计算，在财产清查账实相符的基础上编制财务报告。

任务二 会 计 对 象

一、会计对象的定义

会计对象是会计所要核算和监督的内容，是企业、机关、事业单位和其他组织能用货币表现的经济活动，即资金运动。

二、会计对象的具体内容

企业和机关事业单位会计对象的具体内容不同，以下分工业企业、商品流通企业和行政事业单位详细阐述。

(一)工业企业的会计对象

工业企业的会计对象是工业企业的资金运动，具体表现为资金的投入、资金的运用和资金的退出。

资金的投入是以筹集到能够满足生产经营所需的资金为前提的。而企业资金的筹集有两种方式，一种是所有者投入的资金，另一种是向债权人借入的资金。前者属于企业所有者的权益，后者属于企业债权人的权益。企业从所有者、债权人那里筹集来的资金按照不同的资金占用形态表现为现金、原材料、厂房和机械设备等，而这些资金占用形态正是生产的前提条件，因为只有这样，工人才可以借助劳动资料，对劳动对象进行加工，生产出既定的合格产品。

资金的运用是将所筹集的资金合理地分布在工业企业的供应、生产和销售三个阶段，以便使生产连续不断地进行，进而使企业资金不断地循环和周转，为企业获得利润，为国家上缴税金。具体说来，在供应过程中，企业用货币资金购买各种材料形成生产储备，资金就从货币资金形态转化为储备资金形态。工业企业的生产过程就是产品的制造过程，产品的制造需要利用劳动者借助劳动手段对劳动对象进行加工，从而发生材料耗费、人工耗费、固定资产折旧及其他费用。这样,资金就从货币资金、固定资金转化为生产资金,即占用在在产品上的资金,当产品加工完毕验收入库就形成了产成品资金。而产成品成本就是由前述的直接材料费、直接人工费和其他直接费(固定资产折旧等)所构成的。在销售过程中,企业将验收入库的合格产品,按照既定的价格条件对外销售并收回货币资金,这样资金就又从产成品资金转化为货币资金。企业资金从货币资金开始,顺次经过供应、生产和销售三个阶段,资金形态依次由货币转化为储备资金、生产资金和产成品资金,最后又转化为货币资金的过程称为资金的循环。随着生产经营过程的不断进行,资金周而复始地循环叫作资金的周转。当然,资金的循环和周转一般都是在扩大规模上进行的。这是因为企业销售取得的货币资金在数额上要大于投入(垫支)的货币资金,该资金扣除应上缴的税金和应付利润外,又在补偿资金的基础上加上企业的留存收益从货币资金开始新的循环和周转。

资金的退出是指企业将验收入库的合格产品,根据既定的销售策略销售出去,收回的款项一部分用来偿还各种债务,一部分用来上缴各种应交税费,还有一部分要按照合同或协议向投资者分配利润,其余的重新开始企业资金的循环和周转。而用来偿还债务、上缴的应交税费和向投资者分配的利润等资金即离开企业,退出企业资金的循环和周转。

上述资金运动的三个阶段是一个动静结合、相互联系、相互制约的统一体,没有资金的投入,就不会有资金的循环和周转;没有资金的循环和周转,就不会有资金的退出和新一轮资金的投入;而没有资金的退出和新一轮资金的投入,就不会有企业的长足发展。

工业企业的会计对象(资金运动)如图1-1所示。

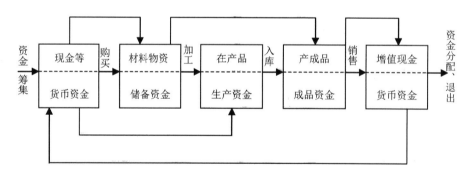

图1-1 工业企业的会计对象

(二)商品流通企业的会计对象

商品流通企业是指通过购销活动,组织商品流通,满足市场需要并获取收益的经济实体。商品流通企业在组织商品流通过程中,其主要的经济活动就是从事商品的购进、储存和销售。

商品购进是指商品流通企业根据市场的需求,为获取既定的利润,通过货币结算取得商品所有权的交易行为。

商品储存是指商品流通企业为了满足市场的需求,保证不间断的供应,而经常保持必要和合理的商品储备。

商品销售是指商品流通企业根据既定的价格,采用积极有效的促销措施,通过货币结算出售商品的交易行为。

商品流通企业资金的循环和周转只经过商品的购进和销售两个过程。在商品购进过程中，要用货币资金购进商品并储备，货币资金就转化为商品资金。在商品销售过程中，要出售商品取得销售收入，商品资金又转化为货币资金。当然，商品流通企业资金的循环和周转也要依赖于资金投入，也涉及资金的退出，但因为和工业企业的资金投入和退出相似，故在此不再赘述。

商品流通企业的会计对象(资金运动)如图 1-2 所示。

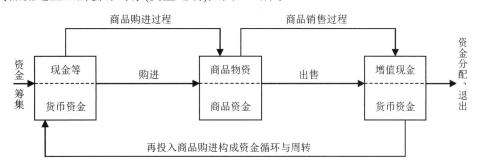

图 1-2　商品流通企业的会计对象

(三)行政事业单位的会计对象

行政事业单位是指国家行政机关、权力机关、司法机关、各党派团体组织、机构和科研、教育文化、医疗等单位。行政事业单位的会计对象具体内容与企业不同，它的经济活动是执行国家预算过程中的预算收入和预算支出，因而其会计对象就可以概括为社会再生产过程中的预算资金的收入和支出。

行政事业单位的会计对象(资金运动)如图 1-3 所示。

图 1-3　行政事业单位的会计对象

任务三　会计核算的基本前提和会计信息质量要求

一、会计核算的基本前提

会计核算的基本前提也称会计假设，是对会计核算所处的时间、空间环境所做的合理设定。会计准则中所规定的各种程序和方法只能在满足会计核算基本前提的基础上选择使用。因此，会计人员在进行会计核算之前，必须对所处的经济环境是否符合会计核算的基本前提做出正确的判断。根据我国《企业会计准则——基本准则》的规定，我国企业会计核算的基本前提包括：会计主体、持续经营、会计分期和货币计量。

(一)会计主体

《企业会计准则——基本准则》第五条规定:"企业应当对其本身发生的交易或者事项进行会计确认、计量和报告。"这里的"本身"就是会计主体,就是会计工作服务的特定单位或组织。由此可见,会计主体规范了会计工作的空间范围,也就是说,作为一个会计主体,应独立地确认、计量和报告自身的各项经济活动,而不能确认、计量和报告投资者或者其他经济主体的经济活动。

明确会计主体具有以下作用:①正确确定会计工作所需处理的各项交易或事项的空间范围;②有效区分会计主体的经济活动与会计主体投资者、职工家庭的经济活动;③为会计人员在日常会计核算中对各项交易或事项做出正确判断,对会计处理方法和会计处理程序做出正确选择提供了依据。

会计主体不同于法律主体,一般来说,法律主体必然是会计主体,但反之则不成立,即会计主体不一定是法律主体。因此,会计主体既可以是独立的法人,也可以是非法人;可以是一个企业,也可以是企业内部的车间、分公司、营业部等;可以是单一企业,也可以是由几个企业组成的集团公司。

(二)持续经营

《企业会计准则——基本准则》第六条规定:"企业会计确认、计量和报告应当以持续经营为前提。"所谓持续经营,是指在可以预见的将来,会计主体将会按当前的规模和状态继续经营下去,不会停业,也不会大规模削减业务。

持续经营前提对会计核算具有重大意义。因为有了持续经营做前提,会计主体的资产就能按原定用途在正常的经营过程中使用,负债到期将予以偿付,债权到期也将及时收回,收入与费用将按期正常地计量和记录等。同时,在此基础上,企业所采用的会计方法、会计程序才能保持稳定,才能按正常的基础反映企业的财务状况、经营成果和现金流量。当然,在实际业务中,如果已经可以判断企业不能持续经营,那么企业就应当改变会计核算的原则和会计处理方法,并在会计报告中予以相应披露。

(三)会计分期

《企业会计准则——基本准则》第七条规定:"企业应当划分会计期间,分期结算账目和编制财务会计报告。"因此,按照上述规定,企业在会计核算时,应该将持续不断的经营活动分割为一定的期间,据以结算账目,编制会计报表,向有关方面提供反映财务状况、经营成果和现金流量的会计信息。

我国企业的会计期间分为年度和中期,年度以公历年度为标准,即从公历 1 月 1 日起至 12 月 31 日止为一个会计年度;中期包括月份、季度和半年,是会计年度进一步划分的结果。

明确会计分期的基本前提对会计核算有着重要作用:一是能定期进行会计核算,及时提供生产经营决策和投资决策所需的会计信息;二是产生了本期与其他期间的差别,进而为权责发生制和收付实现制的产生和应用提供了前提。

(四) 货币计量

《企业会计准则——基本准则》第八条规定："企业会计应当以货币计量。"所谓货币计量，是指在会计核算过程中采用货币作为计量单位，计量、记录和报告会计主体的生产经营活动。

《企业会计准则第 19 号——外币折算》规定："企业通常应选择人民币作为记账本位币。"业务收支以人民币以外的货币为主的企业，也可以选定某种外币作为记账本位币，但编制财务报表应当折算为人民币反映。企业记账本位币一经确定，不得随意变更，除非企业经营所处的主要经济环境发生重大变化。同时，企业选择用哪种货币作为记账本位币还应考虑币值的稳定性，即一种价值变动频繁的货币不宜作为记账本位币。

同时，理解货币计量前提时还需要注意，货币计量是会计核算的统一计量单位，但不是唯一计量单位，在进行明细分类核算时，会计核算也可以采用重量、长度、容积、台、件、小时等实物量单位和劳动量单位进行补充。

上述会计核算的四项基本前提是相互依存、相互补充的。会计主体确立了会计核算的空间范围，持续经营与会计分期确立了会计核算的时间长度，而货币计量则为会计核算提供了必要的手段。没有会计主体，就不会有持续经营；没有持续经营，就不会有会计分期；没有货币计量，也就没有现代会计的产生与发展。

二、会计信息质量要求

会计信息质量要求是对企业财务报告中所提供会计信息质量的基本要求，是使财务报告中所提供的会计信息对投资者等使用者决策有用应具备的基本特征，主要包括可靠性、相关性、可理解性、可比性、实质重于形式、重要性、谨慎性和及时性。

(一) 可靠性

可靠性要求企业应当以实际发生的交易或者事项为依据进行确认、计量和报告，如实反映符合确认和计量要求的各项会计要素及其他相关信息，保证会计信息真实可靠、内容完整。

会计信息要有用，必须以可靠为基础，如果财务报告所提供的会计信息是不可靠的，那么就会对投资者等使用者的决策产生误导甚至造成损失。为了贯彻可靠性要求，企业应当做到以下三点。

(1) 以实际发生的交易或者事项为依据进行确认、计量，将符合会计要素定义及其确认条件的资产、负债、所有者权益、收入、费用和利润等如实反映在财务报表中，不得根据虚构的、没有发生的、尚未发生的交易或者事项进行确认、计量和报告。

(2) 在符合重要性和成本效益原则的前提下，保证会计信息的完整性，其中包括应当编报的报表及其附注内容等应当保持完整，不能随意遗漏或者减少应予披露的信息，与使用者决策相关的有用信息都应当充分披露。

(3) 财务报告中的会计信息应当是中立的、无偏的。如果企业在财务报告中为了达到事先设定的结果或效果，通过选择或列示有关会计信息以影响决策和判断的，那么这样的财务报告信息就不是中立的。

例如，某公司于 2019 年年末发现公司销售萎缩，无法实现年初确定的销售收入目标，但考虑到在 2020 年春节前后，公司销售可能会出现较大幅度的增长，为此公司提前预计库存商品销售，在 2019 年年末制作了若干存货出库凭证，并确认销售收入实现。该公司这种处理不是以其实际发生的交易或者事项为依据的，而是虚构了交易或者事项，违背了会计信息质量要求的可靠性原则，也违背了《会计法》的规定。

(二)相关性

相关性要求企业提供的会计信息应当与财务报告使用者的经济决策需要相关，有助于财务报告使用者对企业过去、现在或者未来的情况做出评价或者预测。

会计信息是否有用，是否具有价值，关键是看其与使用者的决策需要是否相关，是否有助于决策或者提高决策水平。相关的会计信息应当能够有助于使用者评价企业过去的决策，证实或者修正过去的有关预测，因而具有反馈价值。相关的会计信息还应当具有预测价值，有助于使用者根据财务报告所提供的会计信息预测企业未来的财务状况、经营成果和现金流量。例如，区分收入和利得、费用和损失，区分流动资产和非流动资产、流动负债和非流动负债以及适度引入公允价值等，都可以提高会计信息的预测价值，进而提升会计信息的相关性。

会计信息质量的相关性要求，企业需要在确认、计量和报告会计信息的过程中，充分考虑使用者的决策模式和信息需要。但是，相关性是以可靠性为基础的，两者之间并不矛盾，不应将两者对立起来。也就是说，会计信息在可靠性的前提下，尽可能地做到相关性，以满足投资者等财务报告使用者的决策需要。

(三)可理解性

可理解性要求企业提供的会计信息应当清晰明了，便于财务报告使用者理解和使用。

企业编制财务报告、提供会计信息的目的在于使用，而要想使用者有效使用会计信息，就应当能让其了解会计信息的内涵，弄懂会计信息的内容，这就要求财务报告所提供的会计信息应当清晰明了，易于理解。只有这样，才能提高会计信息的有用性，实现财务报告的目标，满足向投资者等财务报告使用者提供决策有用信息的要求。

会计信息毕竟是一种专业性较强的信息产品，在强调会计信息的可理解性要求的同时，还应假定使用者具有一定的有关企业经营活动和会计方面的知识，并且愿意付出努力去研究这些信息。对于某些复杂的信息，如交易本身较为复杂或者会计处理较为复杂，但若与使用者的经济决策相关的，企业就应当在财务报告中予以充分披露。

(四)可比性

可比性要求企业提供的会计信息应当相互可比。这主要包括以下两层含义。

1. 同一企业不同时期可比

为了便于投资者等财务报告使用者了解企业财务状况、经营成果和现金流量的变化趋势，比较企业在不同时期的财务报告信息，全面、客观地评价过去、预测未来，从而做出决策。会计信息质量的可比性要求同一企业不同时期发生的相同或者相似的交易、事项，应当采用一致的会计政策，不得随意变更。但是，满足会计信息可比性要求，并非表明企业不得变更会计政策，如果按照规定或者在会计政策变更后可以提供更可靠、更相关的会计信息，就可以变更会计政策。有关会计政策变更的情况，应当在附注中予以说明。

2. 不同企业相同会计期间可比

为了便于投资者等财务报告使用者评价不同企业的财务状况、经营成果和现金流量及其变动情况，会计信息质量的可比性要求不同企业同一会计期间发生的相同或者相似的交易、事项，应当采用规定的会计政策，确保会计信息口径一致、相互可比，以使不同企业按照一致的确认、计量和报告要求提供有关会计信息。

(五)实质重于形式

实质重于形式要求企业应当按照交易或者事项的经济实质进行会计确认、计量和报告，不应仅以交易或者事项的法律形式为依据。

企业发生的交易或者事项在多数情况下，其经济实质和法律形式是一致的，但在有些情况下会不一致。例如，企业租入的资产(短期租赁和低值资产租赁除外)，虽然从法律形式来讲企业并不拥有其所有权，但是由于租赁合同中规定的租赁期相当长，往往接近于该资产的使用寿命；租赁期结束时承租企业有优先购买该资产的选择权，在租赁期内承租企业有权支配资产并从中受益等。从其经济实质来看，企业能够控制租入资产所创造的未来经济利益，在会计确认、计量和报告时就应当将租入的资产视为企业的资产，在企业的资产负债表中进行反映。

(六)重要性

重要性要求企业提供的会计信息应当反映与企业财务状况、经营成果和现金流量等有关的所有重要交易或者事项。

会计信息的重要性，是指财务报告在全面反映企业财务状况和经营成果的同时，应当区别经济事项的重要程度，而采用不同的会计处理程序和方法。对于重要的会计事项，应单独核算、分项反映，保证其高准确度，并在会计报表中加以重点披露；而对于不重要的会计事项，则可以简化核算或合并披露。这也是从会计核算的成本效益原则考虑的需要。

(七)谨慎性

谨慎性要求企业对交易或者事项进行会计确认、计量和报告时应当保持应有的谨慎，不应高估资产或者收益、低估负债或者费用。

在市场经济环境下，企业的生产经营活动面临着许多风险和不确定性，如应收款项的可收回性、固定资产的使用寿命、无形资产的使用寿命、售出存货可能发生的退货或者返修等。会计信息质量的谨慎性要求，企业在面临不确定性因素的情况下，需要做出职业判断时，应当保持应有的谨慎，充分估计到各种风险和损失，既不高估资产或者收益，也不低估负债或者费用。例如，要求企业对可能发生的资产减值损失计提资产减值准备、对售出商品可能发生的保修义务等确认预计负债等，就体现了会计信息质量的谨慎性要求。

谨慎性的应用也不允许企业设置秘密准备，如果企业故意低估资产或者收益，或故意高估负债或者费用，将不符合会计信息的可靠性和相关性要求，会损害会计信息质量，扭曲企业实际的财务状况和经营成果，从而对使用者的决策产生误导，这是会计准则所不允许的。

(八)及时性

及时性要求企业对于已经发生的交易或者事项，应当及时进行确认、计量和报告，不得提前或者延后。

会计信息的价值在于帮助所有者或者其他相关者做出经济决策，具有时效性。即使是可靠、相关的会计信息，如果不及时提供，也就失去了时效性，对于使用者的效用就大大降低甚至不再具有实际意义。在会计确认、计量和报告过程中贯彻及时性，一是要求及时收集会计信息，即在经济交易或者事项发生后，及时收集整理各种原始单据或者凭证；二是要求及时处理会计信息，即按照会计准则的规定，及时对经济交易或者事项进行确认或者计量，并编制财务报告；三是要求及时传递会计信息，即按照国家规定的有关时限，及时地将编制的财务报告传递给财务报告使用者，便于其及时使用和决策。

任务四　会计核算的基础和会计计量

一、会计核算的基础

《企业会计准则——基本准则》明确规定："企业应当以权责发生制为基础进行会计确认、计量和报告。"权责发生制是指收入或费用是否记入该会计期间，不是以是否在该期间内收到或付出现金为标志，而是依据收入或费用是否在该期间真正取得或发生。因此，凡是当期已经实现的收入和已经发生的费用，不论款项是否收付，都应当作为当期的收入和费用进行会计处理；凡是不属于当期的收入和费用，即使款项已在当期收付，也不应当作为当期的收入和费用，而应将其记入所属的期间。目前，在我国，企业会计必须采用权责发生制计算损益。采用权责发生制，可以正确地反映各会计期间所实现的收入和为实现收入而应负担的费用，从而可以将各期的收入与其相关的费用、成本进行配比，正确地确定各期的财务成果。

收付实现制是指以现金的实际收付为标志来确定本期收入和费用的会计核算基础。我国的行政单位仍然普遍采用收付实现制。按此基础，凡是在当期已经收付的款项，不论应归属哪个期间，均作为当期收入和费用进行会计处理；反之，即便收入和费用应归属本期，但款项在本期没有收付，也就不能在本期进行收入和费用的会计处理。

二、会计计量

会计计量是指为了在账户记录和财务报表中确认、列报有关财务报表的要素，而以货币或其他度量单位确定其货币金额的过程。会计计量主要包括两个方面的内容：一是实物数量；二是货币计量。货币计量是指会计主体在会计核算过程中应采用货币作为计量单位，记录、反映会计主体的经营情况。因此，企业在将符合确认条件的会计要素登记入账并列报于会计报表及其附注时，应当按照规定的五种会计计量属性进行计量，确定其金额。

(一)历史成本

在历史成本计量下，资产按照购置时支付的现金或者现金等价物的金额，或者按照购置资产时所付出的对价的公允价值计量；负债按照因承担现时义务而实际收到的款项或者资产的金额，或者承担现时义务的合同金额，或者按照日常活动中为偿还负债预期需要支付的现金或者现金等价物的金额计量。

按照历史成本进行会计计量，主要有以下好处。

(1) 历史成本具有客观性。历史成本是在市场上通过正常交易客观确定的价格，一般都有发票、合同、账单等作为依据，显然具有客观性。

(2) 历史成本具有可验证性。由于历史成本有会计凭证做依据，因此便于事后核查和验证，当然具有可验证性。

(3) 历史成本的数据容易取得，便于核算。历史成本的数据往往是在取得资产时，连同资产一并取得，不需要再履行单独的手续，也不需要再采用其他方法进行会计计量，因此在会计核算工作中受到普遍欢迎。

(4) 历史成本符合持续经营前提的要求。因持续经营的前提排除了资产在近期被清算的可能，故资产的账面记录只需按历史成本反映，排除了重置成本计价的可能。

总的说来，在会计核算中坚持历史成本原则，有利于客观反映企业经济活动过程和简化核算工作，还能使会计提供的信息在不同的企业之间，特别是同一企业的不同时期之间具有可比性，从而有利于客观地评价企业经营能力和衡量企业经营管理水平。历史成本计量模式是主要的计量模式。企业在对会计要素进行计量时，一般应采用历史成本。采用重置成本、可变现净值、现值、公允价值计量的，应当保证所确定的会计要素金额能够取得并可靠计量。

(二)重置成本

在重置成本计量下，资产按照现在购买相同或者相似资产所需支付的现金或者现金等价物的金额计量；负债按照现在偿付该项债务所需支付的现金或者现金等价物的金额计量。

(三)可变现净值

在可变现净值计量下，资产按照其正常对外销售所能收到的现金或者现金等价物的金额扣减该资产至完工时估计将要发生的成本、估计的销售费用以及相关税费后的金额计量。

(四)现值

在现值计量下，资产按照预计从其持续使用和最终处置中所产生的未来净现金流入量的折现金额计量；负债按照预计期限内需要偿还的未来净现金流出量的折现金额计量。

(五)公允价值

在公允价值计量下,资产和负债按照市场参与者在计量日发生的有序交易中,出售资产所能收到或者转移负债所需支付的价格计量。

案例解析

案例一

在日常生活中,会计确实有许多不同的含义,四位同学的看法都只说明了会计含义的一部分,都不全面。会计是以货币为主要计量单位,借助于专门的技术方法,对各单位的经济活动进行全面、连续、系统、综合的核算与监督,并向有关方面提供会计信息的一种经济管理活动。

案例二

会计是随着生产的发展和经济管理的需要而产生和发展的。

项 目 小 结

通过学习本项目,我们了解了会计的产生及会计的定义,会计的对象及其核算方法、核算的前提及信息质量要求等。本项目的内容基本是按照新企业会计准则的基本准则组织编写的,是对全书内容的统领,因此对于初学者,建议用本项目内容去指导以后各项目的学习,同时在学习后面各项目的时候要对本项目内容进行回顾和思考。

项目强化训练

一、单项选择题

1. 会计的基本职能包括(　　)。
   A. 控制与监督　　　　　　　　B. 反映与分析
   C. 反映与核算　　　　　　　　D. 核算与监督
2. 下列各项中,不属于会计核算专门方法的是(　　)。
   A. 成本计算　　B. 错账更正　　C. 复式记账　　D. 编制财务报告
3. 会计的职能是(　　)。
   A. 一成不变的
   B. 随着生产关系的变更而发展
   C. 随着社会的发展、技术的进步、经济关系的复杂化和管理理论的提高而不断变化
   D. 只有在社会主义制度下才能发展
4. 下列关于会计主体的表述中,不正确的是(　　)。
   A. 会计主体是指会计所核算和监督的特定单位或组织

B. 会计主体就是法律主体

C. 由若干具有法人资格的企业组成的企业集团也是会计主体

D. 会计主体界定了从事会计工作和提供会计信息的空间范围

5. 会计对各单位经济活动进行核算时,选作统一计量标准的是( )。

　　A. 货币量度　　B. 劳动量度　　C. 实物量度　　D. 以上均可

6. 将租入的资产(短期租赁和低值资产租赁除外)视为本企业资产进行核算,符合( )会计信息质量要求。

　　A. 可靠性　　B. 实质重于形式　　C. 重要性　　D. 相关性

7. 在下列会计信息质量要求中,( )要求企业应当以实际发生的交易或者事项为依据进行确认、计量和报告,如实反映符合确认和计量要求的各项会计要素及其他相关信息,保证会计信息真实可靠、内容完整。

　　A. 可靠性　　B. 及时性　　C. 重要性　　D. 可比性

8. 在遵循会计信息质量要求时,评价某些项目的( )时,很大程度上取决于会计人员的职业判断。

　　A. 相关性　　B. 及时性　　C. 重要性　　D. 谨慎性

9. 企业对可能发生的资产减值损失计提资产减值准备、对售出商品可能发生的保修义务等确认预计负债等,体现了会计信息质量的( )要求。

　　A. 相关性　　B. 及时性　　C. 重要性　　D. 谨慎性

10. 对于次要的会计事项,在不影响会计信息真实性和不至于误导财务会计报告使用者做出正确判断的前提下,作适当简化处理,符合会计核算的( )信息质量要求。

　　A. 实质重于形式　　B. 重要性　　C. 可比性　　D. 可理解性

11. 各企业单位处理会计业务的方法和程序在不同会计期间要保持前后一致,不得随意变更。这符合( )会计信息质量要求。

　　A. 相关性　　B. 可比性　　C. 可理解性　　D. 重要性

12. "四柱清册"中的"开除"是指( )。

　　A. 全部负债　　B. 全部资产　　C. 本期支出　　D. 本期结存

13. 下列不属于会计方法体系中的方法是( )。

　　A. 会计核算方法　　　　　　B. 会计分析方法

　　C. 会计决策方法　　　　　　D. 会计检查方法

14. 根据《企业会计准则》,我国企业的会计核算基础是( )。

　　A. 收付实现制　　B. 权责发生制　　C. 永续盘存制　　D. 实地盘存制

15. 某企业于10月初用银行存款1 200元支付第四季度房租,10月末仅将其中的400元计入本月费用。这符合( )要求。

　　A. 可靠性　　　　　　　　　B. 权责发生制

　　C. 收付实现制　　　　　　　D. 历史成本计价

16. 按照收付实现制的要求,确定各项收入和费用归属期的标准是( )。

　　A. 实际发生的收支　　　　　B. 实际收付的业务

　　C. 实现的经营成果　　　　　D. 实际款项的收付

17. 2019年9月20日,某企业采用赊销方式销售产品50 000元,12月25日收到货款存入银行。按收付实现制核算时，该项收入应属于(　　)。

　　A. 2019 年 9 月　　　　　　　　　　B. 2019 年 10 月
　　C. 2019 年 11 月　　　　　　　　　　D. 2019 年 12 月

18. 2019 年 3 月 20 日，某企业采用赊销方式销售产品 60 000 元，6 月 20 日收到货款存入银行。按权责发生制核算时，该项收入应属于(　　)。

　　A. 2019 年 3 月　　　　　　　　　　B. 2019 年 4 月
　　C. 2019 年 5 月　　　　　　　　　　D. 2019 年 6 月

19. 从时效上要求会计信息质量的是(　　)。

　　A. 谨慎性　　　　B. 可比性　　　　C. 及时性　　　　D. 可靠性

20. 在当前市场条件下，重新购置一项资产所需要支付的现金或现金等价物金额的计量属性是(　　)。

　　A. 历史成本　　　　B. 重置成本　　　　C. 可变现净值　　　　D. 现值

二、多项选择题

1. 下列说法中，正确的有(　　)。

　　A. 会计是适应生产活动发展的需要而产生的
　　B. 会计从产生、发展到现在经历了一个漫长的历史发展过程
　　C. 会计是生产活动发展到一定阶段的产物
　　D. 经济越发展，会计越重要

2. 会计的具体任务包括(　　)。

　　A. 计算产品成本，评价财务成果
　　B. 核算和监督法规、准则、制度的执行情况，维护财经纪律
　　C. 提供会计信息，加强经营管理
　　D. 预测经济前景，参与经营决策
　　E. 核算和监督经营活动和财务收支

3. 下列会计核算方法包括(　　)。

　　A. 成本计算和财产清查　　　　　　B. 设置账户和复式记账
　　C. 填制和审核会计凭证　　　　　　D. 登记账簿和编制财务报告
　　E. 试算平衡

4. 下列有关会计两个基本职能的关系，正确的有(　　)。

　　A. 核算职能是监督职能的基础
　　B. 监督职能是核算职能的保证
　　C. 没有核算职能提供可靠的信息，监督职能就没有客观依据
　　D. 没有监督职能进行控制，就不可能提供真实可靠的会计信息
　　E. 两大职能是紧密结合、辩证统一的

5. 会计核算的基本前提包括(　　)。

　　A. 会计主体　　　　　　B. 持续经营　　　　　　C. 会计分期
　　D. 货币计量　　　　　　E. 权责发生制

6. 历史成本计量属性的优点有(　　)。

A. 交易确定的金额比较客观　　　　B. 存货成本接近市价
C. 有原始凭证作证明可随时查证　　D. 可防止企业随意改动
E. 会计核算手续简化，不必经常调整账目

7. 计量属性是针对资产、负债所进行的计量，通常包括(　　)。
A. 货币计量　　　　　B. 历史成本计量　　　　C. 重置成本计量
D. 可变现净值计量　　E. 现值计量和公允价值计量

8. 按权责发生制原则要求，下列收入或费用应归属本期的是(　　)。
A. 对方暂欠的本期销售产品的收入　B. 预付明年的保险费
C. 本期收回的上期销售产品的货款　D. 尚未付款的本期借款利息
E. 摊销前期已付款的报纸杂志费

9. 按照收付实现制的要求，下列收入或费用应计入本期的有(　　)。
A. 本期提供劳务已收款　　　　B. 本期预付后期的费用
C. 本期欠付的费用　　　　　　D. 本期提供劳务未收款
E. 本期支付上期的费用

10. 下列各项中，属于会计信息质量要求的项目有(　　)。
A. 相关性　　　　　　　B. 一贯性　　　　　　　C. 清晰性
D. 实质重于形式　　　　E. 货币计量

三、判断题

1. 会计在产生的初期，只是作为"生产职能的附带部分"，随着剩余产品规模的缩小，会计逐渐从生产职能中分离出来，成为独立的职能。(　　)
2. 会计既可反映过去已经发生的经济活动，也可反映未来可能发生的经济活动。(　　)
3. 没有会计监督，会计核算便失去了存在的意义。(　　)
4. 会计七大核算方法是一个完整的方法体系。(　　)
5. 会计主体是指企业法人。(　　)
6. 会计计量单位只有一种，即货币计量。(　　)
7. 我国所有企业的会计核算都必须以人民币作为记账本位币。(　　)
8. 谨慎性会计信息质量要求在会计核算工作中做到不夸大企业资产、不高估企业收益。(　　)
9. 会计核算必须以实际发生的经济业务及证明经济业务发生的合法性凭证为依据，表明会计核算应当遵循可靠性。(　　)
10. 企业选择一种不导致虚增资产、多计利润的做法，所遵循的是会计核算的可靠性。(　　)
11. 可比性要求企业提供的会计信息应当相互可比。(　　)
12. 会计的基本职能是核算职能和监督职能。(　　)
13. 会计主体假设从空间上规定了会计工作的服务范围。(　　)
14. 会计主体可以是独立法人，也可以是非法人单位。(　　)
15. 在我国，会计年度、会计月度以及会计季度等都是以公历计算的。(　　)
16. 货币计量假设是假定会计主体所发生的所有经济活动都能以统一的货币为唯一计

量单位进行记账、算账和报账。( )

17. 可靠性是对会计核算工作和会计信息最基本的质量要求。( )

18. 可比性要求企业提供的会计信息应当相互可比，即同一企业不同会计期间信息可比。( )

19. 谨慎性也称稳健性，要求企业对交易或者事项进行会计确认、计量和报告时保持应有的谨慎，不应高估资产或者收益，但对负债或者费用的估计不作要求。( )

20. 及时性要求是指企业对于已经发生的交易或者事项，应当及时进行确认和计量。( )

四、名词解释

会计　会计主体　权责发生制　收付实现制　持续经营　会计分期　货币计量　可靠性　相关性　可理解性　可比性　实质重于形式　重要性　谨慎性　及时性　历史成本　重置成本　公允价值　可变现净值　现值

五、思考题

1. 简要说明会计的产生与发展。
2. 会计基本职能有哪些？它们的关系怎样？
3. 会计的对象是什么？
4. 简述工业企业的资金运动过程。
5. 会计的任务是什么？
6. 会计方法有哪些？
7. 会计核算方法有几种？它们是什么关系？

1.1 会计概述.mp4

1.2 会计对象.mp4

1.3 会计核算的基本前提和会计信息质量要求.mp4

1.4 会计核算的基础和会计计量.mp4

项目二 原始凭证的填制、审核与传递

【知识目标】

- 解释原始凭证的概念。
- 识别原始凭证的分类。

【技能目标】

- 能够填制原始凭证。
- 能够审核原始凭证。

> **案例引导**
>
> 某企业一职工报销住院费 3 260.50 元。会计人员发现该报销单据上的姓名与其余的字迹不同,并有涂改迹象,且发现报销单据的金额栏隐现出另一种笔迹,于是扣留报销单据,并及时向单位领导报告,请求查明情况。经向医院查实与技术鉴定,该报销单据是别人丢弃的,存根联金额只有 200.50 元,被该职工捡到后用涂改液涂改姓名并加大金额后拿来报销,企图骗取财产。
>
> 思考:
> 1. 本案例反映出该职工的什么行为?
> 2. 如果该职工报销成功,从利益角度和会计信息角度来看,会产生什么影响?
> 3. 作为会计人员,应从哪几个方面审核原始凭证?

任务一 认识原始凭证

一、原始凭证的概念及种类

(一)原始凭证的概念

原始凭证又称单据,是在经济业务发生或完成时直接取得或填制的,用以记录经济业务的主要内容和完成情况,明确经济责任,并据以填制记账凭证的书面证明。例如,增值税专用发票、领料单、产品入库单等。原始凭证是进行会计核算的原始资料和重要依据。会计制度对有些原始凭证的格式没有做出明文规定,各单位可根据业务需要自行设计。

(二)原始凭证的种类

1. 按取得的来源不同分类

原始凭证按其取得的来源不同,可分为自制原始凭证和外来原始凭证。

自制原始凭证是指本单位内部具体经办业务的部门和人员,在办理某项经济业务时自行填制的凭证,如材料验收入库单、领料单、产成品入库单、借款单、工资结算单等。部分自制原始凭证的样式如表 2-1~表 2-4 所示。

表 2-1 材料验收入库单

材料验收入库单

供应单位:
发票号: 　　　　　　　　　年　月　日　　　　　　　　字第　号

材料类别	材料名称	规格材质	计量单位	数量	实收数量	金额 十万千百十元角分	第二联 交材料会计
检验结果:	检验员签章:			运杂费			
				合计			

仓库主管:　　　　材料会计:　　　　收料员:　　　　经办人:　　　　制单:

表2-2 领料单

领 料 单

领用部门：　　　　　　　　　　　　年　月　日

编号	类别	名称	规格	单位	数量		金额	
					请领	实发	单价	金额
合　计								
用途								

第三联 交会计

发料人：　　　　　发料部门主管：　　　　　核准人：　　　　　领料人：

表2-3 产成品入库单

产成品入库单

缴库部门：　　　　　　　　　年　月　日　　　　　　　　编号：

编号	名称	规格	数量	单价	金额								备注
					十	万	千	百	拾	元	角	分	
合　计													

主管：　　　　记账：　　　　验收：　　　　缴库部门主管：　　　　缴库人：

表2-4 借款单

借 款 单

年　月　日

借款单位		借款人	
借款原因			
借支金额	人民币(大写)　　　　　　　　　　¥		
付款方式	□现金　　□支票　　□电汇　　□其他		
单位负责人意见：		借款人领款签字：	
财务主管核批：		出纳：	

外来原始凭证是指在经济业务发生或完成时从外单位或个人处直接取得的原始凭证。例如，从外单位购入货物时收到的增值税专用发票、增值税普通发票、铁路运输部门的火车票、对外支付款项时取得的收据及银行转来的进账单等。部分外来原始凭证的样式如表2-5～表2-7所示。

表2-5 增值税专用发票样式

××省增值税专用发票

发 票 联　　　　　NO.08611107

开票日期：

购买方	名　　称：						密码区				第三联 发票联 购买方记账凭证
	纳税人识别号：										
	地址、电话：										
	开户行及账号：										
货物或应税劳务、服务名称		规格型号	单位	数量	单价	金额		税率		税额	
合　计											
价税合计(大写)					(小写)						
销售方	名　　称：						备注				
	纳税人识别号：										
	地址、电话：										
	开户行及账号：										

收款人：　　　　复核：　　　　开票人：　　　　销售方：(章)

表2-6　增值税普通发票样式

福建省增值税普通发票

发 票 联　　　　　NO.38503566

开票日期：

购买方	名　　称：						密码区				第三联 发票联 购买方记账凭证
	纳税人识别号：										
	地址、电话：										
	开户行及账号：										
货物或应税劳务、服务名称		规格型号	单位	数量	单价	金额		税率		税额	
合　计											
价税合计(大写)					(小写)						
销售方	名　　称：						备注				
	纳税人识别号：										
	地址、电话：										
	开户行及账号：										

收款人：　　　　复核：　　　　开票人：　　　　销售方：(章)

表 2-7　进账单样式

中国工商银行　进账单(回单)　1

年　月　日

付款人	全称		收款人	全称											此联是收款人开户银行交给收款人的回单
	账号			账号											
	开户银行			开户银行											
金额	人民币(大写)				千	百	十	万	千	百	十	元	角	分	
票据种类		票据张数													
票据号码															
备注:															
复核:		记账:									开户银行盖章				

2. 按填制手续不同分类

原始凭证按其填制手续不同，可分为一次凭证、累计凭证和汇总原始凭证三种。

一次凭证是指填制手续是一次完成的原始凭证。它反映一笔经济业务或同时反映若干同类经济业务的内容。所有外来原始凭证和大部分自制原始凭证都属于一次凭证。例如，企业材料验收入库时，仓库保管员填制的收料单；从仓库领用材料时，由各领料部门填制的领料单；从银行处取得的银行结算凭证等。

累计凭证是指在一定时期内多次记录发生的同类型经济业务的原始凭证。其特点是在一张凭证内可以连续登记相同性质的经济业务，随时结出累计数及结余数，并按照费用限额进行费用控制，期末按实际发生额记账。累计凭证是多次有效的原始凭证。累计凭证可以减少凭证张数，简化填制手续，同时也可以随时计算累计发生数，以便同计划或定额数量进行比较，反映企业业务执行或完成的工作总量，便于预算控制管理。限额领料单就是一种累计凭证，其样式如表 2-8 所示。

汇总原始凭证也称原始凭证汇总表，是指在规定期限内，根据许多同类经济业务的原始凭证加以汇总而重新编制的凭证。汇总原始凭证可以简化编制记账凭证的手续，减少记账的工作量，如收料凭证汇总表、发料凭证汇总表、工资结算汇总表、差旅费报销单等。发料凭证汇总表的样式如表 2-9 所示。

3. 按格式和使用范围不同分类

原始凭证按格式和使用范围不同，可分为通用凭证和专用凭证。

通用凭证是指在一定范围内具有统一格式和使用方法的原始凭证。这里的"一定范围"，可以是全国范围，也可以是某省、某市、某地区或某系统。例如，由中国人民银行统一制定的现金支票、转账支票，汇兑结算方式的信汇凭证，由税务部门统一规定的发货票等。中国建设银行转账支票的样式如表 2-10 所示。

专用凭证是指一些单位具有特定内容和专门用途的原始凭证，不同单位的凭证格式不同，如差旅费报销单、收料单、收款收据等。收款收据的样式格式如表 2-11 所示。

表 2-8 限额领料单样式

限 额 领 料 单

领料部门：　　　　　　　　　　　　　　　　　　　　编　　号：
用　　途：　　　　　　　年　月　日　　　　　　　　发料仓库：

材料类别	材料编号	材料名称及规格	计量单位	单价	领用限额	实际领用	
						数量	金额/元

供应部门负责人(签章)　　　　　　生产计划部门负责人(签章)

日　期	领用				退料			限额结余
	请领数量	实发数量	发料人签章	领料人签章	退料数量	退料人签章	收料人签章	

仓库负责人：(签章)

表 2-9 发料凭证汇总表样式

发料凭证汇总表

年　月　日

应借科目 \ 应贷科目		原材料	周转材料	合　计
生产成本	A 产品			
	B 产品			
制造费用	一车间			
	二车间			
管理费用	行政部门			
合　计				

会计主管：　　　　　　　　复核：　　　　　　　　制表：

表 2-10 中国建设银行转账支票样式

表 2-11 收款收据样式

4. 按用途不同分类

原始凭证按其用途不同，可分为通知凭证、执行凭证和计算凭证。

通知凭证是指要求、指示或命令企业进行某项经济业务的原始凭证，如罚款通知书、付款通知书、银行本票等。

执行凭证是指证明某项经济业务已经完成的原始凭证，如销货发票、收料单、领料单等。

计算凭证是指对已进行或完成的经济业务进行计算而编制的原始凭证，如产品成本计算单、工资计算表、制造费用分配表等。制造费用分配表的样式如表 2-12 所示。

表 2-12 制造费用分配表样式

制造费用分配表

年　月

分配对象		生产工时	分配率	分配金额
生产成本	甲产品			
	乙产品			
合计				

分配率：　　　　　　　　　复核：　　　　　　　制单人：

在上述分类中，有些原始凭证按不同分类标志可分属于不同的种类。例如，收料单既是自制原始凭证，又是专用原始凭证，也是一次原始凭证和执行凭证。另外，各种凭证间还有以下关系：外来原始凭证大多为一次原始凭证，累计原始凭证和汇总原始凭证大多为自制原始凭证。

二、原始凭证的基本内容

由于经济业务的种类和内容不同，经营管理的要求不同，因此原始凭证的格式和内容也各不相同。但无论哪种原始凭证都必须客观、真实地载明经济业务的发生和完成情况，明确经济责任。因此，原始凭证的格式虽然不统一，但应具备共同的基本内容，也称原始凭证要素。一般，原始凭证应具备的基本内容如下。

(1) 原始凭证的名称。任何原始凭证都必须有名称。例如，购货发票、差旅费报销单等。
(2) 填制凭证的日期和凭证编号。原始凭证上填写的日期应是经济业务发生或完成时的日期。特别是对于一些现金收支业务的原始凭证，其凭证是否是顺序连续的编号对充分发挥凭证的监督作用尤为重要。
(3) 经济业务的内容，包括数量、单价和金额等。
(4) 填制凭证单位名称或者填制人姓名。
(5) 接受凭证单位名称。接受凭证单位名称通常是该项经济业务的对方，即往来方。
(6) 经办人员的签名或盖章。外来原始凭证必须盖有填制单位的公章或填制人员的签章。

此外，有些单位为了满足单位内部其他职能部门经济管理的需要，会增加一些内容。例如，在原始凭证上增加与该笔业务相关的计划指标、合同号码和预算项目等，这样能更全面、完整地反映经济业务的概况。

任务二　原始凭证的填制

一、原始凭证填制的基本要求

原始凭证是具有法律效力的证明文件，是编制记账凭证的依据，是进行会计核算的基础，必须认真填制。为了保证原始凭证能够正确、及时、清晰地反映各项经济业务的真实情况，在填制原始凭证时应符合下列基本要求。

(一) 内容真实

原始凭证上的内容和数字必须真实可靠，如实反映经济业务的内容，不允许有任何歪曲和弄虚作假行为。

(二) 记录完整

原始凭证中规定的项目必须逐项填写齐全，不得遗漏。年、月、日必须按照填制的实际日期填写；单位名称或者填制人姓名必须用全称，不能简化；品名或用途要填写明确，不能含糊不清；有关部门和人员签章必须齐全，以示对凭证的真实性、合法性负责；除已预先印定编号的凭证外，各种凭证必须连续编号，以便查验。

(三) 填制及时

各种原始凭证都应该在经济业务发生、执行或完成时及时填制，并按规定程序送交会计人员、会计机构进行审核，以便及时反映经济业务的发生情况，保证会计信息的时效性。

(四) 手续完备

从外单位取得的原始凭证，必须盖有填制单位的公章；从个人取得的原始凭证，必须有填制人员的签名或者盖章。自制原始凭证必须有经办单位领导人或者其指定人员的签名或者盖章；对外开出的原始凭证，必须加盖本单位公章。填制一式几联的凭证时，必须用双面复写纸套写；单页的凭证用钢笔填写。各种借出款项的收据，必须附在记账凭证上，收回借款时，应另开收据或退回收据副本，不得退回原借款收据。经有关部门批准办理的某些特殊业务，应将批准文件作为原始凭证的附件或在凭证上注明批准机关名称、日期和文件字号。原始凭证如果填写错误，应由出具单位重开或更正，更正处应加盖出具单位的印章。原始凭证金额有错误的，必须作废，重新填写，不能在原始凭证上更正。对一些涉及现金、银行存款等收付业务的原始凭证，如果发生错填，应该作废重填，并在错填的凭证上加盖"作废"章。作废的原始凭证不得随意撕毁，必须和存根保存在一起。

从外单位取得的原始凭证如果丢失，可以取得原单位的证明，在证明上注明原凭证的号码、发生金额等相关内容，加盖原单位的财务专用章，由经办单位负责人批准后，可代做原始凭证；对于确实无法取得证明的，可由当事人写出详细情况，由经办单位负责人批准后，也可代做原始凭证。

(五) 书写清楚、规范

(1) 除一式几联的原始凭证必须用圆珠笔复写外，其他原始凭证填制时要用蓝黑墨水的钢笔，不得任意采用铅笔或者红色墨水笔填写。

(2) 填写原始凭证要工整、清晰、易于辨认，不得使用未经国务院颁布的简化字。

(3) 在发生书写错误时，要按照规定的办法进行修正，不能任意涂改、刮擦和挖补。

(4) 大、小写金额数字要符合规格，正确填写。

① 银行结算制度规定的结算凭证、预算的缴款凭证、拨款凭证，企业的发票、收据、

提货单、运单、合同、契约，以及其他规定需要填写大写金额的各种凭证，必须有大写金额，不得只填小写金额。

② 汉字大写金额数字，一律用正楷字或行书字书写，如壹、贰、叁、肆、伍、陆、柒、捌、玖、拾、佰、仟、万、亿、元、角、分、零、整(正)，不得用〇、一、二、三、四、五、六、七、八、九、十等简化字代替。小写金额用阿拉伯数字逐个书写，不得连笔写。

③ 汉字大写金额前未印有"人民币"字样的，应加写"人民币"三个字，"人民币"字样与大写金额之间不能留有空白。合计的小写金额前要冠以人民币符号"¥"，人民币符号"¥"与阿拉伯数字之间不能留有空白。

④ 大写金额和小写金额必须相符。所有以元为单位的阿拉伯数字，除表示单价等情况外，一律填写到角、分；无角、分的，要以"0"补位。大写金额到元或角为止的，应加写"整"(或"正")字断尾。阿拉伯数字中间有"0"时，汉字大写金额要写"零"字。例如，¥6 605.00，大写金额应写成"人民币陆仟陆佰零伍元整"。阿拉伯数字中间连续有几个"0"时，汉字大写金额只写一个"零"字。例如，¥6 005.80，大写金额应写成"人民币陆仟零伍元捌角整"。阿拉伯数字中间连续有几个"0"时，元位也是"0"时，大写金额可以只写一个"零"字，也可以不写"零"字。例如，¥6 000.80，大写金额应写成"人民币陆仟元捌角整"，或写成"人民币陆仟元零捌角整"。

二、自制原始凭证的填制方法

自制原始凭证是由本单位内部经办业务的部门或个人，在完成某项经济业务时自行填制的凭证，如领料单、收料单、工资表、收款收据、差旅费报销单等。自制原始凭证按其填制手续不同，可分为一次凭证、累计凭证、汇总原始凭证和计算凭证四种。

(一)一次凭证的填制方法

一次凭证是指由经办人员填制的，填制手续一次完成，一般只反映一项经济业务，或者同时反映若干项同类性质的经济业务的原始凭证。外来原始凭证一般都是一次凭证，企业内部自制的原始凭证中大多数也属于一次凭证，一次凭证只能一次有效。现以领料单和收料单为例进行说明。

1. 领料单

领料单是车间或企业各部门从仓库中领用各种材料或物资时需要填制的书面出库证明。由领料经办人根据需要材料或物资的情况填写领料单，并经该单位主管领导批准后到仓库领用材料。仓库保管员根据领料单审核其用途，并在领料单上签章确认，审核计量发放材料。领料单一式三联，第一联为存根联，留领料部门备查；第二联为记账联，由仓库转会计部门或月末经汇总后转会计部门，据以进行分类核算；第三联为保管联，留仓库，作为仓库材料明细账的发出依据。

【例2-1】2020年8月18日，铸造车间生产甲产品需领用20mm钢板1吨，单价3 000元，经批准后到仓库领料。开具的领料单如表2-13所示。

表2-13 领料单

领 料 单

2020年8月18日

领料部门：铸造车间						编　　号：105号						
用　　途：生产甲产品						发料仓库：2号库						

材料类别	材料编号	材料名称	规格	计量单位	数量		单价	金　　额						备注
					请领	实发		万	千	百	十	元	角	分	
钢材		钢板	20mm	吨	1	1	3 000		3	0	0	0	0	0	

发料人：××× 　　　发料部门主管：××× 　　　核准人：××× 　　　领料人：×××

2. 收料单

收料单是企业购进材料验收入库时，由仓库保管人员根据购入材料的验收入库情况填制的一次性原始凭证。企业外购材料都应履行入库手续，由仓库保管人员对运达交库的材料认真地验收质量，计量数量，并按实收数量填制收料单。收料单一式三联，第一联为存根联，交本单位供应部门存查；第二联为记账联，由采购人员随发票一起送到财务处报账，作为入库材料核算的依据；第三联为保管联，留仓库，作为仓库材料明细账的记账依据。

【例2-2】 2020年8月16日，购入橡木120立方米，每立方米600元，另付应分摊的运杂费1 500元。仓库保管人员验收后填制收料单一份，如表2-14所示。

表2-14 收料单

收 料 单

供应单位：森源木材厂
发票号码：1106　　　　　　　　　2020年8月16日　　　　　　　　　收料仓库：03

材料类别	材料编号	名称	规格	计量单位	数量		价格			
					应收	实收	买价		运杂费	合计
							单价	金额		
木材	2813	橡木		立方米	120	120	600	72 000	1 500	73 500

仓库主管：××× 　　材料会计：××× 　　收料员：××× 　　经办人：××× 　　制单：×××

(二)累计凭证的填制方法

累计凭证是指在一定时期内,每次经济业务完成后由经办人在其上面重复填制,反映若干项同类经济业务,至期末按其累计数作为记账依据的原始凭证。它便于企业加强管理,合理控制材料的领用,能减少凭证数量和简化会计核算程序。它一般为自制原始凭证,最具代表性的是限额领料单。

限额领料单是多次使用的累计领、发料凭证。在有效期间内(一般为1个月),只要领用数量不超过限额就可以连续使用。限额领料单是由生产、计划部门根据下达的生产任务和材料消耗定额按每种材料用途分别开出,一料一单,一式三联,第一联交仓库据以发料,第二联交领料部门据以领料,第三联转交财务部门据以核算。仓库每次发料时,根据材料的品名、规格在限额内发料,同时将实发数量及限额余额填写在限额领料单内,领、发料双方均在单内签章。月末,在此单内结出实发数量和金额转交财务部门,据以计算材料费用,并进行材料减少的核算。

【例2-3】 某企业生产车间生产合金球,2020年8月计划生产10吨,每吨需圆钢120千克,全月圆钢领用限额为1 200千克,圆钢单价为7元。生产车间从仓库实际领用圆钢的情况如表2-15所示。

表2-15 限额领料单

(企业名称)
限额领料单

领料部门:生产车间　　　　　　　　　　　　发料仓库:06
用　　途:　　　　　　　2020年8月　　　　　编　　号:限发字18号

材料类别	材料编号	材料名称及规格	计量单位	单价	全月领用限额	全月实领	
						数量	金额
钢材	1650	圆钢	千克	7.00	1 200	1 200	8 400

供应部门负责人:×××　　　生产计划部门负责人:×××

2020年		请领		实发				限额余额
月	日	数量	领料单位负责人	数量	累计	发料人	领料人	
8	1	100		100	100			1 100
8	6	200		200	300			900
8	10	100		100	400			800
8	19	300		300	700			500
8	25	300		300	1 000			200
8	31	200		200	1 200			0
合计		1 200		1 200	1 200			

仓库负责人:(签章)

(三)汇总原始凭证的填制方法

汇总原始凭证是指根据一定时期若干份记录同类经济业务的原始凭证加以整理汇总而

填制的原始凭证，用以集中反映某项经济业务的完成情况。汇总原始凭证是有关责任者根据经济管理的需要定期编制的。汇总原始凭证可以简化编制记账凭证的手续，但它本身不具备法律效力。

现以发出材料汇总表为例说明汇总原始凭证的编制方法。

【例 2-4】 某企业 2020 年 8 月根据仓库领料单汇总编制的发料凭证汇总表如表 2-16 所示。

表 2-16 发料凭证汇总表

(企业名称)
发料凭证汇总表

附件　　张

2020 年 8 月 31 日

单位：元

会计科目	领料部门	原材料	燃料	低值易耗品	包装物	半成品库	合计
生产成本——基本生产成本	甲产品	20 000			2 000	6 000	28 000
	乙产品	10 000			3 000	3 000	16 000
	丙产品	30 000			1 500	7 000	38 500
	丁产品	15 000	8 000		1 500		24 500
	小计	75 000	8 000		8 000	16 000	107 000
生产成本——辅助生产成本	蒸汽车间	2 000	12 000	1 000			15 000
	修理车间	3 000		2 000			5 000
	小计	5 000	12 000	3 000			20 000
制造费用	一车间	3 000	3 000	5 000	600		11 600
	二车间	2 000	4 000	6 000	1 000		13 000
	小计	5 000	7 000	11 000	1 600		24 600
管理费用		5 000	5 000	8 000	400		18 400
合计		90 000	32 000	22 000	10 000	16 000	170 000

会计主管：×××　　　　　　复核：×××　　　　　　制表：×××

(四)计算凭证的填制方法

计算凭证是指根据某项经济业务已经发生的原始凭证和账簿资料进行归类、整理、计算而编制的原始凭证，它是为了满足会计核算或经济管理的需要而编制的。制造费用分配表是月末由会计人员根据制造费用明细账的记录结果，按一定的方法计算，将制造费用在各种产品之间分配的结果编制的。

【例 2-5】 某企业一车间生产甲、乙两种产品。该车间 2020 年 8 月制造费用明细账上登记应分配的制造费用为 200 000 元。根据企业规定，在计算产品成本时，制造费用按生产工时进行分配，10 月甲产品生产工时为 30 000 工时，乙产品为 20 000 工时。根据以上资料编制的计算凭证——制造费用分配表如表 2-17 所示。

表2-17 制造费用分配表

制造费用分配表

2020年8月　　　　　　　　　　　　　　　　　　　　　　　单位：元

分配对象		生产工时	分配率	分配金额
生产成本	甲产品	30 000	4	120 000
	乙产品	20 000	4	80 000
合计		50 000	4	200 000

分配率：200 000÷50 000=4　　　　复核：×××　　　　制单人：×××

三、外来原始凭证的填制方法

外来原始凭证是企业同外单位发生经济业务往来时，由外单位的经办人填制的原始凭证。现以购货时取得的增值税专用发票为例进行说明。

【例2-6】 榕辉有限公司于2020年8月8日从福州市光华有限公司购入A材料4 000千克，单价20元，价款80 000元，增值税税额10 400元，购入材料时取得福州市光华有限公司开具的增值税专用发票，如表2-18所示。

表2-18 增值税专用发票

福建增值税专用发票　　3500203140

NO.05120078

开票日期：2020年8月8日

| 购买方 | 名　　称：榕辉有限公司
纳税人识别号：913501012604 30689C
地　址、电　话：仓山区先锋路78号　88348971
开户行及账号：工行仓办　36002186983 | 密码区 | （略） |

货物或应税劳务、服务名称	规格型号	单位	数量	单价	金额	税率	税额
A材料		千克	4 000	20.00	80 000.00	13%	10 400.00
合　　计					80 000.00		￥10 400.00

| 价税合计（大写） | ⊗玖万零肆佰元整 | （小写）　￥90 400.00 |

| 销售方 | 名　　称：福州市光华有限公司
纳税人识别号：913501012607 50863Y
地　址、电　话：台江区广达路5号　87791325
开户行及账号：中国银行台江支行　3623067741 | 备注 | |

收款人：　　　　复核：　　　　开票人：杨红　　　　销售方：（章）

任务三 原始凭证的审核与传递

一、原始凭证审核的内容

为了保证原始凭证真实、合法、准确，会计机构、会计人员应该对所有的原始凭证进行严格的审核，审核的具体内容主要包括以下五个方面。

(一)合法性审核

审核原始凭证所记录的经济业务是否符合国家现行的财经法规、财会制度以及本单位制定的有关规定。

(二)合理性审核

审核原始凭证所记录的经济业务是否符合企业生产经营的需要；是否符合有关计划和预算。

(三)真实性审核

审核原始凭证所记录的经济业务发生的时间、地点、内容、当事人、数据等是否真实，有无弄虚作假、违法乱纪、贪污舞弊的行为。

(四)正确性审核

审核原始凭证的摘要和数字及其他项目是否填写正确，数量、单价、金额、合计是否填写正确，大、小写金额是否相符，数字和文字是否清晰。

(五)完整性审核

审核原始凭证的各项基本要素是否填写齐全，日期是否完整，有关单位和人员是否已签字盖章。

二、原始凭证审核结果的处理

经审核的原始凭证应根据不同情况进行处理。
(1) 对完全符合要求的原始凭证，应及时据以编制记账凭证入账。
(2) 对不合理、不合法、不真实的原始凭证，会计机构及会计人员可不予受理，并及时向单位领导报告，请求查明原因，追究有关当事人责任。
(3) 对不完整、不正确的原始凭证，应退回经办人员，要求其补充更正或重新填写后，再审核并据以入账。

三、原始凭证的传递

原始凭证的传递是指原始凭证从取得或填制到审核、办理业务手续、整理、记账直至装订、归档保管为止的传递流程。合理有序的凭证传递流程是会计核算正常、有效进行的前提。科学、合理的传递程序，能保证原始凭证在传递过程中的安全、及时、准确和完整。因此，合理组织原始凭证的传递，是会计的一项不可忽视的工作。

(一)合理确定原始凭证的传递程序

明确经济业务发生后由哪个部门负责填制(取得)原始凭证，之后由哪个部门接办该业务。对于一式数联的原始凭证，应确定每一联次的用途和传递路线。

原始凭证的传递程序应该既严密完备，又简便易行。如果传递层次过多，会影响业务的及时办理和及时记账，也容易造成凭证的遗失。各单位应根据自身的机构设置情况、管理要求及会计核算内容分工的粗细，结合岗位责任制，制定适合自身特点的原始凭证传递程序。

(二)合理确定原始凭证的传递时间

规定原始凭证在每个环节的停留时间，要考虑相关部门和人员在经办业务时各项手续对时间的要求，既要防止凭证积压，又要避免时间过紧。

此外，为了明确经济责任，保障原始凭证的安全、完整，应规定原始凭证在传递过程中的交接签收制度。可设置凭证传递登记簿，记载相关内容，并且经办人和接办人要在其上签章。

案例解析

(1) 反映出该职工极其不道德的行为。该行为损人利己，最终不利于整个企业的发展，是应该坚决制止的。

(2) 如果该职工报销成功，则是单位资金个人占有，那么，从利益的角度来看，他损害了企业其他人的利益；从会计信息的角度来看，虚假的凭证必然反映出不真实的信息，从而误导会计信息使用者。因此，认真、严格地审核原始凭证对确保会计信息的合法性、合理性和真实性，提高会计信息的质量，防止各种弄虚作假、损公肥私的行为，保护单位财产的安全、完整，维护公众的利益，改善经营管理，提高经济效益都具有重要的意义。

(3) 作为会计人员，应从以下四个方面审核原始凭证。

① 审核凭证所记载的经济业务是否真实、可靠，判断其是否正常，涉及业务发生的日期、季节、经办负责人员、数量、单价、业务的程序和手续等是否符合要求，有无涂改或刮、擦、挖、补等现象。

② 合法性、合规性、合理性审核，主要审核经济业务的内容是否符合有关政策、法令、制度、计划、预算和合同等的规定，是否符合审批权限和手续，以及是否符合节约原则等。

③ 完整性审核，主要审核原始凭证的手续是否完备，应填项目是否填写齐全，有关

经办人员是否都已签名或盖章，主管人员是否审批同意等。

④ 正确性审核，主要审核原始凭证的摘要和数字是否填写清楚、正确，数量、单价、金额的计算有无差错，大、小写金额是否相符等。

项 目 小 结

原始凭证是在经济业务发生或完成时直接取得或填制的，用以记录经济业务的主要内容和完成情况，明确经济责任，并据以填制记账凭证的书面证明。原始凭证可以按多种标准分类。原始凭证必须具备一些基本内容，填制必须符合有关规定和要求。会计人员必须履行会计的监督职能，对原始凭证的真实性、正确性、完整性、合理性和合法性进行审核。各单位应规定原始凭证在内部各有关部门和人员之间的传递程序和传递时间，还应规定原始凭证在传递过程中的交接签收制度。

项目强化训练

一、单项选择题

1. 领料汇总表属于原始凭证中的（　　）。
   A. 单式凭证　　　　　　　　B. 汇总原始凭证
   C. 一次凭证　　　　　　　　D. 累计凭证
2. 下列属于外来原始凭证的是（　　）。
   A. 银行收账通知单　　　　　B. 出库单
   C. 入库单　　　　　　　　　D. 发料汇总表
3. 下列不属于原始凭证的是（　　）。
   A. 购销合同　　　　　　　　B. 住宿费收据
   C. 发货票　　　　　　　　　D. 领料单
4. 填制原始凭证时应做到大、小写数字符合规范，填写正确。例如，大写金额"壹仟零壹元伍角整"，其小写金额应为（　　）。
   A. ¥1 001.50 元　　　　　　B. ¥1 001.5
   C. 1 001.50 元　　　　　　　D. ¥1 001.50
5. 下列不属于原始凭证基本内容的是（　　）。
   A. 填制日期　　　　　　　　B. 经济业务内容
   C. 应借、应贷科目　　　　　D. 有关人员签章
6. 外来原始凭证一般都是（　　）。
   A. 汇总原始凭证　　　　　　B. 记账凭证
   C. 一次凭证　　　　　　　　D. 累计凭证
7. 下列原始凭证中，属于外来原始凭证的是（　　）。
   A. 限额领料单　　　　　　　B. 工资计算单
   C. 差旅费报销单　　　　　　D. 职工出差的火车票

8. 下列各项中，不属于原始凭证基本内容的是( )。
   A. 填制的日期
   B. 经济业务的内容
   C. 接受单位的名称
   D. 经济业务的记账方向
9. 原始凭证是( )。
   A. 编制科目汇总表的根据
   B. 编制汇总记账凭证的根据
   C. 登记日记账的根据
   D. 编制记账凭证的根据
10. 在会计实务中，原始凭证按照填制手续的不同可以分为( )。
    A. 通用凭证和专用凭证
    B. 收款凭证、付款凭证、转账凭证
    C. 外来原始凭证和自制原始凭证
    D. 一次凭证、累计凭证、汇总原始凭证
11. 企业出差人员填制的差旅费报销单属于( )。
    A. 科目汇总表
    B. 自制原始凭证
    C. 外来原始凭证
    D. 原始凭证汇总表
12. 下列关于原始凭证填制的说法中，不正确的是( )。
    A. 不得根据虚假的交易填制原始凭证
    B. 从外单位取得的原始凭证必须盖开具单位的公章
    C. 凡是涉及大、小写金额的原始凭证，大、小写金额应该相互吻合，大、小写必须符合规范
    D. 如果原始凭证作废了，直接撕毁
13. 下列说法中，不符合有关原始凭证填制要求的是( )。
    A. 原始凭证的记录必须真实可靠，不弄虚作假
    B. 原始凭证上各项内容要逐项填制齐全，不可缺漏
    C. 填写原始凭证要字迹清晰，易于辨认
    D. 原始凭证如发生金额错误，应采用划线更正法进行更正
14. 企业的限额领料单属于( )。
    A. 一次凭证
    B. 累计凭证
    C. 原始凭证汇总表
    D. 外来凭证
15. 下列各项中，不属于原始凭证审核内容的是( )。
    A. 原始凭证是否有经办人签名或签章
    B. 登记账户的方向是否正确
    C. 原始凭证所列金额是否符合财务制度，费用的开支是否合理
    D. 原始凭证的金额计算是否正确
16. 在原始凭证中，"¥105 300.70"的大写金额可写为"人民币( )"。
    A. 拾万伍仟叁佰元柒角
    B. 拾万伍仟叁佰柒角整
    C. 壹拾万伍仟叁佰柒角
    D. 壹拾万伍仟叁佰元零柒角整

二、多项选择题

1. 下列属于一次原始凭证的有( )。
   A. 领料登记表
   B. 购货发票
   C. 销货发票
   D. 限额领料单
   E. 领料单

2. 下列属于原始凭证的有( )。
   A. 购料合同　　　　　　　B. 限额领料单　　　　　　C. 收料单
   D. 发出材料汇总表　　　　E. 汇总收款凭证
3. 原始凭证审核时应注意的是( )。
   A. 凭证上各项目是否填列齐全、完整　　B. 各项目的填写是否正确
   C. 凭证反映的业务是否合法　　　　　　D. 所运用的会计科目是否正确
   E. 数字计算有无错误
4. 下列凭证中，属于汇总原始凭证的有( )。
   A. 发货票　　　　　　　　B. 现金收入汇总表　　　　C. 工资结算汇总表
   D. 发料汇总表　　　　　　E. 制造费用分配表
5. 外来原始凭证应该是( )。
   A. 一次凭证　　　　　　　B. 盖有填制单位公章的　　C. 累计凭证
   D. 从企业外部取得的　　　E. 由企业会计人员填制的
6. 填制原始凭证时应做到( )。
   A. 填写认真　　　　　　　B. 内容完整　　　　　　　C. 会计科目正确
   D. 遵纪守法　　　　　　　E. 记录真实
7. 下列属于原始凭证的是( )。
   A. 限额领料单　　　　　　B. 差旅费报销单　　　　　C. 科目汇总表
   D. 汇总收款凭证　　　　　E. 汇总付款凭证
8. 原始凭证按其来源不同，可分为( )。
   A. 累计凭证　　　　　　　B. 自制原始凭证　　　　　C. 外来原始凭证
   D. 一次凭证　　　　　　　E. 汇总原始凭证
9. 外来原始凭证一般是( )。
   A. 由本企业的会计人员填制的　　　　　B. 从企业外部取得的
   C. 属于一次凭证　　　　　　　　　　　D. 盖有单位开具的公章
   E. 属于累计凭证
10. 对原始凭证审核的内容有( )。
    A. 真实性　　　　　　　　B. 合理性　　　　　　　　C. 完整性
    D. 重要性　　　　　　　　E. 合法性
11. 对外来原始凭证进行审核的内容包括( )。
    A. 经济业务发生的时间　　　　　　　　B. 经济业务的内容是否真实
    C. 填制凭证的日期是否真实　　　　　　D. 是否有对方单位开具的公章
    E. 是否有相关人员的签章

三、判断题

1. 一次凭证是指只反映一项经济业务的凭证，如领料单。　　　　　　　　　　( )
2. 累计凭证是指在一定时期内连续记载若干项同类经济业务，其填制手续是随着经济业务的发生而分次完成的凭证，如限额领料单。　　　　　　　　　　　　　　　　( )
3. 汇总原始凭证是指在会计核算工作中，为简化记账凭证编制工作，将一定时期内若干份记录同类经济业务的记账凭证加以汇总，用以集中反映某项经济业务总括发生情况的

会计凭证。   (   )
4. 原始凭证是登记日记账、明细账的根据。   (   )
5. 原始凭证是在经济业务发生或完成时取得或编制的。它载明经济业务的具体内容，明确经济责任，是具有法律效力的书面证明。   (   )
6. 原始凭证的内容应包括会计分录。   (   )
7. 自制原始凭证是企业内部经办业务的部门和人员填制的凭证。   (   )
8. 原始凭证按照用途分类，可分为通知凭证、执行凭证、计算凭证。   (   )
9. 原始凭证金额有错误的，应当由出具单位重开，不得在原始凭证上更正。(   )
10. "¥18.30"的中文大写金额可写为"人民币拾捌元叁角整"。   (   )
11. 对于不真实、不合法的原始凭证，会计人员应退回给有关经办人员，由其更正后方可办理正式会计手续。   (   )
12. 企业每项交易或者事项的发生都必须从外部取得原始凭证。   (   )
13. 计算凭证是对在进行或已完成的经济业务进行计算的原始凭证。一般，计算凭证要根据其他原始凭证和有关会计核算资料(如账簿记录等)来编制。   (   )
14. 自制原始凭证必须由单位会计人员自行填制，非会计人员不能填制原始凭证。
                                                              (   )
15. 一般情况下，外来原始凭证都是一次凭证。   (   )

四、名词解释

原始凭证　外来原始凭证　自制原始凭证　一次凭证　累计凭证　汇总原始凭证

五、思考题

1. 原始凭证的基本内容有哪些？
2. 如何审核原始凭证？
3. 如何进行原始凭证的传递？

六、业务题

目的：掌握原始凭证的填制方法。

(1) 2020年8月20日，公司收到张三交来的租用包装物的押金450元现金。要求开出一张收款收据，如表2-19所示。

表2-19　收款收据

收　款　收　据

年　　月　　日　　　　　　　　　　　　No.

今收到_____	第二联 交对方
交来_____	
金额人民币(大写)_____ ¥_____	

收款单位(盖章)：　　　审核：　　　经手人：　　　出纳：

(2) 2020 年 8 月 21 日，公司的业务员李四因出差来财务部门预借差旅费 1 600 元。要求填写一张借款单，如表 2-20 所示。

表 2-20 借款单

借 款 单

年　　月　　日

部　　门		姓　　名	
借款事由			
借款金额	(大写)	¥	
预计还款报销日期		年　　月　　日	
审批意见		借款人签收	

会计主管：　　　　　　　出纳：　　　　　　　　　　　　记账：

(3) 2020 年 8 月 22 日，二车间从第三仓库领用甲材料 200 千克，单位成本 5 元，用于生产 A 产品。要求填制领料单一张，如表 2-21 所示。

表 2-21 领料单

领　料　单

领料部门：　　　　　　　　　　　　　　　　　　　　　编　　号：
用　　途：　　　　　　　　年　月　日　　发料仓库：

材料编号	材料规格及名称	计量单位	数　量		价　格	
			请　领	实　领	单　价	金　额
备　注					合　计	

第一联

仓库负责人：　　　　发料：　　　　仓管：　　　　经手：

2.1 认识原始凭证.mp4

2.2 原始凭证的填制.mp4

2.3 原始凭证的审核与传递.mp4

项目三 记账凭证的填制、审核与传递

【知识目标】

- 解释会计要素、会计等式、会计科目、账户、记账凭证。
- 描述经济业务变化对会计等式的影响,账户的基本结构、复式记账原理、借贷记账法以及企业各项经济业务的内容。
- 识别会计六大要素,主要经济业务的账户对应关系。

【技能目标】

- 能够正确划分会计要素、建立会计等式。
- 根据经济业务的变化分析对会计等式的影响。
- 根据本企业的经济业务,结合我国的会计科目表,开设相应账户。
- 根据企业发生的简单经济业务编制会计分录,进行账户试算平衡。
- 对每一类账户,正确地用以登记经济业务,包括登记借方和贷方发生额,结出期末余额。
- 对收入、费用和利润进行正确的归集、结转和分配。
- 能够填制、审核记账凭证。

案例引导

案例一：经济业务的发生会影响会计等式吗？

太平洋百货商店 2020 年年初开业，6 月发生的六笔经济业务列示在下列等式里，如表 3-1 所示。

表 3-1 太平洋百货商店的经济业务

	资产				负债	所有者权益
	银行存款 +	应收账款 +	存 货 +	固定资产 =	应付账款 +	实收资本
期初	9 000	5 600	10 800	6 600	4 200	27 800
业务 1	+1 200	-1 200				
业务 2	-1 200		+1 200			
业务 3				+3 000		+3 000
业务 4			+1 000		+1 000	
业务 5	-3 000				-3 000	
业务 6	+1 000		+2 000		+3 000	

思考：
1. 说明该商店 6 月发生的经济业务内容。
2. 计算经济业务变动对资产、负债及所有者权益变动的影响结果，并分析变动类型。

案例二：试算平衡表是不是万能的？

小甄从某财经大学会计系毕业后被聘任为启明公司的会计员。他来公司上班的第一天就看到会计科的同事们忙得不可开交，了解后才知道，大家正在进行月末结账。小甄问："我能做些什么？"会计科科长看他那急于投入工作的表情，也想检验一下他的工作能力，就问："试算平衡表的编制方法在学校学过了吧？""学过。"小甄回答。"那好，你编一下我们公司这个月的试算平衡表。"

科长帮小甄找到了公司所有的总账账簿，不到一个小时，一张总分类账户发生额及余额试算平衡表就完整地编制出来了。看到表格上相互平衡的三组数字，小甄兴冲冲地向科长交了差。

"呀！昨天车间领材料的单据还没记到账上去呢，它也是这个月的业务啊！"会计员李媚说。还没等小甄缓过神来，会计员小张手里又拿着一些会计凭证凑了过来，对科长说："这笔账我核对过了，应当记入'原材料'账户和'生产成本'账户的是 10 000 元，而不是 9 000 元。已经入账的那部分数字还得改一下。"

"试算平衡表不是已经平衡了吗？怎么还有错账呢？"小甄不解地问。

科长看他满脸疑惑的神情，耐心地说："试算平衡表也不是万能的，如果在账户中把有些业务漏记了，借贷金额记账方向彼此颠倒了，还有记账方向正确但记错了账户，这些都不会影响试算平衡表的平衡。像小张刚才发现的把两个账户的金额同时记多了或记少了，也不会影响试算平衡表的平衡。"

小甄边听边点头，心想："这些内容好像老师在上基础会计课的时候也讲过，以后在实践中还得好好运用呀！"

经过一番调整，一张真实反映本月经济业务的试算平衡表又在小甄的手里诞生了。

思考：为什么试算平衡表平衡了还会有错误？

案例三：这样记录业务，对吗？

小王有一家商店，因为他没有接受过会计教育，所以认为只要在记录中利用借贷复式记账的方法，有借有贷、借贷相等就不会出现错误了，于是他对本店的业务用借贷记账法进行了记录。下面列示的是本月发生的一些交易。

(1) 收到所订的商品，货款未付。
(2) 发出一份商品订单，订购价值400元。
(3) 将商品卖给顾客并收到1 000元现金。
(4) 用现金支付利息200元。
(5) 赊购设备10 000元。

小王对以上业务进行了如下记录。

(1) 借：应付款　　　　　　800
　　　贷：商品　　　　　　　　800

(2) 借：商品　　　　　　　400
　　　贷：现金　　　　　　　　400

(3) 借：现金　　　　　　1 000
　　　贷：商品　　　　　　　1 000

(4)、(5) 借：费用　　　　　　200
　　　　　 应付款　　　　10 000
　　　　贷：现金　　　　　　　200
　　　　　 设备　　　　　10 000

思考：

1. 小王对记录交易的理解正确吗？为什么？
2. 应如何改正小王记录中的错误？

案例四：小张的疑惑

会计小张在检查本月的销售记录时，发现一份金额400 000元、数量1 000件的客户订单，订单所列产品尚在生产过程中，而订货款已收到。该业务所编制的记账凭证和账簿记录如下。

1/2 借：银行存款　　　　400 000
　　　 应收账款　　　　　52 000
　　　贷：主营业务收入　　　400 000
　　　　　 应交税费　　　　　52 000

2/2 借：主营业务成本　　400 000
　　　贷：库存商品　　　　　400 000

小张反复琢磨这笔业务，总觉得有些不妥，但又说不清问题出在哪里。

思考：小张处理的这笔业务到底有无不妥？请说明理由。

案例五：小张和小王的分歧

本月生产车间固定资产折旧费6 000元，行政管理部门固定资产折旧费4 000元。会计小王进行了如下账务处理。

借：管理费用　　　　　　　　10 000
　贷：累计折旧　　　　　　　　10 000

会计小张看后，指出：生产车间固定资产折旧费6 000元应记入"制造费用"账户，而不应记入"管理费用"账户。会计小王则认为，"制造费用"和"管理费用"反正都是"费用"，何必分得那么细，记哪个账户都一样。小张坚持自己的看法，但又找不出理由来说服小王。

思考：你能给出理由吗？

任务一　会计要素和会计等式

一、会计要素

会计要素是会计对象的具体构成因素，是会计对象要素的简称，是对会计对象所做的最基本的分类，是构成会计报表的基本因素。根据《企业会计准则》的规定，会计要素包括资产、负债、所有者权益、收入、费用和利润，共六项。

(一)反映财务状况的要素

资产、负债和所有者权益这三项要素是资金运动的静态表现，是资产负债表的构成要素。

1. 资产

资产是指过去的交易或者事项形成的、由企业拥有或者控制的、预期会给企业带来经济利益的资源。企业过去的交易或者事项包括购买、生产、建造行为或其他交易或者事项。预期在未来发生的交易或者事项不形成资产。所谓由企业拥有或者控制，是指企业享有某项资源的所有权，或者虽然不享有某项资源的所有权，但该资源能被企业所控制。所谓预期会给企业带来经济利益，是指直接或者间接导致现金或现金等价物流入企业的潜力。具体来讲，企业从事生产经营活动必须具备一定的物质资源，如货币资金、厂房场地、机器设备、原材料等，这些都属于企业资产。此外，如专利权、商标权等，虽然不具有实物形态，但却有助于生产经营活动进行的无形资产，以及企业对其他单位的投资等，也都属于资产。

1) 资产的特征

(1) 资产应该能给企业带来未来经济利益。一些已经不能给企业带来未来经济利益的流入项目，如陈旧毁损的实物资产、已经无望收回的债权等都不能再作为资产来核算和呈报。

(2) 资产是由企业拥有或控制的。所谓拥有，是指该项资产的法定所有权属于本企业；所谓控制，是指虽然本企业并不拥有该项资产的法定所有权，但是该项资产上的报酬和风险均已由本企业所承担，如租入的资产(短期租赁和低值资产租赁除外)等。

(3) 资产是由过去的交易、事项所形成的。资产的成因是资产确认和计量的基础，将来的、尚未发生的事项的可能后果不能作为资产确认，同时也没有可靠的计量依据。所谓交易，是指以货币为媒介的商品或劳务的交换，如购买等；所谓事项，是指没有实际发生货币交换的经济业务，如企业接收捐赠的物资等。

2) 资产的确认条件

符合资产定义的资源，在同时满足以下条件时，可确认为资产。

(1) 与该资源有关的经济利益很可能流入企业。

(2) 该资源的成本或者价值能够可靠地计量。

在资产确认条件(1)中的"很可能"是指概率区间为大于50%但小于或等于95%。

【例3-1】 某企业的某工序上有两台机床，其中A机床型号较老，自B机床投入使用后，一直未再使用；B机床是A机床的替代产品，目前承担该工序的全部生产任务。A、B机床是否都是企业的固定资产？

A机床不能再确定为该企业的固定资产了。该企业原有的A机床已长期闲置，不能给企业带来经济利益，因此不能再作为资产反映在资产负债表中。

3) 资产的分类

企业资产按其流动性可划分为流动资产和非流动资产。

(1) 流动资产。流动资产是指可以在一个正常营业周期内变现或耗用，或者主要为交易目的而持有，或者预计在资产负债表日起1年内(含1年)变现的资产，主要包括库存现金、银行存款、交易性金融资产、应收及预付款项、存货等。所谓变现，就是转化为现金(货币资金)，如收回应收及预付款项、销售商品收回货款、出售交易性金融资产收回资金等；所谓耗用，指在生产经营过程中的消耗使用，如原材料被生产领用，固定资产在生产经营中消耗、磨损等。所谓一个正常营业周期，是指企业从购买用于加工的资产起，至实现现金或现金等价物的期间。正常营业周期通常短于1年，在1年内有几个营业周期。但是，也存在正常营业周期长于1年的情况，在这种情况下，与生产循环相关的产成品、应收账款、原材料尽管是超过1年才变现或耗用，但仍应作为流动资产。当正常营业周期不能确定时，应当以1年(12个月)作为正常营业周期。

(2) 非流动资产。非流动资产是指流动资产以外的资产，主要包括长期应收款、长期股权投资、投资性房地产、固定资产、在建工程、无形资产、长期待摊费用、其他非流动资产等。

2. 负债

负债是指过去的交易或者事项形成的、预期会导致经济利益流出企业的现时义务。

1) 负债的特征

(1) 负债是企业承担的现时义务。所谓现时义务，是指企业在现行条件下已承担的义务。也就是说，现时义务是由企业过去的交易或者事项形成的现在已承担的义务。未来发生的交易或者事项形成的义务不属于现时义务，不应当确认为负债。例如，银行借款是因为企业接受了银行贷款而形成的，如果企业没有接受银行贷款，则不会发生银行借款这项负债；应付账款是因为企业采用信用方式购买商品或接受劳务而形成的，在购买商品或接受劳务发生之前，相应的应付账款并不存在。

(2) 负债的清偿预期会导致经济利益流出企业。为了清偿债务，企业往往需要在将来转移资产或者提供劳务，或两者兼而有之。如用现金或实物清偿债务，或以提供劳务来清偿债务，或同时转移一部分资产和提供部分劳务来清偿债务，也可能将债务转为资产。对此，企业并不能或很少可以回避。从这个意义上讲，如果企业能够回避义务，则不能相应地确认一项负债。

(3) 负债是由过去的交易或事项形成的。企业预期在将来要发生的交易、事项而可能产生的债务不能作为负债。

2) 负债的确认条件

符合负债定义的义务，在同时满足以下条件时，可确认为负债。

(1) 与该义务有关的经济利益很可能流出企业。

(2) 未来流出的经济利益的金额能够可靠地计量。

3) 负债的分类

负债按其偿还期的长短可分为流动负债和非流动负债。

(1) 流动负债。流动负债是指预计在一个正常营业周期中清偿，或者主要为交易目的而持有，或者自资产负债表日起 1 年内(含 1 年)到期应予以清偿，或者企业无权自主地将清偿推迟至资产负债表日后 1 年以上的负债。它主要包括短期借款、应付票据、应付账款、预收账款、应付职工薪酬、应交税费、应付股利、应付利息、其他应付款等。

(2) 非流动负债。非流动负债是指流动负债以外的负债。它主要包括长期借款、应付债券、长期应付款等。

3. 所有者权益

所有者权益是指企业资产扣除负债后由所有者享有的剩余权益。公司的所有者权益又称为股东权益。其金额为资产减去负债后的余额。

对于任何企业而言，其资产形成的资金来源不外乎两个：一个是债权人，一个是所有者。债权人对企业资产的要求权形成企业负债，所有者对企业资产的要求权形成企业的所有者权益。

1) 所有者权益与负债的区别

所有者权益和负债都是对企业的要求权，但又存在着明显的区别。

(1) 对象不同。负债是对债权人负担的经济责任；所有者权益是对投资人负担的经济责任。

(2) 性质不同。负债是在经营中或其他事项中发生的债务，是债权对其债务的权利；所有者权益是对投入的资本及其投入资本的运用所产生的盈余(或亏损)的权利。

(3) 偿还期限不同。负债必须于一定时期(特定日期或确定的时期)偿还；所有者权益一般只有在企业解散清算时(除按法律程序减资外)，其破产财产在偿付了破产费用、债权人的债务等以后，如有剩余财产，才可能还给投资者。在企业持续经营的情况下，一般不能收回投资。

(4) 享有的权利不同。债权人只享有收回债务本金和利息的权利，无权参与企业收益分配；所有者权益在某些情况下，除了可以获得利益外，还可以参与经营管理。

从会计核算的角度来看，不同组织形式的企业，在所有者权益的核算上差别很大，尤其是公司制企业中的股份有限公司对其所有者权益的核算，由于涉及每个股东、债权人以及其他利益相关人的利益，往往在法律上对其规定得比较详细，如我国《公司法》对公司制企业的股票发行、转让、利润的分配、减资等均作了比较详细的规定。

2) 所有者权益的特征

(1) 除非发生减资、清算或分派现金股利等情况，否则企业不需要偿还所有者权益。

(2) 企业清算时，只有在清偿所有的负债后，所有者权益才返还给所有者。

(3) 所有者凭借所有者权益能够参与企业利润的分配。

3) 所有者权益的确认条件

所有者权益体现的是所有者在企业中的剩余权益，因此所有者权益的确认依赖于其他会计要素，尤其是资产和负债的确认。所有者权益金额的确认也主要取决于资产和负债的计量。

4) 所有者权益的分类

所有者权益按来源不同分类，包括所有者投入的资本、其他综合收益、留存收益等。通常由实收资本(或股本)、资本公积(含资本溢价或者股本溢价、其他资本公积)、其他综合收益、盈余公积和未分配利润等构成。

所有者投入的资本，是指所有者投入企业的资本部分，它既包括构成企业注册资本(实收资本)或者股本的金额，也包括投入资本超过注册资本或者股本部分的金额，即资本溢价或者股本溢价，这部分投入资本作为资本公积(资本溢价或者股本溢价)反映。

其他综合收益，是指企业根据会计准则规定未在当期损益中确认的各项利得和损失。

留存收益，是指企业从历年实现的利润中提取或形成的留存于企业的内部积累，包括盈余公积和未分配利润。

实收资本是指投资者按照企业章程或合同、协议的约定，实际投入企业的资本。在股份制企业中，实收资本称为股本。资本公积包括企业收到的投资者出资额超出其在注册资本或股本中所占份额的部分以及直接计入所有者权益的利得和损失等。盈余公积是指企业按照国家有关规定从利润中提取的各种积累基金，包括法定盈余公积、任意盈余公积等。未分配利润是企业留于以后年度分配的利润或待分配利润。

(二)反映经营成果的要素

经营成果是企业在一定时期内从事生产经营活动所取得的最终成果，是资金运动显著变动状态的主要体现。收入、费用和利润这三项要素是资金运动的动态表现，是利润表的构成要素。

1. 收入

收入是指企业在日常活动中形成的，会导致所有者权益增加或者负债减少，与所有者投入资本无关的经济利益的总流入。

1) 收入的特征

(1) 收入是企业在日常活动中形成的经济利益的总流入。所谓日常活动，是指企业为完成其经营目标所从事的经常性活动以及与之相关的活动。例如，工业企业销售产品、商业企业销售商品、咨询公司提供咨询服务、软件开发企业为客户开发软件、安装公司提供安装服务、商业银行对外贷款、租赁公司出租资产等活动，均属于企业为完成经营目标所从事的经常性活动，由此形成的经济利益的总流入构成收入。工业企业对外出售不需用的原材料、对外转让无形资产使用权、对外进行权益性投资等活动，虽不属于企业的经常性活动，但属于企业为完成其经营目标所从事的非经常性活动，由此形成的经济利益的总流入也构成收入。

(2) 收入会导致企业所有者权益的增加。收入形成的经济利益总流入的形式多种多样，既可能表现为资产的增加，如增加银行存款、应收账款；也可能表现为负债的减少，如减少预收账款；还可能表现为两者的结合，如销售实现时，部分冲减预收账款，部分增加银行存款。也就是收入形成的经济利益总流入能增加资产或减少负债或两者兼而有之，根据"资产−负债=所有者权益"的会计等式，收入一定能增加企业的所有者权益。

企业为第三方或客户代收的款项，如企业代国家收取的增值税等，一方面增加企业的资产，另一方面增加企业的负债，并不增加企业的所有者权益，因此不构成企业的收入。

(3) 收入与所有者投入资本无关。所有者投入资本主要是为谋求享有企业资产的剩余权益，由此形成的经济利益的总流入不构成收入，应确认为企业所有者权益的组成部分。

2) 收入的确认条件

当企业与客户之间的合同同时满足下列条件时，企业应当在客户取得相关商品控制权时确认收入：①合同各方已批准该合同并承诺将履行各自义务；②该合同明确了合同各方与所转让商品或提供劳务相关的权利和义务；③该合同有明确的与所转让商品或提供劳务相关的支付条款；④该合同具有商业实质，即履行该合同将改变企业未来现金流量的风险、时间分布或金额；⑤企业因向客户转让商品或提供劳务而有权取得的对价很可能收回。

3) 收入的分类

(1) 收入按企业从事日常活动的性质不同，分为销售商品收入、提供劳务收入和让渡资产使用权收入。

销售商品收入是指企业通过销售商品实现的收入。商品包括企业为销售而生产的产品和为转售而购进的商品。企业销售的其他存货，如原材料、包装物等，也视同商品。

提供劳务收入是指企业通过提供劳务实现的收入，如企业通过提供旅游、运输、咨询、培训、产品安装等劳务所实现的收入。

让渡资产使用权收入是指企业通过让渡资产使用权实现的收入，包括利息收入和使用费收入。利息收入主要是指金融企业对外贷款形成的利息收入，以及同业之间发生往来形成的利息收入等。使用费收入主要是指企业转让无形资产等资产的使用权形成的使用费收入。企业对外出租固定资产收取的租金就是让渡资产使用权形成的收入。

(2) 收入按企业经营业务的主次不同，分为主营业务收入和其他业务收入。

主营业务收入是指企业为完成其经营目标所从事的经常性活动实现的收入。它一般占企业总收入的比重较大，对企业的经济效益产生较大影响。不同行业企业的主营业务收入所包括的内容不同。例如，工业企业的主营业务收入主要包括销售产品、自制半成品、代制品、代修品，提供工业性劳务等实现的收入；商业企业的主营业务收入主要包括销售商品实现的收入；咨询公司的主营业务收入主要包括提供咨询服务实现的收入。

其他业务收入是指企业为完成其经营目标所从事的与经常性活动相关的收入。它属于企业日常活动中次要交易实现的收入，一般占企业总收入的比重较小。不同行业企业的其他业务收入所包括的内容不同。例如，工业企业的其他业务收入主要包括对外销售原材料，出租包装物、商品或固定资产，对外转让无形资产使用权，对外提供非工业性劳务等实现的收入。

【例 3-2】 企业出售和出租固定资产、无形资产的收入，以及出售不需要的材料收入是否应确认为企业的收入？

出售固定资产、无形资产并非企业的日常活动，这种偶发性的收入不应确认为收入，而应作为营业外收入确认。而出租固定资产、无形资产在实质上属于让渡资产使用权。出售不需要的材料的收入也属于企业日常活动中的收入，因此应确认为企业的收入，具体确认为其他业务收入。

2. 费用

费用是指企业在日常活动中发生的，会导致所有者权益减少，与向所有者分配利润无关的经济利益的总流出。

1) 费用的特征

(1) 费用是企业在日常活动中发生的经济利益的总流出。如前所述，日常活动是指企业为完成其经营目标所从事的经常性活动以及与之相关的活动。工业企业制造并销售产品、商业企业购买并销售商品、商业银行对外贷款、咨询公司提供咨询服务、软件开发企业为客户开发软件、安装公司提供安装服务、租赁公司出租资产等活动，均属于企业为完成经营目标所从事的经常性活动，由此发生的经济利益的总流出构成费用。工业企业对外出售不需要的原材料结转的材料成本等，也构成费用。

费用形成于企业日常活动的特征使其与产生于非日常活动的损失相区分。企业从事或发生的某些活动或事项也能导致经济利益流出企业，但不属于企业的日常活动。例如，处置固定资产、无形资产等非流动资产，因违约支付罚款，对外捐赠等，这些活动或事项形成的经济利益的总流出属于企业的损失，而不是费用。

(2) 费用会导致企业所有者权益的减少。费用既可能表现为资产的减少，如减少银行存款、库存商品等；也可能表现为负债的增加，如增加应付职工薪酬、应交税费等。根据"资产-负债=所有者权益"的会计等式，费用一定能导致企业所有者权益的减少。

企业经营中的某些支出并不减少企业的所有者权益，也就不构成费用。例如，企业以银行存款偿还一项负债，只是一项资产和一项负债的等额减少，对所有者权益没有影响，因此不构成企业的费用。

(3) 费用与所有者分配利润无关。向所有者分配利润或股利属于企业利润分配的内容，不构成企业的费用。

2) 费用的确认条件

费用的确认除了应当符合其定义外，还至少应当符合以下条件：费用只有在经济利益很可能流出企业，从而导致企业资产减少或者负债增加，且经济利益的流出额能够可靠地计量时，才能予以确认。

3) 费用的分类

费用按是否计入成本可分为计入成本的费用和计入损益的费用。计入成本的费用按计入方式可分为直接费用和间接费用。

(1) 直接费用是指直接为生产产品或提供劳务而发生的费用。它包括直接材料、直接人工和其他直接费用。直接费用直接计入生产成本。

(2) 间接费用是指企业各生产单位(分厂、车间)为组织和管理生产所发生的共同费用。例如，生产车间为组织和管理生产发生的各项费用，包括车间管理人员的工资、车间固定资产的折旧费等。间接费用分配计入生产成本。

(3) 期间费用是指不计入生产成本，而在发生的会计期间直接计入当期损益的费用。它包括销售费用、管理费用和财务费用。

【例3-3】 企业报废固定资产发生的净损失，是否应确认为企业的费用？

报废固定资产发生的损失，虽然会导致所有者权益减少和经济利益的总流出，但不属于企业的日常活动，因此不应确认为企业的费用，而应确认为营业外支出。

3. 利润

利润是指企业在一定会计期间的经营成果。通常情况下，如果企业实现了利润，表明企业的所有者权益增加；反之，如果企业发生了亏损(即利润为负数)，则表明企业的所有者权益减少。

利润包括收入减去费用后的净额、直接计入当期利润的利得和损失等。其中，收入减去费用后的净额反映的是企业日常活动的业绩。直接计入当期利润的利得和损失，是指应当计入当期损益、会导致所有者权益发生增减变动的、与所有者投入资本或者向所有者分配利润无关的利得或损失。其中，利得是指由企业非日常活动所形成的、会导致所有者权益增加的、与所有者投入资本无关的经济利益的流入；损失是指由企业非日常活动所发生的、会导致所有者权益减少的、与向所有者分配利润无关的经济利益的流出。

利润反映的是收入减去费用、利得减去损失后净额的概念。因此，利润的确认主要依赖于收入和费用，以及利得和损失的确认，其金额的确定也主要取决于收入、费用、利得和损失金额的计量。

二、会计等式

(一)会计等式的内容

会计等式也称会计方程式或平衡公式，是指利用数学等式，对会计要素或项目之间的内在经济联系所作出的概括和科学表达。

1. 资产、负债、所有者权益之间的数量关系

企业为实现其经营目标，必须拥有或控制一定数量的资源，作为其从事生产经营活动的物质基础。从这些资源的形态来看，它们分别表现为流动资产、长期投资、固定资产、无形资产及其他资产等。从这些资源的来源来看，它们分别来源于所有者和债权人。由于

所有者和债权人为企业提供了资产，因此对这些资产就有了要求权。所有者有权要求分享资产所带来的利润，债权人则有权要求到期偿还其所让渡使用权的资产及资产的使用费。所有者和债权人对企业资产的要求权在会计上统称为权益。其中，所有者的要求权在会计上以"所有者权益"表示，债权人的要求权在会计上则以"负债"表示。

资产和权益是同一资源的两个不同方面。资产表明企业所拥有或者控制的资源的规模及其在企业中的存在形态，权益则表明企业所拥有或者控制的资源的来源(或所属关系)，以及资源提供者对这些资源的要求权。由于资产与权益是同一事物的两个方面，因此两者之间必然相互依存、相互制约。资产不能离开权益而存在，没有无资产的权益，也没有无权益的资产。从数量上来看，有一定数额的资产，就必然有一定数额的权益；反之，有一定数额的权益，也必然有一定数额的资产。从任何一个时点上来看，企业的资产总额与权益总额必然相等。两者之间客观上存在的这种数量关系可用公式表示如下。

资产=权益

债权人权益和所有者权益虽然都是对企业资产的要求权，但两者又有着本质的差别。债权人权益是债权人要求到期偿还资产本息的权利，所有者权益是所有者要求分享企业利润的权利。企业对债权人和所有者分别承担着不同的经济责任，在会计上有必要对债权人权益和所有者权益分别进行核算。因此，资产与权益的数量关系应进一步用下列公式表示。

资产=负债+所有者权益

上述等式反映了企业在某一特定日期的财务状况，即企业资源的规模以及资产的结构和资本的构成。这一等式在会计学中具有非常重要的地位，它是设置账户、复式记账、设定和编制资产负债表的理论依据。资产、负债、所有者权益之间的数量关系，即企业的财务状况可用资产负债表列示。假设甲公司2020年1月31日的财务状况如表3-2所示。

表3-2 资产负债表(简表)

资产负债表(简表)

2020年1月31日　　　　　　　　　　　　　　　　　　　　单位：元

资　　产	金　　额	负债及所有者权益	金　　额
库存现金	20 000	短期借款	200 000
银行存款	260 000	应付账款	30 000
存　　货	100 000	应付股利	
固定资产	150 000	长期借款	
		股　　本	300 000
资产总计	530 000	负债及所有者权益总计	530 000

2. 收入、费用、利润之间的数量关系

企业将其拥有或控制的资源投入日常生产经营活动，预期会给企业带来经济利益，即收入。在日常的生产经营活动中又必然会发生经济利益的流出，即费用。企业一定会计期间的收入与费用配比后即为企业的经营成果，具体表现为利润。收入、费用、利润之间客观上存在的这种数量关系可用公式表示如下。

利润=收入-费用

上述等式反映了企业在一定会计期间的经营成果。其在会计学中同样具有重要地位，它是企业确定利润、设置损益类账户、设定和编制利润表的理论依据。收入、费用、利润

之间的数量关系，即企业的经营成果可用利润表列示。假设甲公司 2020 年 1 月 31 日的经营成果如表 3-3 所示。

表 3-3 利润表(简表)

利润表(简表)

2020 年 1 月 31 日　　　　　　　　　　　　　　　　　　　　　单位：元

项　目	金　额
一、营业收入	24 000
减：营业成本	16 800
减：管理费用	3 200
二、营业利润	4 000

3. 会计等式的转化形式

"资产=负债+所有者权益"是企业资源在某一特定日期的表现形式。其表明企业的财务状况。而在企业日常的生产经营活动中，资源的运用将会带来经济利益的流入，又会发生经济利益的流出，形成企业的经营成果，即"收入-费用=利润"。收入可能引起企业资产和所有者权益增加，费用可能引起企业资产和所有者权益减少，可见两个会计等式之间客观上存在着必然的内在经济联系。

一定会计期间的始点(如月初)资源表现为"资产=负债+所有者权益"，而在会计期间当中，即日常生产经营活动中资源则表现如下。

$$资产=负债+所有者权益+收入-费用$$

"收入-费用"即利润，利润是所有者权益的内容之一。因此，一定会计期间的终点(如月末)资源仍表现为"资产=负债+所有者权益"。

(二)经济业务的变化对会计等式的影响

企业在生产经营过程中会不断发生各种经济业务，如购买原材料、支付工资、销售商品、缴纳税款、分配利润等，这些经济业务的发生必然会引起会计要素在数量上的增减变化。但是，无论发生什么经济业务，都不会破坏上述资产与负债和所有者权益之间的平衡关系。也就是说，任何经济业务的发生所引起的会计等式中各要素的增减变化，都不会破坏"资产=负债+所有者权益"的成立。

【例 3-4】 榕新公司 2020 年 7 月 31 日资产、负债和所有者权益的有关项目的金额及平衡关系如表 3-4 所示。

表 3-4 资产负债表(简表)

资产负债表(简表)

2020 年 7 月 31 日　　　　　　　　　　　　　　　　　　　　　单位：元

资　产	金　额	负债及所有者权益	金　额
银行存款	50 000	短期借款	10 000
应收账款	80 000	应付账款	180 000

续表

资　产	金　额	负债及所有者权益	金　额
原材料	100 000	应交税费	80 000
长期股权投资	60 000	实收资本	110 000
固定资产	150 000	资本公积	60 000
合　计	440 000	合　计	440 000

榕新公司2020年8月份发生下列经济业务。

(1) 3日，用银行存款购进原材料，货款5 000元。

这项经济业务的发生，引起资产项目之间此增彼减，一方面使公司资产项目原材料增加了5 000元，另一方面又使公司资产项目银行存款减少了5 000元，增减金额相等，这一增一减并未引起公司总资产金额发生变化。另外，这项经济业务没有涉及负债和所有者权益项目，不会引起权益总额发生变化。因此，这项经济业务的发生不会改变会计等式的平衡关系。

(2) 8日，从银行借入短期借款30 000元，直接偿还应付账款。

这项经济业务的发生，引起负债和所有者权益项目之间此增彼减，一方面使公司负债项目短期借款增加了30 000元，另一方面又使公司负债项目应付账款减少了30 000元，增减金额相等，并未引起公司负债和所有者权益总额发生变化。另外，这项经济业务没有涉及资产项目，不会引起资产总额发生变化。因此，这项经济业务的发生不会改变会计等式的平衡关系。

(3) 18日，公司接受甲公司投入的机器一台，价值120 000元。

这项经济业务的发生，引起资产项目和负债与所有者权益项目同时增加，一方面使公司资产项目固定资产增加了120 000元，另一方面又使公司所有者权益项目实收资本增加了120 000元，双方增加的金额相等。因此，会计等式的平衡关系仍没有改变。

(4) 25日，公司以银行存款上缴本月应交税费70 000元。

这项经济业务的发生，引起资产项目和负债与所有者权益项目同时减少，一方面使公司资产项目银行存款减少了70 000元，另一方面又使公司负债项目应交税费减少了70 000元，双方减少的金额相等。因此，会计等式的平衡关系仍没有改变。

以上经济业务的发生对"资产=负债+所有者权益"会计恒等式的影响如下。

期初资产总额440 000=期初(负债+所有者权益)总额440 000

① 原材料　　+5 000　　　① 短期借款　　+30 000
② 银行存款　-5 000　　　② 应付账款　　-30 000
③ 固定资产　+120 000　　③ 实收资本　　+120 000
④ 银行存款　-70 000　　　④ 应交税费　　-70 000

期末资产合计490 000=期末(负债+所有者权益)合计490 000

从上述四项经济业务可以看出，榕新公司2020年8月份发生经济业务以后，资产仍然与负债和所有者权益保持着平衡关系。由此可以得出结论：任何一项经济业务的发生，无论引起会计要素发生什么样的增减变动，都不会改变会计等式的平衡关系。

企业日常发生的经济业务虽然种类繁多，但归纳起来不外乎有以下四种类型。

① 经济业务发生，引起资产项目之间发生此增彼减，增减金额相等，平衡关系不变。
② 经济业务发生，引起权益项目之间发生此增彼减，增减金额相等，平衡关系不变。
③ 经济业务发生，引起资产与权益项目同时增加，双方增加的金额相等，平衡关系不变。
④ 经济业务发生，引起资产与权益项目同时减少，双方减少的金额相等，平衡关系不变。

以上四种经济业务类型可用图3-1表示。

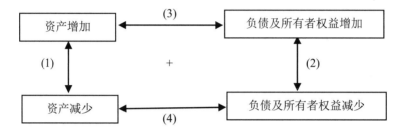

图3-1　四种经济业务类型

将上述四种经济业务具体化，可表现为以下九种情况。

① 资产项目此增彼减，增减金额相等，会计等式保持平衡。
② 负债项目此增彼减，增减金额相等，会计等式保持平衡。
③ 所有者权益项目此增彼减，增减金额相等，会计等式保持平衡。
④ 资产项目和负债项目等额增加，会计等式保持平衡。
⑤ 资产项目和负债项目等额减少，会计等式保持平衡。
⑥ 资产项目和所有者权益项目等额增加，会计等式保持平衡。
⑦ 资产项目和所有者权益项目等额减少，会计等式保持平衡。
⑧ 负债项目增加，所有者权益项目减少，增减金额相等，会计等式保持平衡。
⑨ 负债项目减少，所有者权益项目增加，增减金额相等，会计等式保持平衡。

上述举例证明了经济业务的发生虽然会导致资产和负债、所有者权益的增减变动，但资产和负债、所有者权益的平衡关系不会被打破。如果考虑收入、费用和利润要素的增减变动情况又会怎样呢？

如前所述，企业生产经营过程中取得的收入实质上是企业经济利益的流入，它将导致企业资产的增加，发生的费用将导致企业资产的减少。在会计期末，收入与费用相抵的差额即为利润或亏损，最终会导致所有者权益的增加或减少。因此，在会计期末，将利润或亏损归入所有者权益之后，上述公式可演变如下。

$$资产+费用=负债+所有者权益+收入$$

或

$$资产=负债+所有者权益+收入-费用$$

$$资产=负债+所有者权益+利润$$

$$资产=负债+所有者权益$$

承例3-4，当企业发生有关收入和费用经济业务时，会计等式仍然成立。

(5) 企业销售产品，收到货款100 000元，存入银行。

这项经济业务的发生，一方面使企业资产项目银行存款增加了100 000元，另一方面又使收入项目主营业务收入增加了100 000元。由于会计等式左右两方的资产和收入项目等额增加，因此会计等式仍保持平衡。

(6) 接到供电部门通知，企业管理部门发生电费2 000元，尚未支付。

这项经济业务的发生，一方面使企业费用项目管理费用增加了2 000元，另一方面又使权益项目应付账款增加了2 000元。由于会计等式左右两方的费用和负债项目等额增加，因此会计等式仍保持平衡。

(7) 以库存现金支付企业管理部门办公用品费500元。

这项经济业务的发生，一方面使企业费用项目管理费用增加了500元，另一方面又使资产项目库存现金减少了500元。由于会计等式左方的资产项目和费用项目等额此增彼减，相抵后为零，因此会计等式仍保持平衡。

(8) 企业用产品抵偿前欠乙公司的货款65 000元。

这项经济业务的发生，一方面使企业收入项目主营业务收入增加了65 000元，另一方面又使权益项目应付账款减少了65 000元。由于会计等式右方的收入项目和负债项目等额此增彼减，相抵后为零，因此会计等式仍保持平衡。

从例3-4中可以看出，当企业发生有关收入和费用会计要素增减变动时，会计等式仍保持平衡关系。因此，"资产=负债+所有者权益"这一会计等式永远成立。它是设置会计科目与账户、复式记账和编制会计报表的理论依据，在会计实务中发挥着重要的作用。

任务二　会计科目和账户

一、会计科目

(一)会计科目的概念

会计科目是对会计对象的具体内容(即会计要素)进行分类核算所规定的项目。企业在生产经营过程中，经常发生各种各样的会计事项。会计事项的发生，必然引起会计要素的增减变动。而且，由于同一会计要素内部的项目不同，其性质和内容也往往不同。例如，同属资产的"固定资产"和"原材料"，其经济内容、在生产中的作用和价值转移方式都不相同；同属负债的"应付账款""短期借款""长期借款"，其形成原因、债权人、偿还期限等也都不相同。为了全面、系统、分类核算和监督各项会计要素的增减变化，在实际工作中是通过设置会计科目的方法进行的。设置会计科目，是正确填制记账凭证、运用复式记账、登记账簿和编制会计报表的基础。

可以这样讲，会计要素是对会计对象的第一次分类，是最基本的分类。会计科目是在会计要素基础上的进一步地分类，是对会计对象的第二次分类。会计对象、会计要素和会计科目的关系如图3-2所示。

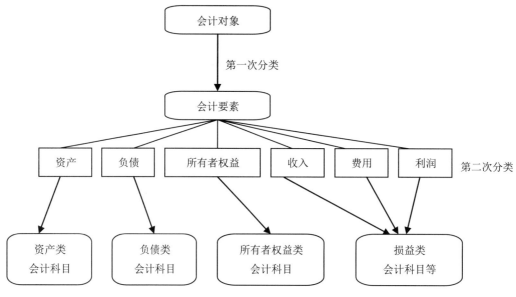

图 3-2 会计对象、会计要素和会计科目的关系

(二)会计科目的设置原则

在实际工作中,会计科目的设置是通过会计制度预先规定的,但会计制度在预先规定会计科目时,为了更好地进行会计核算,满足经济管理对会计核算资料提供的要求,应遵循以下原则。

1. 必须依据会计对象的特点,全面、系统地反映会计对象的内容

会计主体的会计科目及其体系应能够全面、系统地反映会计对象的全部内容,不能有任何遗漏。由于各行各业资金运动的每一个具体环节不完全相同,而会计科目作为对会计对象的具体内容在按照会计要素分类的基础上进一步分类的项目或名称,就必须在会计准则的统一指导下,结合各行各业会计对象的特点,设置全面反映该行业资金运动每一个具体环节的会计科目。

2. 结合加强内部经营管理的需要,满足对外提供会计信息的要求

会计作为一种以提供会计信息为主的管理活动,首先,应满足企业内部加强经营管理并提高经济效益的需要,要求会计尽可能提供详细、具体的资料;其次,还要满足政府部门加强宏观调控并制定方针政策的需要,满足投资人、债权人及有关方面对企业经营和财务状况做出准确判断的需要,要求提供比较综合的数据。为满足上述要求及便于会计资料整理和汇总的需要,在设置会计科目时要适当分设:总分类科目——提供总括核算指标,主要满足企业外部有关方面的需要;明细分类科目——对总分类科目的进一步分类,提供明细核算指标,主要满足加强内部经营管理的需要。

3. 做到适应性与稳定性相结合

所谓适应性,是指会计科目的设置要随着社会经济环境和本单位经济活动的变化而变化;所谓稳定性,是指会计科目的设置为便于会计资料的汇总及在不同时期的对比分析应保持相对的稳定。这就要求在设置作为制度性事前控制的会计科目时,要具有前瞻性并留有余地,以此来保证会计科目的适应性和稳定性。

4. 做到统一性和灵活性相结合

所谓统一性,是指会计科目要按照《企业会计准则》和国家统一会计制度所规定的会计科目名称及其涵盖的范围和内容来设置;所谓灵活性,是指会计科目的设置要在国家统一会计制度规定的前提下,根据本单位的具体情况和经济管理要求对国家统一会计制度规定的会计科目进行必要的补充和合并,以此来保证会计核算指标在一个部门,乃至全国范围内综合汇总以及满足本单位经营管理的需要。

5. 会计科目名称要言简意赅,并进行适当的分类和编号

所谓言简意赅,是指每一会计科目所涵盖的范围和内容要有明确的界定,其名称要名副其实并具有高度的概括性;所谓适当的分类和编号,是指为便于把握会计科目所反映的经济业务内容和主要满足会计电算化的需要,会计科目要按其经济内容进行适当的分类,并依照会计科目按其经济内容的分类和项目的流动性或主次以及级次进行编号。

(三)会计科目表

会计科目表是企业会计核算体系的一个重要组成部分。它是规范企业会计核算,正确核算和监督会计主体经济活动情况的一项基础依据。会计科目依据《企业会计准则》中确认和计量的规定制定,涵盖了各类企业的交易或者事项。企业在不违反《企业会计准则》中确认、计量和报告规定的前提下,可以根据本单位的实际情况自行增设、分拆、合并会计科目。企业不存在的交易或者事项,可不设置相关会计科目。新企业会计准则指南中会计科目表(简表)如表 3-5 所示。

表 3-5 会计科目表(简表)

会计科目表(简表)

顺序号	编号	会计科目名称	顺序号	编号	会计科目名称
		一、资产类	12	1401	材料采购
1	1001	库存现金	13	1402	在途物资
2	1002	银行存款	14	1403	原材料
3	1012	其他货币资金	15	1404	材料成本差异
4	1101	交易性金融资产	16	1405	库存商品
5	1121	应收票据	17	1406	发出商品
6	1122	应收账款	18	1411	周转材料
7	1123	预付账款	19	1471	存货跌价准备
8	1131	应收股利	20	1511	长期股权投资
9	1132	应收利息	21	1512	长期股权投资减值准备
10	1221	其他应收款	22	1521	投资性房地产
11	1231	坏账准备	23	1531	长期应收款

续表

顺序号	编号	会计科目名称	顺序号	编号	会计科目名称
24	1601	固定资产			三、所有者权益类
25	1602	累计折旧	48	4002	实收资本
25	1603	固定资产减值准备	49	4003	资本公积
27	1604	在建工程	50	4103	盈余公积
28	1605	工程物资	51	4104	本年利润
29	1606	固定资产清理	52	4201	利润分配
30	1701	无形资产			四、成本类
31	1702	累计摊销	53	5001	生产成本
32	1703	无形资产减值准备	54	5101	制造费用
33	1801	长期待摊费用			五、损益类
34	1901	待处理财产损溢	55	6001	主营业务收入
		二、负债类	56	6051	其他业务收入
35	2001	短期借款	57	6101	公允价值变动损益
36	2201	应付票据	58	6111	投资收益
37	2202	应付账款	59	6115	资产处置损益
38	2203	预收账款	60	6301	营业外收入
39	2211	应付职工薪酬	61	6401	主营业务成本
40	2221	应交税费	62	6402	其他业务成本
41	2231	应付利息	63	6403	税金及附加
42	2232	应付股利	64	6601	销售费用
43	2241	其他应付款	65	6602	管理费用
44	2501	长期借款	66	6603	财务费用
45	2502	应付债券	67	6701	资产减值损失
46	2701	长期应付款	68	6711	营业外支出
47	2801	预计负债	69	6801	所得税费用

(四)会计科目分类与级次

会计科目通常有以下两种分类方法。

1. 会计科目按所反映的经济内容分类

会计科目反映的经济内容，又称会计科目的性质。这种分类是以会计要素作为划分基础，因而会计科目按所反映的经济内容可分为五大类，即资产类、负债类、所有者权益类、成本类和损益类。以我国新企业会计准则指南附录《会计科目和主要账务处理》为例，虽然我国新企业会计准则指南在会计科目表中将会计科目分为了六类，但其中第三类共同类主要是针对金融业特殊业务而设置的一个分类，在此可暂不考虑。那么，会计科目按所反映的经济内容分为五大类，各类包括的会计科目如下。

1) 资产类

资产类科目着重揭示不同变现能力和物质用途的资产项目。这类会计科目包括以下内容。

(1) 反映流动资产的科目，包括反映货币资产的"库存现金""银行存款""其他货币资金"科目，反映短期投资的"交易性金融资产"科目，反映结算资产的"应收票据""应收账款""预付账款""应收股利""应收利息""其他应收款""坏账准备"等科目，反映存货及其构成成本的"材料采购""原材料""周转材料""材料成本差异""委托加工物资""库存商品""发出商品""存货跌价准备"等科目。

(2) 反映长期资产的科目，包括反映长期投资的"长期股权投资"科目，反映固定资产的"固定资产""累计折旧""固定资产清理"等科目，反映无形资产的"无形资产"科目；反映长期待摊费用的"长期待摊费用"科目。

2) 负债类

负债类科目着重揭示债权人权益及负债对企业经营的约束程度。这类会计科目包括以下内容。

(1) 反映流动负债的"短期借款""交易性金融负债""应付票据""应付账款""预收账款""其他应付款""应付职工薪酬""应交税费""应付利息""应付股利""其他应付款"等科目。

(2) 反映长期负债的"长期借款""应付债券""长期应付款""预计负债"等科目。

3) 所有者权益类

这类科目着重揭示投资人权益及其权益形成的过程，包括反映投资人投入资本的"实收资本"科目，反映资本公积的"资本公积"科目，反映盈余公积的"盈余公积"科目，反映财务成果的"本年利润"科目，反映利润分配的"利润分配"科目。

4) 成本类

成本类科目是为核算成本而设置的，包括"生产成本""制造费用"等科目。

5) 损益类

损益类科目是按当期损益的构成项目设置的科目，包括反映营业利润的"主营业务收入""主营业务成本""其他业务收入""其他业务成本""税金及附加""管理费用""财务费用""销售费用"科目，反映投资净收益的"投资收益"科目，反映利得、损失的"营业外收入""营业外支出"科目，反映所得税费用的"所得税费用"科目。

2. 会计科目按所反映的经济内容的详细程度分类

会计科目按所反映的经济内容的详细程度分类，可分为一级科目、二级科目、明细科目三级。

1) 一级科目

一级科目是对会计对象的具体内容所做的基本分类而形成的会计科目，以提供总括的会计信息。在会计核算中对于一级科目所反映的经济内容一般进行总括性的记录，故又称为总分类科目或总账科目。

2) 二级科目

二级科目是介于一级科目与明细科目之间的分类项目，又称子目。例如，根据管理需要，在"固定资产"一级科目下设置"生产用固定资产""非生产用固定资产"等二级科目;工业企业会计在"生产成本"一级科目下设置"基本生产成本"和"辅助生产成本"两个二级科目等。再如,为了详细反映原材料的种类,在"原材料"一级科目下,按原材料种类设置"原料及主要材料""辅助材料""外购半成品(外购件)""修理用配件(备品配件)""包装材料""燃料"等二级科目。

3) 明细科目

明细科目是在一级科目下,根据经济管理的需要,对一级科目反映的经济内容所做的最详细的分类项目,它所提供的会计信息更为详细、具体,故又称为明细分类科目。例如,为详细反映企业债权的情况,在"应付账款"一级科目下,按债权人 A 公司、B 公司等设置明细科目;在"其他应收款"一级科目下,按债务人张某、刘某等设置明细科目。

在实际工作中,并非所有的一级科目都要设置二级科目和明细科目,要根据会计主体经济活动的特点和管理的要求来定。例如,"库存现金"科目,若无外币,就不需要设置明细科目。"累计折旧""本年利润"等一级科目无须设置明细科目。有些一级科目除了设置二级科目以外,根据管理的需要,还要设置三级、四级等明细科目。例如,企业根据生产的特点,在"生产成本"科目下,除设置"基本生产成本"二级科目以外,在"基本生产成本"二级科目下又设置了"第一车间""第二车间"等三级科目;企业为了根据成本计算对象归集相关成本费用,又在"第一车间"科目下设置了"甲产品""乙产品"等四级科目。一般情况下,二级以下的科目如三级、四级科目等都称为明细科目。

为满足国家宏观经济管理的需要,目前一级科目一般由我国财政部统一规定和命名,二级科目只提出使用的原则,明细科目则具有很大的灵活性。

现以"原材料""生产成本"两个科目为例,列示会计科目的分级情况,如表3-6所示。

表3-6 会计科目的分级

会计科目的分级

一级会计科目	二级会计科目(子目)	明细科目	
		三级科目	四级科目
原材料	原料及主要材料	生铁	
		圆钢	
		角钢	
		碳钢	
	辅助材料	油漆	
		润滑油	
		防锈剂	
	燃料	汽油	
		柴油	
生产成本	基本生产成本	第一车间	甲产品
			乙产品
		第二车间	丙产品
			丁产品
	辅助生产成本	供汽车间	
		供电车间	

在实际经济工作中,会计科目的级次划分,一般取决于经济业务的特点和管理的要求,

不同的企业可能有不同的划分方法。

(五)会计科目的编号

为便于确定会计科目的性质和类别、编制会计凭证、登账、汇总和适应会计电算化的要求，提高会计工作质量，必须对每一个会计科目进行编号。

目前，我国会计科目的编号是以数字表示每个会计科目所属的类别及其所在该类中的位置。一般只对总账科目进行编号。总账科目一般需用四位阿拉伯数字编号，四位数字中的第一位数字用 1、2、3、4、5、6 分别代表会计科目的六大类。1 代表资产类；2 代表负债类；3 代表共同类；4 代表所有者权益类；5 代表成本类；6 代表损益类。第二位数字用 0、1、2、3…代表以下的小类，如资产类中反映货币资产类的科目用 0 表示，反映结算资产类的科目用 1 表示，反映存货类的科目用 4 表示等。第三、四位数字代表各类中会计科目的顺序，用 01、02、03…阿拉伯数字表示。四位数字组合起来代表具体的会计科目。

会计科目的编号要固定统一，企业不得随意改变重编。在某些会计科目之间留有空号，供增设会计科目之用。

企业在填制会计凭证、登记账簿时，应当填列会计科目的名称，或者同时填列会计科目的名称和编号，不应只填科目编号不填科目名称。会计科目的编号见表 3-5。

二、账户

(一)账户的概念

账户是根据会计科目开设的，以会计科目为户头，采用一定格式，分类、连续、系统地记录各个会计科目所反映的经济业务内容，以反映各会计要素增减变化及其结果的一种工具。

企业在生产经营过程中，复杂多变的经济业务所引起的会计要素的变化，最终都通过会计科目反映出来。会计科目仅仅是分类核算的项目或标志，它不能提供所反映的经济内容和具体数据资料，不能体现经济业务的变化情况。因此，必须为每一个会计科目开设账户，用于记录各项经济业务所引起的会计对象的增减变化情况及结果。账户的开设和记录，可以为由于经济业务的发生而引起的企业资产、负债、所有者权益、收入、费用、利润等会计要素的变化进行分门别类的、连续的、系统的核算和监督，为会计信息的使用者提供各种会计信息，为宏观经济管理、微观经济管理提供基础数据信息。可见，账户在经济管理中具有重要意义。

企业会计核算中应设置哪些账户，一般情况下，有多少会计科目就设置多少账户，因为会计科目一般是按照经济业务的性质和内容、企业管理要求等设置的。会计科目是账户设置的依据。账户记录企业所发生的经济业务活动信息，为企业的投资人、债权人以及税务、金融、政府机关等部门提供决策有用的数据和信息，因此账户的设置是否科学合理取决于会计科目的设置。

(二)账户的基本结构

账户必须规定一定的结构,以便科学、系统地记录经济业务。

经济业务所引起的各项会计要素变动,从数量上看不外乎是增加和减少两种情况,因此,用来分类记录经济业务的账户,在结构上也相应地分为两个基本部分,用以分别记录各项会计要素增加和减少的数额。账户的基本结构分为左右两方,分别记录增加额和减少额。

在会计实务中,账户的格式通常由下列要素构成。

(1) 账户名称(即会计科目)。
(2) 日期和摘要(概括说明经济业务发生的日期和内容)。
(3) 凭证号数(说明记录依据)。
(4) 增加和减少的金额及余额。

账户的一般格式如表 3-7 所示。

表 3-7 账户的一般格式

账户名称(会计科目)

年		凭证号	摘要	增加金额								减少金额								余 额							
月	日			十	万	千	百	十	元	角	分	十	万	千	百	十	元	角	分	十	万	千	百	十	元	角	分

账户结构在教学上通常用简化的 T 型账户表示,如图 3-3 所示。

图 3-3 T 型账户

T 型账户左右两方记录的经济业务内容是:一方记录增加额,一方记录减少额,增减金额相抵后的差额称为账户的余额。各个账户在一定会计期间的增加额合计数,称为本期增加发生额。各个账户在一定会计期间的减少额合计数,称为本期减少发生额。余额有期初余额和期末余额两种形式,对同一个账户本期发生额与期末余额的关系用公式表示如下:

本期期末余额=期初余额+本期增加发生额-本期减少发生额

例如，"库存现金"账户，期初余额为 300 元，本期增加发生额为 600 元，本期减少发生额为 400 元，则"库存现金"账户的期末余额=300+600-400=500(元)。

显然，账户的余额一般与记录的增加额在同一方向，如图 3-4 所示。

借	库存现金		贷
期初余额	300		
本期增加额	600	本期减少额	400
期末余额	500		

图 3-4　T 型账户示例

本期的期末余额转入下期，便是下期的期初余额。

账户左右两方是按相反方向记录增加额和减少额的。也就是说，如果在账户左方记录增加额，则应在右方记录减少额；反之，如果在账户右方记录增加额，则应在左方记录减少额。在具体账户中，究竟哪一方记录增加额，哪一方记录减少额，取决于各账户所记录的经济内容和所采用的记账方法。账户的余额一般与记录的增加额在同一方向。

(三)账户与会计科目的关系

从账户的概念不难看出，账户和会计科目是两个不同的概念，它们既有区别又有联系。其共同点在于：它们都是对会计对象的具体内容在按照会计要素分类的基础上所做的进一步分类，两者的名称相同，反映的经济内容相同。其不同点在于：会计科目只是对会计对象的具体内容进行分类核算的项目，而账户是记录由于发生经济业务而引起的会计要素具体内容的各项目增减变化的空间场所。会计科目只是一个分类标志，本身没有结构，不能记录和反映经济业务的增减变化及结果。

由于账户是根据会计科目开设的，会计科目就是账户的名称，因此在实际工作中，会计科目与账户通常被作为同义词来使用而不加以严格的区别。

(四)账户的设置

账户是根据会计科目设置的，而会计科目是六大会计要素的具体分类，相应的账户按会计要素设置资产类、负债类、所有者权益类、收入类、费用类、利润类账户。

1. 资产类账户

资产类账户是用来核算和监督企业各种资产增减变动和结果的账户，如"库存现金""银行存款""其他货币资金""交易性金融资产""应收票据""应收账款""预付账款""应收股利""应收利息""其他应收款""材料采购""原材料""库存商品""委托加工物资""周转材料""长期股权投资""投资性房地产""长期应收款""固定资产""在建工程""无形资产""长期待摊费用"等账户。

2. 负债类账户

负债类账户是用来核算和监督企业各种负债增减变动和结果的账户，如"短期借款"

"交易性金融负债""应付票据""应付账款""预收账款""应付职工薪酬""应交税费""应付利息""应付股利""其他应付款""长期借款""应付债券""长期应付款"等账户。

3. 所有者权益类账户

所有者权益类账户是用来核算和监督所有者权益增减变动和结果的账户，如"实收资本(股本)""资本公积""盈余公积"等账户。

4. 收入类账户

收入类账户是用来核算和监督企业生产经营过程中所取得的各种收入的账户，如"主营业务收入""其他业务收入"等账户。

5. 费用类账户

费用类账户是用来核算和监督企业生产经营过程中所发生的各种成本和耗费的账户，如"生产成本""制造费用""管理费用""财务费用""销售费用"等账户。

6. 利润类账户

利润类账户是用来核算和监督企业利润形成和实现及其分配情况的账户，如"本年利润""利润分配"等账户。

任务三　复式记账原理

为了发挥会计的核算和监督职能，会计主体所发生的一切经济业务均要按照会计对象的具体内容在所开设的账户中进行反映。账户的设置只确定了每一项经济业务在账户中反映的内容，但每一项经济业务是怎样记录到相应账户中的，是否系统、全面地反映了各项经济业务的发生和变化情况，这就出现了记账方法。

所谓记账方法，是指将实际发生的经济业务记入有关账户的方法。记账方法可按其记录的经济业务内容是否全面、完整，分为单式记账法和复式记账法两种。记账方法随着会计的产生和发展经历了由单式记账到复式记账的发展过程。

一、单式记账法

单式记账法就是对发生的每一项经济业务只进行单方面记录的一种记账方法。它一般在经济业务发生时，除还款等业务是在两个或两个以上账户中记录外，其他业务只在一个账户中记录，即现金收入多少，现金支出多少，人欠多少(即债权)，欠人多少(即债务)。至于现金的来源，支出的去向，人欠、欠人的原因等都不在记录中反映，其记录内容是单方面的。例如，销售产品获得收入 1 500 元现金，则只在库存现金账户中记录现金增加 1 500 元即可，而不用去设置相应账户，如"主营业务收入"账户记录其收入增加 1 500 元。又如，购买材料一批，已验收入库，货款 2 000 元尚未支付，则只在欠人账户中记录欠人款 2 000

元,原材料的增加则不予记录。

单式记账法是一种极为简单的记账方法,账户的设置、记录很不完整,各账户之间是相对孤立的,没有直接的联系,不存在对应关系,也无法体现资产与权益的动态平衡关系。因此,不能全面、完整地反映经济业务的来龙去脉,不便于核对和检查。

由于单式记账法缺乏完整性、科学性,因此只能适用于规模很小、业务极为简单、管理要求低的会计主体,如现代经济生活中的个体商户、家庭等的收支事项。在会计的产生和发展中,大约13世纪以前会计的记账方法基本采用单式记账法。随着经济的发展和人们对经济管理的要求越来越高,单式记账法所反映的会计信息已不能满足需要,于是出现了复式记账法。

二、复式记账法

(一)复式记账法的概念

复式记账法就是对发生的每一项经济业务按照资产与权益的动态平衡原理,以相等的金额同时在两个或两个以上相互联系的账户中进行登记,以全面、系统地反映经济业务活动情况的一种记账方法。在经济业务发生时,这种方法不仅要在一个账户中记录收入多少、支出多少、人欠多少、欠人多少等,还要在与其相互联系的账户中反映收入的来源,支出的去向,人欠、欠人的原因等。

【例3-5】 销售产品获得1 500元现金。

这笔经济业务的发生引起了两个会计要素的变化,一个是资产要素的现金增加1 500元,一个是收入要素的主营业务收入增加1 500元。单式记账法只单方面反映一个会计要素——资产的库存现金增加1 500元,而复式记账法要求把变化的两个方面均要记录下来,以全面、完整地反映这一经济业务的情况。因此,不仅要在"库存现金"账户中记录现金增加1 500元,而且还要在"主营业务收入"账户中记录此项收入增加1 500元,以反映此项现金增加1 500元是销售产品取得的。

【例3-6】 购买原材料一批,已验收入库,货款2 000元尚未支付。

这笔经济业务的发生引起了两个会计要素的变化,一个是资产要素的原材料增加2 000元,一个是负债要素的应付账款增加2 000元。单式记账法只单方面记录应付账款增加2 000元,而复式记账法不仅要在"应付账款"账户中记录欠款增加2 000元,而且还要在"原材料"账户中记录原材料增加2 000元,以说明所欠账款是由于购置原材料而发生的。

【例3-7】 用银行存款3 000元偿还短期借款2 000元和前欠货款1 000元。

这笔经济业务的发生引起了两个会计要素的变化,一个是资产要素的银行存款减少3 000元,一个是负债要素的短期借款减少2 000元和应付账款减少1 000元。复式记账法不仅要在"银行存款"账户记录减少3 000元,而且还要在"短期借款"账户记录减少2 000元,在"应付账款"账户记录减少1 000元,以此来说明银行存款减少3 000元,一是用于归还借款2 000元,二是用于偿还前欠货款1 000元。

因此,与单式记账法相比,复式记账法有以下两个明显的特点。

(1) 对于每一项经济业务,都要在两个或两个以上相互关联的账户中进行记录。因此,通过账户记录不仅可以全面、清晰地反映经济业务的来龙去脉,而且还能通过会计要素的增减变动，全面、系统地反映经济活动的过程和结果。

(2) 由于每项经济业务发生后，都以相等的金额在有关账户中进行记录，因而便于核对账户记录，进行试算平衡，保证账户记录的正确性。

(二)复式记账法的理论基础

复式记账法的理论基础是"资产=负债+所有者权益"这一平衡关系式。

经济业务事项的双重性(即每一笔经济业务事项的发生，一定会引起资金的两个或两个以上项目的增减变动)这一事实，是复式记账法的客观基础。当人们按照这一客观规律记账后，发现其结果是：所有的财产物资与其相应的权益之间存在着自然的平衡关系。于是人们将复式记账的结果加以理论抽象，概括出"资产=负债+所有者权益"这一平衡关系式。而这一平衡关系式反过来又被用以指导人们的会计实践，便成为复式记账法的理论基础。

(三)复式记账法的记账符号

复式记账法因采用的记账符号不同而分为借贷记账法、增减记账法和收付记账法等具体方法。我国曾在一定范围采用过以上几种复式记账法。由于借贷记账法在理论和实际操作技术上的不断发展和完善，已成为一种最为科学的复式记账法，从而被世界各国广泛采用，是目前国际通用的一种记账方法。我国第一次会计制度改革，即1993年7月1日开始实施的《企业会计准则》和1996年12月颁布的《事业单位会计规则》已明确规定会计记账采用借贷记账法。2006年2月15日颁布、2007年1月1日实施的《企业会计准则——基本准则》第十一条明确规定企业应当采用借贷记账法记账。

任务四　借贷记账法

一、借贷记账法的概念

借贷记账法是指以"借""贷"作为记账符号，以"有借必有贷，借贷必相等"作为记账规则，反映会计要素的增减变动情况的一种复式记账法。

借贷记账法起源于13世纪的意大利。"借""贷"的含义，最初是从借贷资本家角度来解释的，用来表示债权和债务的增减变动。借贷资本家对于借进的款项，记在贷主名下，表示自身的债务增加；对于贷出的款项，则记在借主名下，表示自身的债权增加。这样，"借""贷"二字就分别表示债权、债务的变化。

随着社会经济的发展，经济活动的内容日益复杂，记录的经济业务不再局限于货币资金的借贷，而是扩展到财产物资的增减变化。也就是说，对非货币资金的借贷，也要求用"借""贷"二字记录其增减变动情况，以求账簿记录的统一。这样，"借""贷"二字就逐渐失去了原来的字面含义，而演变成纯粹的记账符号，成为会计上的专业术语，用来反映资产的存在形态和权益的增减变化。借贷记账法的名称由此而来，目前它已成为我国法定的记账方法。

二、借贷记账法的内容

(一)借贷记账法的记账符号

借贷记账法是以"借""贷"二字作为记账符号,用以说明经济业务发生后应记入有关账户的方向,即借方、贷方。

"借""贷"二字虽然没有实际的意义,但作为记账符号,其作用和含义如下。

1. 表示记入账户的方向

一般账户的左方为借方,账户的右方为贷方。

2. 表示资金运动的来龙去脉

一般来说,贷方表示资本增加的来源,借方表示资本减少的去向。

3. 表示资金运动的数量变化

"借"一方面表示资产或费用的增加,另一方面表示负债、所有者权益、收入的减少;"贷"一方面表示负债、所有者权益、收入的增加,另一方面表示资产或费用的减少。

4. 表示账户的性质

"借"表示资产性质账户,"贷"表示负债、所有者权益性质账户,据此可以得出结论:凡余额在借方的账户一般可判定为资产类账户,凡余额在贷方的账户一般可判定为负债、所有者权益类账户。

"借""贷"二字作为记账符号,它们所表示的增加、减少含义并不确定,而是取决于账户的经济性质。如果某账户的借方表示增加,则贷方一定表示减少;反之亦然。

(二)借贷记账法下的账户结构

在借贷记账法下,每一账户都分为左右两方两个基本部分,通常左方为借方,右方为贷方,借贷方按相反的方向记录,即一方记增加数,另一方就记减少数。

在实际工作中,账户的基本结构通常采用三栏式,如表 3-8 所示。

表 3-8 账户的基本结构

账户名称(会计科目名称)

年		凭证号数	摘 要	借 方	贷 方	借或贷	余 额
月	日						

为便于教学,将账户的一般格式简化成 T 型账户的形式,如图 3-5 所示。

借方	账户名称(会计科目名称)	贷方

图 3-5　T 型账户

在借贷记账法下,应按照账户反映的经济内容设置合理的账户及结构。由于我国统一规定了健全的会计科目体系,因此企业按照规定的会计科目开设账户即可。企业账户通常分为五类,即资产、负债、所有者权益、成本和损益。

在借贷记账法下,账户分为借贷两方,其中一方用来登记增加的金额,另一方用来登记减少的金额。那么,究竟哪一方用来登记增加额,哪一方用来登记减少额,要看账户反映的经济内容(即账户的性质)。不同性质的账户,其结构也是不同的。

1. 资产类账户的结构

资产类账户用来反映企业各项资产的增减变化及结余情况。资产类账户的结构是:借方登记资产的增加额,贷方登记资产的减少额。在一定会计期间内(月、季、年),借方登记的增加数额的合计数称为借方发生额,贷方登记的减少数额的合计数称为贷方发生额。在每一会计期末将借、贷方发生额相比较,其差额称为期末余额,本期的期末余额结转到下期,即为下期的期初余额。

资产类账户的余额一般在借方,其计算公式如下。

　　　　资产类账户期末余额=借方期初余额+借方本期发生额−贷方本期发生额

资产类账户的结构如图 3-6 所示。

借方	资产类账户名称(会计科目)		贷方
期初余额	×××		
本期增加额	×××	本期减少额	×××
本期发生额(增加数合计)	×××	本期发生额(减少数合计)	×××
期末余额	×××		

图 3-6　资产类账户的结构

2. 负债类及所有者权益类账户的结构

反映各项负债的账户称为负债类账户,反映各项所有者权益的账户称为所有者权益类账户,负债类和所有者权益类账户统称为权益类账户。负债类和所有者权益类账户的结构与资产类账户的结构正好相反,即贷方登记负债及所有者权益的增加额,借方登记负债及所有者权益的减少额。在一定会计期间内(月、季、年),贷方登记的增加数额的合计数称为贷方发生额,借方登记的减少数额的合计数称为借方发生额。在每一会计期末将借、贷方发生额相比较,其差额称为期末余额,本期的期末余额结转到下期,即为下期的期初余额。

负债类及所有者权益类账户的余额一般在贷方,其计算公式如下。

负债类及所有者权益类账户期末余额=贷方期初余额+贷方本期发生额-借方本期发生额
负债类及所有者权益类账户的结构如图 3-7 所示。

借方	负债类及所有者权益类账户名称(会计科目)		贷方
		期初余额	×××
本期减少额	×××	本期增加额	×××
本期发生额(减少数合计)	×××	本期发生额(增加数合计)	×××
		期末余额	×××

图 3-7　负债类及所有者权益类账户的结构

3. 成本类账户的结构

成本类账户是指按照成本类会计科目开设的，用以具体核算和监督生产产品或提供劳务过程中发生的各种直接费用和间接费用的账户，如"生产成本""制造费用"账户等。

成本的本质是资产，成本类账户可归属于资产类账户，其结构与资产类账户相同。

4. 损益类账户的结构

损益类账户是指反映各项损益的账户。损益类账户按反映的具体内容不同，又可分为反映各项收入的账户和反映各项费用支出的账户。损益类账户本质上属于所有者权益类账户，其中的收入类账户是核算所有者权益增加的账户，其结构与所有者权益账户相同；费用类账户是核算所有者权益减少的账户，其结构与所有者权益账户相反。但是，由于损益类账户核算的内容是企业一定会计期间所取得的收益和发生的费用，为计算损益，期末需要将两者配比，转为利润。因此，期末时，损益类账户一般没有余额。损益类账户的结构如图 3-8、图 3-9 所示。

借方	收入类账户名称(会计科目)		贷方
本期减少额	×××	本期增加额	×××
本期发生额(减少数合计)	×××	本期发生额(增加数合计)	×××
		期末余额	0

图 3-8　损益类账户的结构(一)

借方	费用类账户名称(会计科目)		贷方
本期增加额	×××	本期减少额	×××
本期发生额(增加数合计)	×××	本期发生额(减少数合计)	×××
期末余额	0		

图 3-9　损益类账户的结构(二)

在实际工作中，资产和负债往往会有相互转化的情况。例如，应收账款是资产类账户，如果多收了，超过了账面数，就转化为负债。又如，预收账款是负债类账户，当提供的商品、产品价值超过预收账款数额时，预收账款就转化为资产。也就是说，在借贷记账法下，对资产、负债及所有者权益账户性质的理解不要绝对化，注意对某些账户双重性质的理解。期末，根据账户余额确定账户的性质。由于记账符号"借"表示资产增加，"贷"表示权益增加,期末,资产账户通常是借方余额,权益账户通常是贷方余额。据此,借方余额的账户应是资产账户,贷方余额的账户应是权益账户。

若将上述各类账户的结构归纳起来,得到的结论如表3-9所示。

表3-9 借贷记账法下各类账户的基本结构

账户类别	借 方	贷 方	余额方向
资产类	增加	减少	借方
负债类	减少	增加	贷方
所有者权益类	减少	增加	贷方
收入类	减少(或转销)	增加	一般无余额
成本类	增加	减少(或转销)	借方
费用类	增加	减少(或转销)	一般无余额

(三)借贷记账法的记账规则

借贷记账法以"有借必有贷,借贷必相等"作为记账规则。

根据复式记账原理,任何一项经济业务的发生,都必须以相等的金额,按照相反的方向在两个或两个以上相互关联的账户中进行记录。即一方面记入一个账户的借方,另一方面记入一个或几个账户的贷方;或一方面记入几个账户的借方,另一方面记入一个账户的贷方。这样就必然形成"借贷必相等"的记账规则。

在运用借贷记账法的记账规则登记经济业务时,一般应按以下两个步骤进行。

第一步:应分析经济业务中所涉及的账户名称,并判断出账户的性质。

第二步:应根据上述分析,确定该项经济业务应记入相关账户的借方或贷方,以及各账户应记入的金额。

前已述及,企业在生产经营过程中,每天会发生大量的经济业务,这些经济业务尽管千差万别,错综复杂,但归纳起来不外乎四种类型。下面以四种类型的经济业务为例,说明借贷记账法的记账规则。

1. 资产与权益同时增加

这是指资产与权益发生同时增加的变化,包括资产与负债同时增加和资产与所有者权益同时增加两种情况。

【例3-8】 企业接受投资者投入机器设备一台,价值200 000元。

这一业务事项使企业资产类账户"固定资产"和所有者权益类账户"实收资本(或股本)"同时增加200 000元。其会计记录如图3-10所示。

图3-10 T型账户(资产与权益同时增加)

2. 资产与权益同时减少

这是指资产与权益发生同时减少的变化,包括资产与负债同时减少和资产与所有者权益同时减少两种情况。

【例3-9】 企业以银行存款20 000元偿还所欠供应单位的货款。

这一业务事项使企业资产类账户"银行存款"和负债类账户"应付账款"同时减少20 000元。其会计记录如图3-11所示。

图3-11　T型账户(资产与权益同时减少)

3. 资产内部有增有减

这是指资产内部相关项目发生有增有减的变化。

【例3-10】 企业从银行提取现金3 000元以备零用。

这一业务事项使企业资产类账户"库存现金"增加3 000元和"银行存款"减少3 000元。其会计记录如图3-12所示。

图3-12　T型账户(资产内部有增有减)

4. 权益内部有增有减

这是指权益内部相关项目发生有增有减的变化,包括负债内部、所有者权益内部、负债与所有者权益之间相关项目发生有增有减的变化。

【例3-11】 企业与债权人(供应单位)协商并经有关部门批准,将所欠债权人的100 000元债务转为资本(债权人对企业的投资)。

这一业务事项使企业所有者权益类账户"实收资本(或股本)"增加100 000元,负债类账户"应付账款"减少100 000元。其会计记录如图3-13所示。

图3-13　T型账户(权益内部有增有减)

通过上述例题,我们可以概括出采用借贷记账法可能遇到的情况,不管是资产类与负债及所有者权益类会计要素同增或同减的经济业务,还是在资产类会计要素内部或者负债及所有者权益类会计要素内部一增一减的经济业务,都适用于"有借必有贷,借贷必相等"的记账规则。

借贷记账法的记账规则如图3-14所示。

```
资产增加          同增          负债及所有者权益增加
(记借方)         ←——→         (记贷方)
  ↕                              ↕
  此                              此
  增                              增
  彼                              彼
  减                              减
  ↕                              ↕
资产减少          同减          负债及所有者权益减少
(记贷方)         ←——→         (记借方)
```

图 3-14　借贷记账法的记账规则

(四)账户对应关系

在运用借贷记账法时，根据借贷记账法的记账规则对每项经济业务都要在两个或两个以上的账户中进行登记，于是在有关账户之间便形成了应借、应贷的关系，这种账户之间应借、应贷的相互关系称为账户对应关系，把存在这种对应关系的账户称为对应账户。例如，企业用银行存款 3 000 元购买原材料。对这项经济业务要分别在"原材料"账户的借方和"银行存款"账户的贷方进行登记。这样，"原材料"和"银行存款"账户之间就发生了相互对应关系，两个账户就互为对应账户。

通过账户的对应关系，可以了解经济业务的内容，检查账务处理是否正确，发生的经济业务是否合理、合法。

三、会计分录

会计分录是指为保证正确记账并便于检查，在经济业务发生时，记入账户前按一定格式确定账户对应关系、记账方向和金额的一种记录形式，简称分录。会计分录的书写格式是"借"在上，"贷"在下，一个会计科目占一行，"借""贷"前后错位表示。若有几个"借"或几个"贷"，应几个"借"上下对齐写，可只写一个"借"字，几个"贷"上下对齐写，可只写一个"贷"字。会计分录书写格式中，金额一般都以"元"为单位，因此每笔金额后不再写"元"字。会计分录可分为简单会计分录和复合会计分录。简单会计分录是指只涉及两个账户的会计分录，即一借一贷的会计分录。复合会计分录是指涉及三个或三个以上账户的会计分录，即一借多贷、多借一贷和多借多贷的会计分录。

一般情况下不允许编制多借多贷的会计分录，因为这样不便于体现账户与账户之间的对应关系。

编制会计分录时，应遵循以下基本步骤。

第一，分析这项经济业务涉及的是资产、成本、费用，还是负债、所有者权益、收入。

第二，确定涉及哪些账户，是增加还是减少。

第三，根据账户的性质和结构，确定记入哪个账户的借方，哪个账户的贷方。

第四，根据借贷记账法的记账规则，确定应借、应贷账户是否正确，借贷方金额是否相等。

在实际工作中，会计分录是通过填制记账凭证来完成的。

【例3-12】 2020年8月20日，宏发公司以银行存款50 000元偿还所欠供应单位的货款。编制简单会计分录如下。

借：应付账款　　　　　50 000
　　贷：银行存款　　　　　50 000

【例3-13】 2020年8月30日，宏发公司为生产产品领用原材料，价值10 000元；管理部门领用原材料，价值2 000元；销售部门领用原材料，价值3 000元。编制复合会计分录如下。

借：生产成本　　　　　10 000
　　管理费用　　　　　 2 000
　　销售费用　　　　　 3 000
　　贷：原材料　　　　　　15 000

【例3-14】 例3-13中的会计分录是由三个借方账户与一个贷方账户相对应组成的。实际上复合会计分录是由几笔简单会计分录组成的，因而可将其分解为若干笔简单会计分录。例如，例3-13的复合会计分录可分解为以下三笔简单会计分录。

(1) 借：生产成本　　　　　10 000
　　　贷：原材料　　　　　　10 000
(2) 借：管理费用　　　　　 2 000
　　　贷：原材料　　　　　　 2 000
(3) 借：销售费用　　　　　 3 000
　　　贷：原材料　　　　　　 3 000

四、借贷记账法应用举例

为便于更好地理解、掌握借贷记账法，现以某工业企业在一个会计核算期间内发生的几项经济业务为例来说明借贷记账法的应用。

【例3-15】 5月1日，企业用银行存款30 000元购入原材料一批，已验收入库。

该项经济业务使企业的银行存款减少30 000元，原材料增加30 000元。银行存款、原材料均属于资产，其减少应记入账户贷方，增加应记入借方。应做会计分录如下。

借：原材料　　30 000
　　贷：银行存款　　30 000

根据这笔分录，登记有关账户(见图3-15①)。

【例3-16】 5月3日，企业用现金支付管理费用500元。

这项经济业务使企业的现金减少500元，管理费用增加500元。现金属于资产，其减少应记入"库存现金"账户的贷方。管理费用属于费用，其增加应记入"管理费用"账户的借方。应做会计分录如下。

借：管理费用　　　500
　　贷：库存现金　　　500

根据这笔分录，登记有关账户(见图3-15②)。

【例3-17】5月4日，企业某投资人向企业追加投资10 000元，全部存入企业银行账户。

这项经济业务使企业的资产(银行存款)增加10 000元，所有者权益(实收资本)增加10 000元。资产增加应记入资产类账户的借方，所有者权益增加应记入权益类账户的贷方。应做会计分录如下。

借：银行存款　　　10 000
　　贷：实收资本　　　10 000

根据这笔分录，登记有关账户(见图3-15③)。

【例3-18】5月10日，企业生产部门领用原材料，价值8 000元。

该项经济业务使企业的原材料减少8 000元，生产成本增加8 000元。原材料属于资产，其减少应记入"原材料"账户的贷方。生产成本增加应记入"生产成本"账户的借方。应做会计分录如下。

借：生产成本　　　8 000
　　贷：原材料　　　8 000

根据这笔分录，登记有关账户(见图3-15④)。

【例3-19】5月12日，企业购入包装物一批，价款2 000元，已验收入库，款项已用银行存款支付1 000元，余额未付。

该项经济业务使企业资产(周转)增加2 000元，资产(银行存款)减少1 000元，应付账款增加1 000元。包装物增加应记入"周转材料"账户的借方，银行存款减少应记入"银行存款"账户的贷方。应付账款属于负债，其增加应记入"应付账款"账户的贷方。应做会计分录如下。

借：周转材料　　　2 000
　　贷：应付账款　　　1 000
　　　　银行存款　　　1 000

根据这笔分录，登记有关账户(见图3-15⑤)。

【例3-20】5月16日，企业销售产品一批，价款60 000元，存入银行。

该项经济业务使银行存款增加60 000元，产品销售收入增加60 000元。银行存款增加应记入"银行存款"账户的借方，产品销售收入增加应记入"主营业务收入"账户的贷方。应做会计分录如下。

借：银行存款　　　60 000
　　贷：主营业务收入　　　60 000

根据这笔分录，登记有关账户(见图3-15⑥)。

借方	银行存款	贷方
期初余额 → 45 000		
本期发生额 → ③10 000　60 000	① 30 000　⑤ 1 000 ← 本期发生额	
期末余额 → 84 000		

注：84 000 = 45 000 +(10 000+60 000)−(30 000+1 000)

借方	管理费用	贷方
本期发生额 → ② 500		
期末余额 → 500		

借方	库存现金	贷方
期初余额 → 800		
	② 500 ← 本期发生额	
期末余额 → 300		

借方	实收资本	贷方
	50 000 ← 期初余额	
	③ 10 000 ← 本期发生额	
	60 000 ← 期末余额	

借方	生产成本	贷方
期初余额 → 1 000		
本期发生额 → ④ 8 000		
期末余额 → 9 000		

借方	应付账款	贷方
	9 800 ← 期初余额	
	⑤ 1 000 ← 本期发生额	
	10 800 ← 期末余额	

借方	周转材料	贷方
期初余额 → 3 000		
本期发生额 → ⑤ 2 000		
期末余额 → 5 000		

借方	原材料	贷方
期初余额 → 10 000		
本期发生额 →① 30 000	④ 8 000 ← 本期发生额	
期末余额 → 32 000		

借方	主营业务收入	贷方
	⑥ 60 000 ← 本期发生额	
	60 000 ← 期末余额	

图 3-15 T 型结构账户登记

需要说明的是：以上所举的几项经济业务并不是企业一个会计核算期完整的业务，仅用于说明借贷记账法的应用而已，不能视为一个会计核算期全部核算内容。因此，在 T 型账户的登记中，期末不该出现余额的却出现了，如"管理费用"账户等。

五、账户的试算平衡

试算平衡就是利用借贷记账法下的账户体系平衡关系，检查账户记录是否正确的一种方法。采用借贷记账法的，虽然日常工作中已对每项经济业务都进行分析并确认了应记入的账户名称、记账方向和金额，编制了会计分录，并通过分录记入到有关的账户中，但是由于经济业务的繁杂，有可能还会发生用错账户、记错方向和金额，使登账后的账户体系产生借贷不相等的现象。因此为了确保账户记录的正确性，有必要对记账后的账户进行试算平衡。

所谓试算平衡，是指根据资产与权益之间的恒等关系和借贷记账法的记账规则，在一定时期终了时将所有账户的本期发生额和期末余额进行汇总计算，以检查所有账户记录是否正确的一种方法，包括发生额试算平衡和余额试算平衡两种方法。

从发生额来看，由于对任何经济业务都要根据"有借必有贷，借贷必相等"的记账规则编制会计分录，因此不仅每一笔会计分录的借方和贷方发生额会相等，而且将一定时期内(1 个月)的全部经济业务编制的会计分录记入相关账户后，所有账户的借方发生额合计数与贷方发生额合计数也必然相等。

从余额来看，由于借方余额的账户都是资产类账户，贷方余额的账户都是负债及所有者权益类账户，因此根据"资产=负债+所有者权益"这一恒等关系，所有账户借方余额的合计数必然与所有账户贷方余额的合计数相等。

因此，在借贷记账法下，试算平衡可用下列三个公式表示。

全部账户的本期借方发生额合计=全部账户的本期贷方发生额合计
全部账户的期初借方余额合计=全部账户的期初贷方余额合计
全部账户的期末借方余额合计=全部账户的期末贷方余额合计

账户的试算平衡通常是通过编制账户试算平衡表来实现的。现根据图 3-15 提供的核算资料编制试算平衡表，如表 3-10 所示。

表 3-10　试算平衡表

试算平衡表

账户名称	期初余额		本期发生额		期末余额	
	借方	贷方	借方	贷方	借方	贷方
库存现金	800			500	300	
银行存款	45 000		70 000	31 000	84 000	
原材料	10 000		30 000	8 000	32 000	
周转材料	3 000		2 000		5 000	
应付账款		9 800		1 000		10 800
实收资本		50 000		10 000		60 000

续表

账户名称	期初余额		本期发生额		期末余额	
	借 方	贷 方	借 方	贷 方	借 方	贷 方
生产成本	1 000		8000		9 000	
管理费用			500		500	
主营业务收入				60 000		60 000
合计	59 800	59 800	110 500	110 500	130 800	130 800

通过表 3-10 可以看出，各账户的期初借方余额之和与各账户的期初贷方余额之和相等；各账户的本期借方发生额之和与各账户的本期贷方发生额之和相等；各账户的期末借方余额之和与各账户的期末贷方余额之和相等。未发现账户记录有错误。

在编制试算平衡表时，通常应注意以下三个方面。

第一，必须保证所有账户的余额都已记入试算平衡表，并计算正确。

第二，如果试算平衡表中借贷金额不相等，可以肯定账户记录有错误，应认真查找原因，直到实现平衡为止。

第三，试算平衡表即使"期初余额""本期发生额"和"期末余额"都已平衡，也不能说明账户记录绝对正确，因为有些账户记录错误并不会影响借贷双方的平衡关系。例如，某项经济业务记错了账户，如应当记入"库存现金"账户的而误记入"银行存款"账户，借贷仍保持平衡；漏记某项经济业务，会使本期借贷双方的发生额等额减少，借贷仍保持平衡；重记某项经济业务，会使本期借贷双方的发生额等额增加，借贷仍保持平衡；某项经济业务在账户记录中颠倒了记账方向，借贷仍保持平衡；借方或贷方发生额中，偶尔发生多记和少记并相互抵消，借贷仍保持平衡。因此，为了纠正这些错误，应定期进行其他会计检查，以保证账簿记录正确无误。

六、账户的分类

(一)账户按经济内容分类

账户按经济内容分类是账户分类的基础，其实质是按照会计对象的具体内容进行的分类。所谓账户的经济内容，就是账户所反映和控制的会计对象的具体内容，即资产、负债、所有者权益、收入、费用和利润六项要素。与此相适应，账户按经济内容的分类，也可以分为资产类账户、负债类账户、所有者权益类账户、收入类账户、费用类账户和利润类账户六大类。但在实践中，为了提供某些指标的需要，在分类时可作适当的调整，以便能充分地体现各账户的特征。例如，企业在一定期间实现的利润，最终都要归属于所有者权益。因此，可以将反映企业利润所得的账户，如"本年利润""利润分配""盈余公积"等并入所有者权益类账户。为了反映企业，特别是工业企业的产品成本，专门设置核算产品成本的账户，如"生产成本""制造费用"等。又如，企业在一定期间所取得的收入和收益，以及所发生的需要直接从当期收入或收益中扣除的各项费用或损失，都要体现在当期损益的计算中，因此也可将这类账户归为一类，即损益类账户。基于这种认识，账户按经济内容分类，可以分为以下五类。

1. 资产类账户

资产类账户是反映资产增减变动及其实有数额的账户。按照资产的流动性和经营管理上的需要，资产类账户可以分为反映流动资产的账户和反映非流动资产的账户两类。反映流动资产的账户，如"库存现金""银行存款""应收账款""原材料""库存商品"等；反映非流动资产的账户，如"长期股权投资""固定资产""累计折旧""无形资产""长期待摊费用"等。

2. 负债类账户

负债类账户是反映企业负债增减变动及其实有数额的账户。按照负债的偿还期限长短等特性，负债类账户可以分为反映流动负债的账户和反映长期负债的账户两类。反映流动负债的账户，如"短期借款""应付账款""应交税费""应付股利"等；反映长期负债的账户，如"长期借款""应付债券""长期应付款"等。

3. 所有者权益类账户

所有者权益类账户是反映企业所有者权益增减变动及其实有数额的账户。按照所有者权益的构成特性，所有者权益类账户可以分为反映所有者原始投资的账户和反映所有者投资收益的账户两类。反映所有者原始投资的账户，如"实收资本"(或"股本")等；反映所有者投资收益的账户，如"本年利润""利润分配""盈余公积"等。

4. 成本类账户

成本类账户是反映企业在生产经营过程中所发生的各种对象化的耗费情况及成本计算的账户。反映生产过程成本的账户，如"制造费用""生产成本"等。

5. 损益类账户

损益类账户是反映企业损益增减变动情况的账户。按照企业损益形成的内容，损益类账户可以分为反映收入的账户和反映费用的账户两类。反映收入的账户，如"主营业务收入""其他业务收入""营业外收入"等；反映费用的账户，如"主营业务成本""其他业务成本""营业外支出""管理费用""财务费用""销售费用""所得税费用"等。

上述账户的分类，是按照各账户所反映的经济内容来划分的。应该指出的是，有些账户可以同时列入两个类别。例如，反映成本的账户，期末如有借方余额，则同时又是反映资产的账户。

(二)账户按提供指标的详细程度分类

由于账户是根据会计科目设置的，同会计科目的分类相对应，因此账户也分为总分类账户和明细分类账户。

1. 总分类账户

总分类账户是指根据总分类科目设置的，用于对会计要素具体内容进行总括分类核算的账户，简称总账账户或一级账户。例如，"银行存款"账户、"无形资产"账户等都是总分类账户。

2. 明细分类账户

明细分类账户是指根据明细分类科目设置的，用于对会计要素具体内容进行明细分类核算的账户，简称明细账户或二级、三级账户。例如，"应收账款"账户下设的"A公司""B公司"；"应付职工薪酬"账户下设的"工资、奖金、津贴和补贴""职工福利费"等都是明细分类账户。

(三)账户按用途和结构分类

按账户反映的经济内容对账户进行分类，能够使我们了解各类账户反映什么内容，明确账户的性质，但不能详细了解各种账户的作用，以及它们如何提供企业经营管理和对外报告所需要的各种核算指标。因此，为了正确地运用账户来记录经济业务，掌握账户在提供核算指标方面的规律性，有必要在账户按经济内容分类的基础上，进一步研究账户按用途和结构的分类。

所谓账户的用途，是指通过账户记录能够提供什么核算指标，也就是设置和运用账户的目的。所谓账户的结构，是指在账户中如何记录经济业务，来取得各种必要的核算指标，具体包括：账户借方和贷方核算的内容、期末余额的方向以及余额所表示的内容。

账户的用途和结构受账户反映的经济内容的制约。但由于账户是用来记录和积累数据资料的记账实体，每一个账户有其特定的用途和结构，因而账户按用途和结构的分类与账户按经济内容的分类就不可能完全一致。一方面，按其核算的经济内容而归为一类的账户，可能具有不同的用途和结构；另一方面，按其核算的经济内容而归属于不同类别的账户，可能具有相同或相似的用途和结构。

由此可见，虽然账户按经济内容的分类是基本的、主要的分类，但并不能代替账户按用途和结构的分类，账户按用途和结构的分类是对账户按经济内容分类的必要补充。

企业的常用账户，按其用途和结构，可以分为盘存账户、结算账户、资本账户、调整账户、集合分配账户、成本计算账户、跨期摊配账户、期间汇转账户、财务成果账户、计价对比账户十类账户。

1. 盘存账户

盘存账户是用来核算和监督各项财产物资和货币资金(包括库存有价证券)的增减变动及其实有数的账户。它是任何企业单位都必须设置的基本账户。在这类账户中，借方登记各项财产物资和货币资金的本期增加数，贷方登记其减少数，余额总是在借方，表示期末各项财产物资和货币资金的实有数。这类账户一般都可以通过盘点的方式进行清查，核对账实是否相符。

盘存账户的基本结构如图3-16所示。

借方	盘存账户	贷方
期初余额：财产物资、货币资金的期初实有数		
本期发生额：财产物资、货币资金的本期增加数		本期发生额：财产物资、货币资金的本期减少数
期末余额：财产物资、货币资金的期末实有数		

图 3-16 盘存账户的基本结构

属于盘存类的账户主要有"库存现金""银行存款""原材料""库存商品""固定资产"等账户。盘存账户的特点是，可以通过财产清查的方法，即实际盘点或对账的方法，核对货币资金和实物资产的实际结存数与账面结存数是否相符，并检查其经营管理上存在的问题。除"库存现金"和"银行存款"账户外，其他的盘存账户普遍运用数量金额式等明细分类账，可以提供实物和价值两种指标。

2. 结算账户

结算账户是用来核算和监督企业与其他单位和个人之间往来账款结算业务的账户。由于结算业务性质的不同，决定了结算账户具有不同的用途和结构。结算账户按用途和结构分类，具体可分为债权结算账户、债务结算账户和债权债务结算账户三类。

1) 债权结算账户

债权结算账户也称资产结算账户，是用来核算和监督企业债权的增减变动和实有数额的账户。在这类账户中，借方登记债权的本期增加数，贷方登记债权的本期减少数，期末余额在借方，表示债权的实有数。

债权结算账户的基本结构如图 3-17 所示。

借方	债权结算账户	贷方
期初余额：债权的期初实有数		
本期发生额：债权的本期增加数		本期发生额：债权的本期减少数
期末余额：债权的期末实有数		

图 3-17　债权结算账户的基本结构

属于债权结算类的账户主要有"应收账款""其他应收款""应收票据""预付账款"等账户。

2) 债务结算账户

债务结算账户也称负债结算账户，是用来核算和监督本企业债务的增减变动和实有数额的账户。在这类账户中，借方登记债务的本期减少数，贷方登记债务的本期增加数，期末余额在贷方，表示债务的实有数。

债务结算账户的基本结构如图 3-18 所示。

借方	债务结算账户	贷方
		期初余额：债务的期初实有数
本期发生额：债务的本期减少数		本期发生额：债务的本期增加数
		期末余额：债务的期末实有数

图 3-18　债务结算账户的基本结构

属于债务结算类的账户主要有"应付账款""其他应付款""应付职工薪酬""应交税费""应付股利""短期借款""长期借款""应付债券"和"长期应付款"等账户。

3) 债权债务结算账户

债权债务结算账户也称资产负债结算账户，是用来核算和监督本企业与其他单位或个人以及企业内部各单位之间相互往来结算业务的账户。由于这种相互之间往来结算业务经常发生变动，使企业有时处于债权人的地位，有时则处于债务人的地位。为了能在同一个账户中反映本企业与其他单位的债权债务的增减变化，借以减少会计科目的使用，简化核算手续，在借贷记账法下，可设置同时能反映债权债务的双重性质结算账户。在这类账户中，借方登记债权的增加数或债务的减少数，贷方登记债务的增加数或债权的减少数，期末余额如果在借方，为企业债权减去债务后的净债权；期末如果余额在贷方，为企业债务减去债权后的净债务。

债权债务结算账户的基本结构如图 3-19 所示。

借方	债权债务结算账户	贷方
期初余额：期初债权大于债务的差额		期初余额：期初债务大于债权的差额
本期发生额：本期债权的增加或债务的减少数		本期发生额：本期债务的增加或债权的减少数
期末余额：净债权(债权大于债务的差额)		期末余额：净债务(债务大于债权的差额)

图 3-19　债权债务结算账户的基本结构

这类账户所属的各明细账，有时是借方余额，表示尚未收回的净债权；有时是贷方余额，表示尚未偿还的净债务。所有明细账借方余额之和与贷方余额之和的差额，应同有关总账的余额相等。由于在总分类账户中，债权和债务能自动抵减，因此总分类账户的余额不能明确反映企业与其他单位债权债务的实际结余情况。这样，在编制资产负债表的有关项目时，必须根据总分类账户所属明细账的余额分析计算填列，将属于债权部分的余额列在资产负债表的资产方，将属于债务部分的余额列在资产负债表的负债和所有者权益方，以便如实反映债权债务的实际状况。

在借贷记账法下，可以将"其他应收款"账户和"其他应付款"账户合并，设置一个"其他往来"账户，用来核算其他应收款和其他应付款的增减变动情况和结果，此时，"其他往来"账户就是一个债权债务结算账户。在企业不单独设置"预付账款""预收账款"账户时，"应付账款""应收账款"账户同样可以成为债权债务结算账户。

结算账户的特点是：按照结算业务的对方单位或个人设置明细分类账户，以便及时进行结算和核对账目；结算账户只提供价值指标；结算账户要根据期末的方向来判断其性质，当余额在借方时，是债权结算账户，当余额在贷方时，是债务结算账户。

3. 资本账户

资本账户是用来核算和监督企业从外部各种渠道取得的投资，以及内部形成的、积累的增减变化及其实有数额的账户。这类账户在结构上的特点是：贷方登记所有者权益的增加数，借方登记其减少数，期末余额总是在贷方，表示所有者权益的实有数额。

资本账户的基本结构如图 3-20 所示。

借方	资本账户	贷方
		期初余额：期初所有者权益余额
本期发生额：本期所有者权益的减少数		本期发生额：本期所有者权益的增加数
		期末余额：期末所有者权益余额

图 3-20　资本账户的基本结构

属于资本类的账户主要有"实收资本""资本公积""盈余公积"等账户。

4. 调整账户

调整账户是为了求得被调整账户的实际余额而设置的账户。为了满足经营管理上的需要,在会计核算中对某些会计要素须同时设置两个账户,即被调整账户和调整账户。用被调整账户反映原始数额,用调整账户反映对原始数额的调整数,两者结合起来使用,共同反映同一会计对象。调整账户按其调整方式的不同,可分为备抵账户、附加账户和备抵附加账户三类。

1) 备抵账户

它是用来抵减被调整账户的余额,以求得被调整账户的实际余额的账户。其调整公式如下。

被调整账户的余额-备抵账户的余额=被调整账户的实际余额

由公式可知,备抵账户与其被调整账户的余额方向相反。

属于备抵调整类的账户主要有"累计折旧""累计摊销""坏账准备"等账户。现以"累计折旧"账户为例加以说明。"累计折旧"账户是"固定资产"账户的备抵账户。"固定资产"账户反映固定资产的原始价值,"累计折旧"账户反映固定资产由于磨损而减少的价值。"固定资产"账户的借方余额减去"累计折旧"账户的贷方余额,其差额等于固定资产的净值。这两个账户之间的关系如图3-21所示。

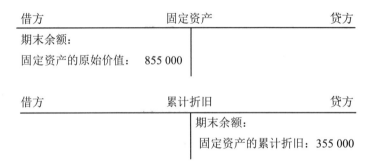

图3-21 "固定资产"账户与"累计折旧"账户的关系

固定资产净值=固定资产的原始价值-固定资产的累计折旧
    =855 000-355 000
    =500 000(元)

2) 附加账户

它是用来增加被调整账户的余额,以求得被调整账户的实际余额的账户。其调整公式如下。

被调整账户的余额+附加账户的余额=被调整账户的实际余额

由公式可知,附加账户与其被调整账户的余额方向相同。在实际工作中,该类账户很少使用。

3) 备抵附加账户

它是用来抵减或增加被调整账户的余额,以求得被调整账户的实际余额的账户。备抵附加账户兼有备抵账户和附加账户的作用。当备抵附加账户的余额与被调整账户的余额方向相同时,该账户便起附加账户的作用;当备抵附加账户的余额与被调整账户的余额方向相反时,该账户便起备抵账户的作用。

属于备抵附加类的账户主要有"材料成本差异"账户,该账户是"原材料"账户的备抵附加账户。关于"材料成本差异"账户的具体运用,可参见财务会计课程中的介绍。

5. 集合分配账户

集合分配账户是用来归集和分配经营过程中某一阶段所发生的某种间接费用,借以核算和监督有关间接费用计划执行情况,以及间接费用分配情况的账户。设置这类账户,一方面可以将某一经营过程中实际发生的间接费用和计划指标进行比较,考核间接费用的超支和节约情况;另一方面也便于将这些费用摊配出去。集合分配账户,借方登记费用的发生额,贷方登记费用的分配额。在一般情况下,登记在这类账户中的费用,期末应全部分配出去,通常没有余额。

集合分配账户的基本结构如图3-22所示。

借方	集合分配账户	贷方
本期发生额:归集经营过程中间接费用的本期发生额		本期发生额:本期分配到有关成本计算对象上的间接费用额

图3-22 集合分配账户的基本结构

属于集合分配类的账户主要有"制造费用"等账户。

集合分配账户的特点是:具有明显的过渡性质,平时用它来归集那些不能直接计入某个成本计算对象的间接费用,期末将费用全部分配出去,由有关成本计算对象负担,经分配之后,该账户期末一般没有余额。

6. 成本计算账户

成本计算账户是用来核算企业生产经营活动的某一阶段所发生的费用,并确定各成本计算对象的实际成本的账户。该类账户的借方登记应计入成本的各项费用,贷方登记转出的实际成本,期末如有余额,一定在借方,表示尚未完成某一过程的成本计算对象的实际成本。现以"生产成本"账户为例,列示成本计算账户的结构,如图3-23所示。

借方	生产成本	贷方
期初余额:期初在产品成本 发生额:本期发生的生产费用		发生额:转出本期已完工产品的实际成本
期末余额:期末在产品成本		

图3-23 成本计算账户的基本结构

属于成本计算类的账户主要有"生产成本""在途物资(或材料采购)""在建工程"等账户。

7. 跨期摊配账户

跨期摊配账户是按照权责发生制原则，用以核算几个成本计算期共同负担的费用在各个成本计算期进行摊配的账户。其特点是一次支付、分期摊配。例如，"长期待摊费用"账户。

跨期摊配账户的基本结构如图 3-24 所示。

借方	长期待摊费用	贷方
期初余额：反映已经支付，但尚未分摊的数额		
发生额：反映本期支付的数额		发生额：本期分摊的数额
期末余额：尚未分摊的数额		

图 3-24 跨期摊配账户的基本结构

8. 期间汇转账户

期间汇转账户是用来核算企业在某一会计期间的生产经营活动中发生的收入和费用的账户，按账户结构不同又具体分为期间收入汇转账户和期间费用汇转账户两类。

1) 期间收入汇转账户

它是用来核算某一会计期间取得的收入的账户。该类账户的借方登记期末转入"本年利润"账户的收入数，贷方登记本期取得的收入数，期间收入汇转后，期末无余额。期间收入汇转账户的基本结构如图 3-25 所示。

借方	期间收入汇转账户	贷方
发生额：期末转入"本年利润"账户的收入数		发生额：本期取得的收入数

图 3-25 期间收入汇转账户的基本结构

属于期间收入汇转类的账户主要有"主营业务收入""其他业务收入""营业外收入""投资收益"等账户。

2) 期间费用汇转账户

它是用来核算某一会计期间发生各项费用的账户。该类账户的借方登记本期发生的费用数，贷方登记期末转入"本年利润"账户的费用数，期间费用汇转后，该类账户期末无余额。期间费用汇转账户的基本结构如图 3-26 所示。

借方	期间费用汇转账户	贷方
发生额：本期发生的费用数		发生额：期末转入"本年利润"账户的费用数

图 3-26 期间费用汇转账户的基本结构

属于期间费用汇转类的账户主要有"主营业务成本""销售费用""税金及附加""管理费用""财务费用""其他业务成本""所得税费用"等账户。

项目三 记账凭证的填制、审核与传递

9. 财务成果账户

财务成果账户是用来核算企业在一定会计期间内全部经营活动的最终财务成果的账户。属于财务成果类的账户主要有"本年利润"账户。该类账户的借方登记期末从有关费用账户转入的费用数，贷方登记期末从各收入账户转入的收入数，期末贷方余额表示企业实现的净利润额，若为借方余额，则表示企业发生的亏损总额。财务成果账户的基本结构如图 3-27 所示。

借方　　　　　　　　　　　　财务成果账户　　　　　　　　　　　　贷方	
期初余额：自年初累计发生的亏损总额	期初余额：自年初累计实现的净利润额
发生额：从有关费用账户转入的费用数	发生额：从各收入账户转入的收入数
期末余额：累计发生的亏损总额	期末余额：累计实现的净利润额

图 3-27　财务成果账户的基本结构

10. 计价对比账户

计价对比账户是用来对某一经营过程有关的经济业务，在借贷方按两种不同的计价标准进行对比，以确定其业务成果的账户。例如，按计划成本进行材料日常核算的企业所设置的"材料采购"账户。以该账户为例，其在结构上的特点是：借方登记材料物资的实际采购成本(第一种计价)，贷方登记入库材料物资的计划成本(第二种计价)。将借贷方的两种不同计价进行对比，可以确定物资采购的业务成果。即当借方数额大于贷方数额时，表示实际采购成本大于计划成本，为超支；反之，当借方数额小于贷方数额时，为节约。当材料物资到达并验收入库后，无论超支或节约，都要从"材料采购"账户结转记入"材料成本差异"账户。因此，该账户如出现借方余额，则表示期末尚有一部分材料物资未运到，或虽已运到企业但尚未验收入库，即在途材料物资。计价对比账户的基本结构如图 3-28 所示。

借方　　　　　　　　　　　　计价对比账户　　　　　　　　　　　　贷方	
发生额：材料物资的实际采购成本(第一种计价) 贷差(节约)转入"材料成本差异"贷方的数额	发生额：入库材料物资的计划成本(第二种计价) 借差(超支)转入"材料成本差异"借方的数额
期末余额：在途材料实际成本	

图 3-28　计价对比账户的基本结构

任务五　记账凭证的填制、审核与传递

一、记账凭证的概念及种类

记账凭证是由会计人员根据审核后的原始凭证或原始凭证汇总表进行归类整理，用于明确会计分录，并为登记账簿需要而填制的一种会计凭证。

记账凭证从不同的角度,可以分为不同的种类。

(一)按适用的经济业务的不同分类

记账凭证按其适用的经济业务的不同,可分为专用记账凭证和通用记账凭证两类。

专用记账凭证是用来专门记录某一类经济业务的记账凭证。规模较大、业务量较多的单位一般采用专用记账凭证。由于会计事项只有三种类型:收款事项、付款事项和不涉及现金与银行存款收付的转账事项,因此专用记账凭证又可分为三种:收款凭证、付款凭证和转账凭证。

1. 收款凭证

收款凭证是用来反映现金及银行存款等货币资金收入业务的凭证,一般包括现金收款凭证和银行存款收款凭证两种。它是会计人员根据审核无误的现金和银行存款收款业务的原始凭证填制的记账凭证。例如,销售商品收到现金,收到外单位归还的欠款等业务,均应填制收款凭证。其格式如表3-11所示。

表3-11 收款凭证格式

收 款 凭 证

借方科目: 年 月 日 收字第 号

摘 要	贷方科目		金 额									记账
	总账科目	明细科目	千	百	十	万	千	百	十	元	角	分	
合 计													

会计主管: 记账: 出纳: 复核: 制单:

附单据 张

2. 付款凭证

付款凭证是用来反映现金和银行存款等货币资金支付业务的凭证,一般包括现金付款凭证和银行存款付款凭证两种。它是会计人员根据审核无误的现金和银行存款付款业务的原始凭证填制的记账凭证。例如,用现金发放职工工资、以银行存款支付费用等业务,均应填制付款凭证。如果发生的经济业务同时涉及现金与银行存款的收付,如从银行提取现金或将现金送存银行,为了避免重复记录,都只填制付款凭证。其格式如表3-12所示。

3. 转账凭证

转账凭证是用来反映与现金和银行存款收付无关的转账业务的凭证。它是会计人员根据审核无误的转账业务原始凭证填制的记账凭证。例如,从仓库领料、产成品入库、制造费用分配、计提固定资产折旧等业务，均应填制转账凭证。转账凭证的会计科目均设置在表格栏内，会计科目栏与金额栏应同行。其格式如表 3-13 所示。

表 3-12 付款凭证格式

付 款 凭 证

贷方科目：　　　　　　　　　　　　年　月　日　　　　　　　　　　付字第　号

摘　要	借方科目		金　额										记账
	总账科目	明细科目	千	百	十	万	千	百	十	元	角	分	
合　计													

会计主管：　　　　记账：　　　　出纳：　　　　复核：　　　　制单：

表 3-13 转账凭证格式

转 账 凭 证

　　　　　　　　　　　　　　　年　月　日　　　　　　　　　　字第　号

摘　要	科　目		√	借方金额									√	贷方金额									
	总账科目	明细科目		千	百	十	万	千	百	十	元	角	分		千	百	十	万	千	百	十	元	角	分
合　计																								

会计主管：　　　　记账：　　　　复核：　　　　制单：

有些经济业务比较简单或收付款业务不多的单位，可以使用一种通用格式的记账凭证。这种记账凭证既可用于反映收付款业务，又可用于反映转账业务，格式与转账凭证相似，称为通用记账凭证。其格式如表 3-14 所示。

表 3-14　通用记账凭证格式

通用记账凭证

出纳编号：
凭证编号：

年　月　日

摘要	科目		√	借方金额	√	贷方金额	附单据　　张
	总账科目	明细科目		千百十万千百十元角分		千百十万千百十元角分	
合计							

会计主管：　　　记账：　　　复核：　　　出纳：　　　制单：

(二) 按填制方式的不同分类

记账凭证按其填制方式的不同，可分为单式记账凭证和复式记账凭证。

1. 单式记账凭证

单式记账凭证是指每一张记账凭证只填列经济业务所涉及的一个会计科目及其金额的记账凭证。填列借方科目的称为借项凭证，填列贷方科目的称为贷项凭证。某项经济业务涉及几个会计科目，就编制几张单式记账凭证。单式记账凭证反映的内容单一，便于分工记账，便于按会计科目汇总；但一张凭证不能反映一笔经济业务的全貌，不便于检验会计分录的正确性。其格式如表 3-15、表 3-16 所示。

表 3-15　借项记账凭证格式

借项记账凭证

对方科目：　　　　　　　　年　月　日　　　　　　　　编号：

摘要	一级科目	二级或明细科目	金额	记账	附件　张

会计主管：　　　记账：　　　稽核：　　　出纳：　　　制单：

表 3-16 贷项记账凭证格式

贷项记账凭证

对方科目： 　　　　　　　　　　年　月　日　　　　　　　　编号：

摘　要	一级科目	二级或明细科目	金　额	记　账	
					附件 张

会计主管：　　　记账：　　　稽核：　　　出纳：　　　制单：

2. 复式记账凭证

复式记账凭证是将每一笔经济业务所涉及的全部会计科目及其发生额均在同一张记账凭证中反映的一种记账凭证。它是实际工作中应用最普遍的记账凭证。上述收款凭证、付款凭证和转账凭证，以及通用记账凭证均为复式记账凭证。复式记账凭证全面反映了经济业务的账户对应关系，有利于检查会计分录的正确性，但不便于会计岗位上的分工记账。

(三)按是否需要汇总分类

记账凭证按其是否需要汇总，可以分为单一记账凭证、汇总记账凭证和科目汇总表。

1. 单一记账凭证

单一记账凭证是指只包括一笔会计分录的记账凭证。上述的专用记账凭证和通用记账凭证均为单一记账凭证。

2. 汇总记账凭证

汇总记账凭证是指根据一定时期内同类单一记账凭证定期加以汇总而重新编制的记账凭证。其目的是简化总分类账的登记手续。汇总记账凭证又可进一步分为汇总收款凭证、汇总付款凭证和汇总转账凭证三种。

(1) 汇总收款凭证根据收款凭证分别按现金和银行存款账户的借方设置，并按对应的贷方账户归类汇总。

(2) 汇总付款凭证根据付款凭证分别按现金和银行存款账户的贷方设置，并按对应的借方账户归类汇总。

(3) 汇总转账凭证根据转账凭证按账户的贷方设置，并按对应的借方账户归类汇总。

这三种汇总记账凭证都应定期汇总一次，每月填制一张。为了便于汇总，对转账凭证的对应关系，要保持一借一贷或一贷多借，而不宜采用一借多贷。汇总记账凭证可以反映账户的对应关系，便于了解经济业务的来龙去脉，进而有利于分析和检查。但是，汇总的工作量也比较繁重。汇总记账凭证的一般格式如表 3-17～表 3-19 所示。

表 3-17 汇总收款凭证格式

汇总收款凭证

借方账户：　　　　　　　　　　　　　　　年　月　日　　　　　　　　　　　　　第　号

贷方账户	金　额				记　账	
	(1)	(2)	(3)	合计	借方	贷方

附注：(1) 自　　日至　　日　　　收款凭证共计　　张
　　　(2) 自　　日至　　日　　　收款凭证共计　　张
　　　(3) 自　　日至　　日　　　收款凭证共计　　张

表 3-18 汇总付款凭证格式

汇总付款凭证

贷方账户：　　　　　　　　　　　　　　　年　月　日　　　　　　　　　　　　　第　号

借方账户	金　额				记　账	
	(1)	(2)	(3)	合计	借方	贷方

附注：(1) 自　　日至　　日　　　付款凭证共计　　张
　　　(2) 自　　日至　　日　　　付款凭证共计　　张
　　　(3) 自　　日至　　日　　　付款凭证共计　　张

表 3-19 汇总转账凭证格式

汇总转账凭证

贷方账户：　　　　　　　　　　　　　　　年　月　日　　　　　　　　　　　　　第　号

借方账户	金　额				记　账	
	(1)	(2)	(3)	合计	借方	贷方

附注：(1) 自　　日至　　日　　　转账凭证共计　　张
　　　(2) 自　　日至　　日　　　转账凭证共计　　张
　　　(3) 自　　日至　　日　　　转账凭证共计　　张

3. 科目汇总表

科目汇总表又称记账凭证汇总表，是指根据一定时期内所有的记账凭证定期加以汇总而重新编制的记账凭证。其目的也是简化总分类账的登记手续。大中型企业经济业务繁杂，记账凭证数量较多，为了简化登记总分类账的手续，可以在月内分数次把记账凭证进行汇总，编制科目汇总表，然后据以登记总分类账。

科目汇总表是根据收款凭证、付款凭证和转账凭证，按照相同的会计科目归类，定期(每5天或旬)汇总填制。同汇总记账凭证相比较，科目汇总表既可以简化总分类账的登记手续，又能起到全部账户发生额的试算平衡作用，汇总的工作还比较简单，但它最大的缺点是无法反映账户的对应关系。

科目汇总表的一般格式如表 3-20 所示。

表 3-20　科目汇总表格式

科目汇总表

年　月　日至　日

账户名称	总账页数	本期发生额		记账凭证起讫号数
		借　方	贷　方	
合　　计				

财务主管：　　　　记账：　　　　复核：　　　　制表：

二、记账凭证的基本内容

记账凭证种类甚多，格式不一，但各种记账凭证的主要作用都在于对原始凭证进行归类整理，运用账户和复式记账法，编制会计分录，据以登记账簿。为了满足会计核算的要求，一切单位所使用的记账凭证，不论格式如何都必须具备以下内容。

(1) 记账凭证的名称。
(2) 填制凭证的编制日期和凭证的编号。
(3) 经济业务内容的摘要。
(4) 账户名称(总分类账户和明细分类账户名称)、记账方向(借或贷)及金额。
(5) 记账符号(即是否过账)。
(6) 所附原始凭证张数。
(7) 制单、审核、记账、会计主管等相关人员的签章，如果是收付款凭证，还必须有出纳人员的签章。以自制的原始凭证或者原始凭证汇总表代替记账凭证的，必须具备记账凭证应有的项目。

三、记账凭证填制的基本要求

记账凭证是登记账簿的直接依据，为了保证会计核算的质量，记账凭证的填制要严格按照要求进行。其基本要求如下。

(1) 记账凭证的填写日期一般以填制当天为准。月末结转业务的凭证，按照当月最后一天的日期填写。

(2) 记账凭证摘要的填写既要简明扼要，又要将所发生业务的内容、对象、要素表达清楚。

(3) 记账凭证可以根据每一张原始凭证填制，也可以根据若干张同类原始凭证汇总填制，还可以根据原始凭证汇总表填制。但不得将不同内容和类别的原始凭证汇总填制在一张记账凭证上。

(4) 除结账和更正错误的记账凭证可以不附原始凭证外，其他记账凭证必须附有原始凭证。如果一张原始凭证涉及几张记账凭证，可以把原始凭证附在一张主要的记账凭证后面，并在其他记账凭证上注明附有该原始凭证的记账凭证的编号或者附原始凭证复印件。所附原始凭证张数的计算，一般以原始凭证的自然张数为准。与记账凭证中的经济业务事项记录有关的每一张证据都应当作为原始凭证的附件。如果记账凭证中附有原始凭证汇总表，则应该把所附原始凭证和原始凭证汇总表的张数一起记入附件之内。但报销差旅费等零散票据，可以粘贴在一张纸上，作为一张原始凭证。

一张原始凭证所列支出需要几个单位共同负担的，应当将其他单位负担的部分，开给对方原始凭证分割单，进行结算。原始凭证分割单必须具备原始凭证的基本内容：凭证名称、填制凭证日期、填制凭证单位名称或者填制人姓名、经办人的签名或者盖章。接受凭证单位名称，经济业务内容、数量、单价、金额和费用分摊情况等。

(5) 记账凭证上的金额必须与原始凭证上的金额相符，并且金额的登记方向，大、小写数字必须正确。合计数字前应该填写货币符号"￥"，币种符号和阿拉伯数字之间不能有空格。在填制完所载明的经济业务时，如果仍有空行，应当将空行划线注销。

(6) 会计科目填写要完整，不许简写或用科目编号代替。在填写会计科目时要先借再贷。一张记账凭证上可以一借多贷，或者一贷多借。

(7) 记账凭证应该按照业务发生顺序，按不同种类的凭证连续编号。例如，收字第×号，付字第×号，转字第×号。一笔经济业务如果需要填制两张或者两张以上记账凭证，可以采用分数编号法来编号。例如，6 号记账凭证的经济业务需要填制三张记账凭证，可以分别将其编成 $6\frac{1}{3}$、$6\frac{2}{3}$、$6\frac{3}{3}$。

(8) 为了明确责任、加强管理，每张记账凭证上都应该由相关的会计人员签名或盖章。

(9) 当会计人员发现记账凭证有错误时，若还未记账，可以将错误的记账凭证作废，并重新编制正确的记账凭证；已经登记入账的错误记账凭证，在当年内发现的，应用红字填写一张与原内容相同的记账凭证，并在"摘要"栏内注明"注销×月×日×号凭证"，再填写一张正确的记账凭证，在"摘要"栏内注明"订正×月×日×号凭证"。如果会计科目没有错，只是金额错误，也可以将正确数字与错误数字之间的差额重新编制一张调整

项目三 记账凭证的填制、审核与传递

的记账凭证。调增用蓝字,调减用红字。发现以前年度的记账凭证有错时,应用蓝字填制一张更正的记账凭证。

四、记账凭证的填制方法

1. 收款凭证的填制

收款凭证是指用于记录现金和银行存款收款业务的会计凭证。它是出纳人员根据库存现金收入业务和银行存款收入业务的原始凭证编制的专用凭证,据以作为登记现金和银行存款等有关账户的依据。收款凭证是以现金和银行存款收入的原始凭证为依据填制的,因而凭证的借方只有两个科目,即"库存现金"科目和"银行存款"科目。为了醒目,把它们放在凭证的左上角。该凭证主要有五栏:第一栏"摘要",要求用简明扼要的文字说明经济业务的内容;第二栏"贷方总账科目",要求根据经济业务的内容,填写与借方科目相对应的总账科目名称;第三栏"明细科目",要求根据经济业务的内容,填写与借方科目相对应的总账科目所属的明细科目名称;第四栏"记账符号",已经登记入账的划√;第五栏"金额",要求根据原始凭证记载的实际金额来填列,合计数表示借方的记账金额。"对方单位(或付款人)"是辅助说明栏目,填写对方单位名称。有的格式未列此栏目。凭证上的其他内容,如日期,则按编制凭证当天的日期填写;编号可按现金或银行存款分别编号,如"现收字第×号",也可以按收款凭证统一编号,如"收字第×号";附件张数根据所附原始凭证的张数(指直接说明记账凭证经济内容的原始凭证,不包括间接说明记账凭证经济内容的原始凭证,即原始凭证附件的附件)填写。另外,各有关人员应在收款凭证下签名盖章,以示负责。出纳人员在收款之后,应加盖"收讫"章。

【例 3-21】 2020 年 8 月 8 日,榕新公司收回甲公司的前欠货款 2 000 元,银行已转来收款通知。

编制收款凭证,如表 3-21 所示。

表 3-21 收款凭证格式

收 款 凭 证

2020 年 8 月 8 日

借方科目 **银行存款** 　　　　　　　　　　　　　　　　　　银收字 第 1 号

对方单位 (或付款人)	摘　要	贷　方		金　额									记账
		总账科目	明细细目	百	十	万	千	百	十	元	角	分	
甲公司	收回前欠货款	应收账款	甲公司				2	0	0	0	0	0	
	合　计						¥	2	0	0	0	0	0

附单据 1 张

会计主管: 　　　记账: 　　　出纳: 　　　复核: 　　　制单:**张三**

2. 付款凭证的填制

付款凭证是指用于记录现金和银行存款付款业务的会计凭证。它是出纳人员根据库存现金和银行存款付出业务的原始凭证编制的专用凭证，作为登记现金和银行存款等有关账户的依据。付款凭证是以现金和银行存款支付的原始凭证为依据填制的，因而凭证的贷方只有两个科目，即"库存现金"科目和"银行存款"科目。为了醒目，把它们放在凭证的左上角。该凭证主要有五栏：第一栏"摘要"，要求用简明扼要的文字说明经济业务的内容；第二栏"借方总账科目"，要求根据经济业务的内容，填写与贷方科目相对应的总账科目名称；第三栏"明细科目"，要求根据经济业务的内容，填写与贷方科目相对应的总账科目所属的明细科目名称；第四栏"记账符号"，已经登记入账的划"√"；第五栏"金额"，要求根据原始凭证记载的实际金额来填列，合计数表示贷方的记账金额。"对方单位(或收款人)"是辅助说明栏目，填写对方单位名称。有的付款凭证未列此栏目。凭证上的其他内容，如日期，则按编制凭证当天日期填写；编号可按现金或银行存款分别编号，如"现付字第×号"，也可以按付款凭证统一编号，如"付字第×号"；附件张数根据所附原始凭证的张数(指直接说明记账凭证经济内容的原始凭证，不包括间接说明记账凭证经济内容的原始凭证，即原始凭证附件的附件)填写。另外，各有关人员应在付款凭证下签名盖章，以示负责。出纳人员在付款之后，应加盖"付讫"章。

对于现金和银行存款之间相互划转的业务，为避免重复记账，一般只编制付款凭证，而不再编制收款凭证。

【例3-22】 2020年8月10日，榕新公司以现金50 000元发放职工工资。

编制付款凭证，如表3-22所示。

表3-22 付款凭证格式

付 款 凭 证

2020年8月10日

贷方科目**库存现金** 现付字 第 1 号

对方单位(或收款人)	摘要	借方		金额									记账
		总账科目	明细细目	百	十	万	千	百	十	元	角	分	
	发放职工工资	应付职工薪酬				5	0	0	0	0	0	0	
合计					¥	5	0	0	0	0	0	0	

会计主管： 记账： 出纳： 复核： 制单：**张三**

附单据1张

3. 转账凭证的填制

转账凭证是指用于记录不涉及现金和银行存款业务的会计凭证。转账凭证与收款凭证和付款凭证在格式上有所不同。转账凭证不设主体科目栏,在凭证内填写经济业务的摘要;经济业务所涉及的全部会计科目,顺序是先借后贷;在"金额"栏填写借方金额和贷方金额;在凭证的右侧或右上方填写所附原始凭证的张数;凭证的下方由各有关人员签名盖章。

【例3-23】 2020年8月15日,榕新公司从胜利厂购入A材料,货款40 000元,增值税5 200元,货款暂欠。

编制转账凭证,如表3-23所示。

表3-23 转账凭证格式

转 账 凭 证

2020年 8月 15日　　　　　　　　　　　　　　　　　　　　　转字　第 1 号

摘要	总账科目	明细科目	借方金额								√	贷方金额								√
			十	万	千	百	十	元	角	分		十	万	千	百	十	元	角	分	
购入材料	在途物资	A材料		4	0	0	0	0	0	0										
	应交税费	增值税			5	2	0	0	0	0										
	应付账款	胜利厂											4	5	2	0	0	0	0	
合　计			¥	4	5	2	0	0	0	0		¥	4	5	2	0	0	0	0	

附单据 2 张

会计主管:　　　　　　记账:　　　　　　复核:　　　　　　制单:**张 三**

4. 通用记账凭证的填制

通用记账凭证是用以记录各种经济业务的凭证。采用通用记账凭证的经济单位,不再根据经济业务的内容分别填制收款凭证、付款凭证和转账凭证,而是将所发生的各种经济业务填制在一种通用格式的记账凭证中。通用记账凭证也不设主体科目栏,其登记方法与转账凭证类似。

【例3-24】 榕新公司2020年8月25日从银行提取现金40 000元备发工资。编制通用记账凭证,如表3-24所示。

表 3-24 通用记账凭证格式

通用记账凭证

2020年 8月 25日

出纳编号：*3*
凭证编号：*10*

2020年 8月 25日　　　　　　　　　　　　　　　　　　　附单据 __1__ 张

摘　要	总账科目	明细科目	借方金额 十万千百十元角分	√	贷方金额 十万千百十元角分	√
提现金	库存现金		4 0 0 0 0 0			
	银行存款				4 0 0 0 0 0	
	合　计		¥　4 0 0 0 0 0		¥　4 0 0 0 0 0	

会计主管：　　　　记账：　　　　复核：　　　　出纳：　　　　制单：张三

五、记账凭证的审核与传递

(一)记账凭证的审核

记账凭证是登记账簿的依据，其真实性和正确性直接影响账簿登记的质量。因此，在登记账簿之前，必须对填制完毕的记账凭证从正确性、完整性等方面进行审核。记账凭证的审核要点如下。

(1) 审核记账凭证是否附有原始凭证或原始凭证汇总表，其附件张数是否与所附原始凭证张数相吻合，其登记的经济业务内容是否与原始凭证或原始凭证汇总表的内容相吻合。

(2) 审核记账凭证中账户的对应关系和记账方向是否正确，会计科目的书写和金额的书写是否正确，金额是否与原始凭证或原始凭证汇总表相吻合。

(3) 审核记账凭证的填制手续是否齐全，项目填写是否完整，有关人员是否签字。

在登账之前，如果发现记账凭证有错误，要交由有关人员进行更正，错误的记账凭证作废，再根据正确的会计分录重新填制记账凭证。

(二)记账凭证的传递

审核无误的记账凭证是登记账簿的依据。记账凭证的传递一定要保证及时性，防止凭证积压。需要会计主管审批的记账凭证，在登记账簿之前一定要履行审批手续。审核无误的转账凭证传递给记账员记账；收款凭证和付款凭证先交由出纳人员登记现金日记账和银行存款日记账，然后传递给记账员记账。

任务六　企业主要经济业务的核算

一、筹集资金业务的核算

(一)筹资渠道

企业筹资主要有以下两大渠道。

(1) 向企业权益投资者(以下统称为"投资者")筹集权益性资金，它形成企业的永久性资金，是企业资金的主要构成部分。按照《中华人民共和国公司法》规定，设立企业必须有法定的资本。它是保证企业正常经营的必要条件。投资者投入的资金可以是货币资金，也可以表现为实物形态或无形资产。权益资金在企业最初的表现形式为实收资本和资本公积。实收资本是指企业实际收到投资者投入的资本金，是反映投资者在企业控制权力大小的资金。资本公积是投资者共同享有的权益资金。

(2) 向债权人筹集债务性资金，它形成企业的负债。这部分资金有明确的还本付息期限，并受法律保护。

企业筹集资金可采用发行股票、发行债券、取得借款等方式。本任务着重介绍投入资本的核算和银行借款的核算。

(二)账户设置

1. "实收资本(或股本)"账户

1) 账户性质

该账户属于所有者权益性质；股份制企业开设"股本"账户。

2) 账户用途

设置该账户主要用来核算企业实际收到投资者投入企业注册资本份额的变动情况及其结果。企业收到投资者投入的资金，超过其在注册资本所占份额的部分，作为资本溢价或股本溢价，在"资本公积"账户核算，不在本账户核算。

3) 账户结构

该账户的借方登记投资者投资的减少额；贷方登记投资者投资的增加额(股份制企业的"股本"反映股票面值)；期末余额在贷方，反映投资者投入企业注册资本的实有数。

4) 明细账

该账户应按照投资者(国家、法人、个人和外商)设置明细账，进行明细分类核算。

"实收资本(或股本)"账户的结构如图 3-29 所示。

5) "实收资本(或股本)"账户的主要对应关系

(1) 减少注册资本业务。

借：实收资本
　　贷：银行存款

借方	实收资本(或股本)	贷方
	期初余额	
本期减少额	本期增加额	
	期末余额	

图 3-29　"实收资本(或股本)"账户的结构

(2) 接受货币资金投资。
借：银行存款
　　贷：实收资本
(3) 接受固定资产投资。
借：固定资产
　　贷：实收资本

2. "资本公积"账户

1) 账户性质
该账户属于所有者权益类账户。
2) 账户用途
设置该账户主要用来核算企业取得的资本公积变动情况。
3) 账户结构
该账户的借方登记按法定程序资本公积转增注册资本或其他减少资本公积的数额；贷方登记企业投资者投入企业资本中超过注册资本的溢价及直接记入所有者权益的利得等增加的资本公积数额；期末余额在贷方，表示企业资本公积的结余数。
4) 明细账
企业应按照资本公积项目设置明细账，进行明细分类核算。
"资本公积"账户的结构如图 3-30 所示。

借方	资本公积	贷方
	期初余额	
本期减少额	本期增加额	
	期末余额	

图 3-30　"资本公积"账户的结构

5) "资本公积"账户的主要对应关系
(1) 转增资本业务。
借：资本公积
　　贷：实收资本
(2) 接受投资折算差额。
借：银行存款
　　贷：资本公积

3. "银行存款"账户

1) 账户性质

该账户属于资产类账户。

2) 账户用途

设置该账户主要用来核算企业银行存款的增减变动及其结果。

3) 账户结构

账户的借方登记本期增加额；贷方登记本期减少额；期末余额在借方，表示企业银行存款的实际数额。

"银行存款"账户的结构如图 3-31 所示。

借方 银行存款	贷方
期初余额	
本期增加额	本期减少额
期末余额	

图 3-31　"银行存款"账户的结构

4) "银行存款"账户的主要对应关系

(1) 接受投资业务。

借：银行存款
　　贷：实收资本

(2) 购买生产所需材料。

借：原材料
　　应交税费
　　贷：银行存款

4. "短期借款"账户

1) 账户性质

该账户属于负债类账户。

2) 账户用途

该账户用来核算企业向银行或非银行金融机构借入的用于企业经营活动，归还期在一年或超过一年的一个营业周期以内的各种借款的取得、归还情况。

3) 账户结构

该账户的借方登记归还的短期借款；贷方登记借入的各项短期借款的本金；期末余额在贷方，表示期末尚未归还的短期借款数额。

4) 明细账

企业应按照债权人名称设置明细账，结合借款种类进行明细分类核算。

"短期借款"账户的结构如图 3-32 所示。

借方	短期借款	贷方
		期初余额
本期减少额		本期增加额
		期末余额

图 3-32 "短期借款"账户的结构

5) "短期借款"账户的主要对应关系

(1) 归还银行借款业务。

借：短期借款
　　贷：银行存款

(2) 取得银行借款业务。

借：银行存款
　　贷：短期借款

企业取得的短期借款应按期支付利息。在我国，企业从银行等金融机构取得的借款利息一般采用按季结算的方法。借款利息支出较大的企业，一般采用按月计提的方式计入各月费用，于结息日一次性支付。而借款利息支出较小的企业，则于结息日按实付利息一次性计入当月费用。平时计提的利息在"应付利息"账户中核算；企业发生的短期借款利息支出应当直接计入当期财务费用，单独在"财务费用"账户中核算。

5. "应付利息"账户

1) 账户性质

该账户属于负债类账户。

2) 账户用途

该账户用来核算企业向银行或非银行金融机构借入的用于企业经营活动，归还期在一年或超过一年的一个营业周期以内的各种借款应支付的利息。

3) 账户结构

该账户的借方登记利息的偿还；贷方登记利息的计提；期末余额在贷方，表示期末已计提尚未偿还的利息。

"应付利息"账户的结构如图 3-33 所示。

借方	应付利息	贷方
利息的偿还(减少)		利息的计提(增加)
		期末余额：已计提尚未偿还的利息

图 3-33 "应付利息"账户的结构

4) "应付利息"账户的主要对应关系

(1) 短期借款期末计算借款利息。

借：财务费用
　　贷：应付利息

(2) 偿还短期借款利息。

借：应付利息
　　贷：银行存款

6. "财务费用"账户

1) 账户性质

该账户属于损益类账户。

2) 账户用途

该账户核算企业为筹集生产经营资金等而发生的费用，包括利息支出(减利息收入)、汇兑损失(减汇兑总收益)以及相关的手续费等。

3) 账户结构

该账户的借方登记企业发生的财务费用；贷方登记发生的冲减财务费用的利息收入、汇兑收益；期末应将本账户的余额转入"本年利润"账户。

4) 明细账

该账户应按费用项目设置明细账，进行明细分类核算。

"财务费用"账户的结构如图3-34所示。

借方	财务费用	贷方
发生的财务费用： 　　利息支出 　　汇兑损失 　　手续费	利息收入 期末转入"本年利润"账户的财务费用	

图3-34　"财务费用"账户的结构

5) "财务费用"账户的主要对应关系

(1) 发生财务费用。

借：财务费用
　　贷：银行存款(或"应付利息"等账户)

(2) 结转本期财务费用。

借：本年利润
　　贷：财务费用

7. "长期借款"账户

1) 账户性质

该账户属于负债类账户。

2) 账户用途

该账户主要核算企业借入的归还期在一年或长于一年的一个营业周期以上的各种借款的取得、利息和偿还情况。

3) 账户结构

该账户的借方登记到期已归还的长期借款本金和利息；贷方登记企业取得的各种借款

本金及应付未付的借款利息；期末余额在贷方，表示尚未归还的长期借款的本金及利息。

4) 明细账

企业应按照债权人名称设置明细账，结合借款种类进行明细分类核算。

"长期借款"账户的结构如图3-35所示。

借方	长期借款	贷方
长期借款本金的偿还(减少)		长期借款本金的取得(增加)
		期末余额：长期借款本金的结余

图 3-35 "长期借款"账户的结构

5) "长期借款"账户的主要对应关系

(1) 归还银行借款业务。

借：长期借款
　　贷：银行存款

(2) 取得银行借款业务。

借：银行存款
　　贷：长期借款

(三)账务处理

【例3-25】 榕新公司吸收A企业投入货币资金600 000元，存入银行。

这项经济业务的发生，一方面使企业银行存款增加600 000元，应记入"银行存款"账户的借方；另一方面增加了企业的资本600 000元，应记入"实收资本"账户的贷方。编制会计分录如下。

借：银行存款　　　　　　　　　　　　　600 000
　　贷：实收资本——A公司　　　　　　　　　　　600 000

【例3-26】 榕新公司发行普通股40 000股，每股面值1元，发行价10元，收到款项并存入银行。

这项经济业务的发生，一方面使企业的银行存款增加了400 000元，应记入"银行存款"账户的借方；另一方面代表投资者在企业的权益大小的资本增加了40 000元，应贷记"实收资本"或"股本"账户。另外，发行价大于面值，形成股本溢价360 000元，应记入"资本公积"账户。编制会计分录如下。

借：银行存款　　　　　　　　　　　　　400 000
　　贷：股本　　　　　　　　　　　　　　　　　40 000
　　　　资本公积——股本溢价　　　　　　　　　360 000

【例3-27】 榕新公司从银行借入短期借款100 000元，期限3个月，年利率6%，存入银行。

公司取得短期借款，一方面使企业增加了银行存款100 000元，应记入"银行存款"账户的借方；另一方面增加了企业的负债100 000元，应记入"短期借款"账户的贷方。编制会计分录如下。

借：银行存款　　　　　　　　　　　　　100 000
　　贷：短期借款　　　　　　　　　　　　　　　100 000

项目三 记账凭证的填制、审核与传递

【例 3-28】 月末，预提本月应负担的利息 500 元。

这项经济业务的发生，一方面使公司的利息费用增加 500 元，应记入"财务费用"账户的借方；另一方面使公司增加了一项利息债务，应记入"应付利息"账户的贷方。编制会计分录如下。

借：财务费用　　　　　　　　　　　　500
　　贷：应付利息　　　　　　　　　　　　500

【例 3-29】 榕新公司为购买一项设备，从银行取得一项长期借款 400 000 元，存入银行，期限 2 年，年利率 12%。

公司取得固定资产专项借款，一方面使企业增加了银行存款 400 000 元，应借记"银行存款"账户；另一方面增加了企业的长期负债 400 000 元，应贷记"长期借款"账户。编制会计分录如下。

借：银行存款　　　　　　　　　　　　400 000
　　贷：长期借款　　　　　　　　　　　　400 000

二、生产准备业务的核算

企业为进行产品生产，在生产准备中应购建厂房和机器设备(即固定资产)和购买生产过程中需消耗的各种材料等。因此，这里主要介绍固定资产购建业务(本书只讲固定资产外购取得业务)的核算和物资采购业务的核算。

固定资产是指使用期限超过一个会计年度的为生产商品、提供劳务、出租或经营管理而持有的有形资产。固定资产应按取得的历史成本(原始价值)入账。从理论上讲，固定资产原价应包括企业为取得固定资产达到预定可使用状态前所发生的一切合理的、必要的支出，包括买价、税金、运杂费、保险费和安装成本等。

材料物资是制造企业不可缺少的物质要素，是产品制造成本构成中的重要组成部分。企业在生产准备过程中，应储备生产过程所需要的各种材料。这些材料可以直接从外单位购进，也可以委托外单位加工，有些材料还可以自制，在此仅介绍外购材料的核算。在材料采购过程中，企业要核算和监督材料物资的买价和采购费用(包括运杂费、运输途中的合理损耗、入库前的挑选整理费和购入物资负担的税金等)，确定采购成本以及与供货单位发生的货款结算关系等。企业购进的材料经验收入库后即为可供生产领用的库存材料。

(一)账户设置

1. "固定资产"账户

1) 账户性质

该账户属于资产类账户。

2) 账户用途

该账户用来核算企业固定资产原价的增减变动和结存情况。

3) 账户结构

该账户的借方登记增加的固定资产的原始价值；贷方登记减少的固定资产的原始价值；期末余额在借方，反映企业期末固定资产的账面原价。

4) 明细账

该账户应按固定资产类别、使用部门和每项固定资产设置明细分类账，进行明细分类核算。

"固定资产"账户的结构如图 3-36 所示。

借方	固定资产	贷方
期初余额： 本期增加额的固定资产原价		本期减少额的固定资产原价
期末余额：表示期末固定资产的账面原价		

图 3-36 "固定资产"账户的结构

5) "固定资产"账户的主要对应关系

(1) 购入不需要安装的设备。

借：固定资产——设备
　　应交税费——应交增值税(进项税额)
　贷：银行存款

(2) 固定资产减少业务。

借：固定资产清理
　　累计折旧
　贷：固定资产

2. "在建工程"账户

1) 账户性质

该账户属于资产类账户。

2) 账户用途

该账户用来核算企业进行基建工程、安装工程、更新改造工程等发生的实际支出，包括需要安装设备的价值。

3) 账户结构

该账户的借方登记发生的各项工程实际支出数；贷方登记完工工程转出的成本；期末余额在借方，反映企业尚未达到预定可使用状态的在建工程的成本。

4) 明细账

该账户应按工程项目设置明细账，进行明细分类核算。

"在建工程"账户的结构如图 3-37 所示。

借方	在建工程	贷方
期初余额： 发生的各项工程实际支出数		完工工程转出的成本
期末余额：表示期末尚未达到预定可使用状态的在建工程的成本		

图 3-37 "在建工程"账户的结构

5) "在建工程"账户的主要对应关系
(1) 购入需要安装的设备。
借：在建工程
　　应交税费——应交增值税(进项税额)
　　　贷：银行存款
(2) 安装设备领用材料、支付安装工人工资。
借：在建工程
　　　贷：原材料
　　　　　应付职工薪酬
(3) 设备安装调试完毕。
借：固定资产
　　　贷：在建工程

3. "在途物资"账户

1) 账户性质

该账户属于资产类账户。

2) 账户用途

该账户用来核算企业尚未验收入库的各种物资的采购成本。从理论上讲，采购人员的差旅费、专设采购机构的经费、市内运杂费等都应计入相应材料的采购成本，但因为企业一般很少专设采购机构，采购人员的差旅费、市内运杂费为数不多，计入材料成本手续烦琐。为简化核算手续，这些费用一般可不计入材料采购成本，而直接列作管理费用处理。

3) 账户结构

该账户的借方登记尚未验收入库材料的买价和采购费用；贷方登记验收入库的材料的实际采购成本；期末余额在借方，表示期末尚未到达或尚未验收入库的在途材料的实际采购成本。

4) 明细账

该账户应按照购入材料的供应单位结合材料的品种、规格分别设置明细账，进行明细分类核算。

"在途物资"账户的结构如图 3-38 所示。

借方	在途物资	贷方
尚未验收入库材料的买价和采购费用		结转验收入库材料的实际采购成本
期末余额：期末尚未到达或尚未验收入库的在途材料的实际采购成本		

图 3-38　"在途物资"账户的结构

5) "在途物资"账户的主要对应关系
(1) 材料采购业务。
借：在途物资
　　应交税费——应交增值税(进项税额)
　　　贷：银行存款(或"应付账款""应付票据"等账户)

(2) 材料验收入库业务。

借：原材料
　　贷：在途物资

4．"原材料"账户

1) 账户性质

该账户属于资产类账户。

2) 账户用途

该账户用来核算企业库存材料的增减变动及其结存情况。

3) 账户结构

该账户的借方登记已验收入库材料的实际采购成本；贷方登记发出或其他原因减少材料的实际成本；期末余额在借方，表示期末库存材料的实际成本。

4) 明细账

该账户应按购入材料的品种、规格分别设置明细分类账户，进行明细分类核算。

"原材料"账户的结构如图 3-39 所示。

借方	原材料	贷方
验收入库材料实际成本(增加)		发出材料的实际成本(减少)
期末余额：库存材料实际成本结余		

图 3-39　"原材料"账户的结构

5) "原材料"账户的主要对应关系

(1) 材料验收入库业务。

借：原材料
　　贷：在途物资

(2) 生产领用材料业务。

借：生产成本
　　贷：原材料

5．"应付账款"账户

1) 账户性质

该账户属于负债类账户。

2) 账户用途

该账户用来核算企业因购买材料、物资和接受劳务供应等应付给供应单位的款项。

3) 账户结构

该账户的借方登记已偿还给供应单位的款项；贷方登记应付给供应单位的款项增加数；期末余额在贷方，表示尚未偿还的应付账款。

4) 明细账

该账户应按照供应单位设置明细分类账户，进行明细分类核算。

"应付账款"账户的结构如图 3-40 所示。

借方	应付账款	贷方
偿还应付供应单位的款项(减少)	应付未付供应单位的款项(增加)	
	期末余额：尚未偿还的应付账款	

图 3-40 "应付账款"账户的结构

5) "应收账款"账户的主要对应关系
(1) 归还应付账款业务。
借：应付账款
　　贷：银行存款
(2) 采购材料未付款业务。
借：原材料
　　应交税费——应交增值税(进项税额)
　　贷：应付账款

6. "应付票据"账户

1) 账户性质
该账户属于负债类账户。
2) 账户用途
该账户用来核算企业对外发生债务时所开出承兑的商业汇票，包括银行承兑汇票和商业承兑汇票。
3) 账户结构
该账户的借方登记已支付的到期汇票金额；贷方登记企业开出、承兑汇票或以承兑汇票抵付货款的金额；期末余额在贷方，反映企业持有尚未到期的应付票据款。
4) 明细账
该账户应按供应单位设置明细账，进行明细分类核算。
"应付票据"账户的结构如图 3-41 所示。

借方	应付票据	贷方
到期应付票据的减少(不论是否已经付款)	开出、承兑商业汇票的增加	
	期末余额：尚未到期商业汇票的结余额	

图 3-41 "应付票据"账户的结构

5) "应付票据"账户的主要对应关系
(1) 支付票款业务。
借：应付票据
　　贷：银行存款
(2) 签发商业汇票。
借：原材料
　　应交税费——应交增值税(进项税额)
　　贷：应付票据

7. "预付账款"账户

1) 账户性质

该账户属于资产类账户。

2) 账户用途

该账户用来核算企业按照购货合同预先付给供应单位的款项。

3) 账户结构

该账户的借方登记按合同规定付给供应单位的货款和补付的货款；贷方登记收到所购货物的应付金额和收到退回多付的货款。期末如为借方余额，反映企业实际预付的款项；期末如为贷方余额，反映企业尚未补付的货款。

4) 明细账

该账户应按供应单位设置明细账，进行明细分类核算。

"预付账款"账户的结构如图 3-42 所示。

借方	预付账款	贷方
预付供应单位款项的增加		冲销预付供应单位的款项
期末余额：尚未结算的预付款		

图 3-42　"预付账款"账户的结构

5) "预付账款"账户的主要对应关系

(1) 预付货款业务。

借：预付账款
　　贷：银行存款

(2) 收到预付货款的材料业务。

借：原材料
　　应交税费——应交增值税(进项税额)
　　贷：预付账款

8. "应交税费"账户

1) 账户性质

该账户属于负债类账户。

2) 账户用途

该账户用来核算企业应缴纳的各种税金，包括增值税、消费税、所得税等。

3) 账户结构

该账户的借方登记实际缴纳的各种税金；贷方登记企业按规定计算应缴纳的各种税金；期末贷方余额，反映企业应缴纳的各种税金。

4) 明细账

该账户应按税金种类设置明细账，进行明细分类核算。在此，"应交税费——应交增值税"账户是用来核算和监督企业应缴和实缴的增值税结算情况的账户，其税率一般为 13%。企业购买材料物资时缴纳的增值税进项税额和已上缴的增值税额记入该账户的借方；企业销售货物时向购买单位收取的销项税额记入该账户的贷方。期末余额若在贷方，表示企业应向国家上缴而未缴的增值税；若期末余额在借方，表示本期应结转下期由下期增值税销项税额抵扣的增值税进项税额结余数。

"应交税费——应交增值税"账户的结构如图3-43所示。

借方	应交税费——应交增值税	贷方
进项税额	销项税额	
已缴税金	进项税额转出	
转出未缴增值税	转出多缴增值税	
	应缴未缴增值税税额	

图3-43 "应交税费——应交增值税"账户的结构

5) "应交税费"账户的主要对应关系

(1) 购进材料未付款业务。

借：原材料
　　应交税费——应交增值税(进项税额)
　贷：应付账款

(2) 销售并收到款项业务。

借：银行存款
　贷：主营业务收入
　　　应交税费——应交增值税(销项税额)

(3) 上缴税金业务。

借：应交税费——应交增值税(已缴税金)
　贷：银行存款

(4) 材料盘亏业务。

借：待处理财产损溢
　贷：原材料
　　　应交税费——应交增值税(进项税额转出)

(5) 转出应缴未缴税金业务。

借：应交税费——应交增值税(转出未缴增值税)
　贷：应交税费——未交增值税

(6) 转出多缴增值税业务。

借：应交税费——未交增值税
　贷：应交税费——应交增值税(转出多缴增值税)

(二)账务处理

1. 固定资产购置业务的核算

一般而言，外部购入固定资产是企业固定资产增加的主要渠道，包括购入不需要安装的固定资产和购入需要安装的固定资产。

1) 购入不需要安装的固定资产

购入不需要安装的固定资产,是指购入就交付使用,无须安装即达到预定可使用状态。固定资产应按实际支付的买价、运杂费、保险费等作为原价入账。如果是国外进口的固定资产,还包括按规定支付的关税。

【例3-30】 榕新公司购入一台不需要安装的设备,发票价款100 000元,增值税税额13 000元,包装费2 000元,运输费1 000元,保险费800元,款项均以银行存款付讫。

这项经济业务的发生,一方面按确定的原价使公司固定资产增加,应记入"固定资产"账户的借方;另一方面使公司银行存款减少,应记入"银行存款"账户的贷方。编制会计分录如下。

借:固定资产——设备　　　　(100 000+2 000+1 000+800)103 800
　　应交税费——应交增值税(进项税额)　　　　13 000
　贷:银行存款　　　　　　　　　　　　　　　　116 800

2) 购入需要安装的固定资产

购入需要安装的固定资产,是指购入后需要安装才能达到预定可使用状态。购入需要安装的固定资产,从购入到交付使用,需要有一个过程,而且在该过程中会陆续发生各种费用,即安装成本。因此,固定资产的原价应包括支付的买价、运杂费、保险费、进口关税和安装成本等。在会计核算中,企业购入固定资产时发生的各项实际支出,应先通过"在建工程"账户归集,安装完毕交付时,再由"在建工程"账户转入"固定资产"账户。

【例3-31】 榕新公司购入需要安装的设备一台,发票价款90 000元,增值税税额11 700元,支付的运杂费2 000元,保险费700元,款项以存款付讫,设备已交付安装。

这项经济业务的发生,一方面使公司的银行存款减少,应记入"银行存款"账户的贷方;另一方面使公司在建工程增加,应记入"在建工程"账户的借方。编制会计分录如下。

借:在建工程——设备　　　　(90 000+2 000+700)92 700
　　应交税费——应交增值税(进项税额)　　　　11 700
　贷:银行存款　　　　　　　　　　　　　　　　104 400

【例3-32】 例3-31中的设备安装时领用材料3 000元(不考虑增值税),安装工人工资1 000元。设备安装调试完毕后交付使用。

安装设备时发生的安装成本记入固定资产原价。因此,这项经济业务的发生,一方面使公司在建工程增加;另一方面使原材料减少。另外,其安装人员工资发生时尚未支付,使公司的应付职工薪酬增加。编制会计分录如下。

借:在建工程——设备　　　　4 000
　贷:原材料　　　　　　　　3 000
　　　应付职工薪酬　　　　　1 000

设备安装调试完毕时,应将已确定的固定资产原价从"在建工程"账户转入"固定资产"账户。编制会计分录如下。

借:固定资产——设备　　　　(92 700+4 000)96 700
　贷:在建工程——设备　　　　　　　　　　　　96 700

2. 材料采购业务的核算

【例3-33】 榕新公司从金辉工厂购买甲材料200千克,单价5元,价款1 000元,增值税税额130元,对方代垫运杂费200元,均以银行存款付讫,材料未入库。

这项经济业务的发生,一方面发生材料买价1 000元,运杂费200元,二者均构成材料采购成本,应记入"在途物资"账户的借方,同时支付因购买材料发生的进项税额130元,应记入"应交税费"账户的借方;另一方面,有关款项均以存款支付,应记入"银行存款"账户的贷方。编制会计分录如下。

借:在途物资——甲材料　　　　　　　　　　　　　　1 200
　　应交税费——应交增值税(进项税额)　　　　　　　130
　　贷:银行存款　　　　　　　　　　　　　　　　　　1 330

【例3-34】 榕新公司从红星公司购进乙材料400千克,单价10元,增值税税率13%,对方代垫运杂费100元,款项尚未支付,材料未入库。

这项经济业务的发生,一方面发生材料采购成本4 100元(其中,买价4 000元,运杂费100元),应记入"在途物资"账户的借方,同时由于采购材料发生的进项税额520(400×10×13%)元,应记入"应交税费"账户的借方;另一方面由于发生的各项未付款使公司负债增加,应记入"应付账款"账户的贷方。编制会计分录如下。

借:在途物资——乙材料　　　　　　　　　　　　　　4 100
　　应交税费——应交增值税(进项税额)　　　　　　　520
　　贷:应付账款——红星公司　　　　　　　　　　　　4 620

假设例3-34中榕新公司开出一张3个月到期的金额为4 620元的商业承兑汇票,则应记入"应付票据"账户的贷方。编制会计分录如下。

借:在途物资——乙材料　　　　　　　　　　　　　　4 100
　　应交税费——应交增值税(进项税额)　　　　　　　520
　　贷:应付票据——红星公司　　　　　　　　　　　　4 620

待三个月后,榕新公司承兑到期的商业汇票时,编制会计分录如下。

借:应付票据——红星公司　　　　　　　　　　　　　4 620
　　贷:银行存款　　　　　　　　　　　　　　　　　　4 620

【例3-35】 榕新公司根据合同规定,以银行存款向红星公司预付购买乙材料的货款3 000元。

这项经济业务的发生,一方面使公司的银行存款减少,应记入"银行存款"账户的贷方;另一方面使公司预付货款增加,应记入"预付账款"账户的借方。编制会计分录如下。

借:预付账款——红星公司　　　　　　　　　　　　　3 000
　　贷:银行存款　　　　　　　　　　　　　　　　　　3 000

【例3-36】 榕新公司收到红星公司运来的乙材料,增值税专用发票上载明乙材料300千克,单价10元,价款3 000元,增值税税额390元,红星公司代垫运杂费150元。例3-35中已预付货款3 000元,材料未入库。

这项经济业务说明,一方面发生材料买价3 000元、运杂费150元,二者均构成物资采购成本,应记入"在途物资"账户的借方,同时,由于购买材料发生的进项税额,应记入

"应交税费"账户的借方;另一方面由于购买乙材料采用预付货款方式,收到材料时应按实际应付金额 3 540(3 000+390+150)元记入"预付账款"账户的贷方。编制会计分录如下。

借:在途物资——乙材料　　　　　　　　　　3 150
　　应交税费——应交增值税(进项税额)　　　　390
　　贷:预付账款——红星公司　　　　　　　　　3 540

【例3-37】 榕新公司以存款补付欠红星公司乙材料的货款。

这项经济业务说明,榕新公司购买乙材料补付货款540(3 540-3 000)元,应记入"预付账款"账户的借方;同时,公司银行存款减少,应记入"银行存款"账户的贷方。编制会计分录如下。

借:预付账款——红星公司　　　　　　　　　540
　　贷:银行存款　　　　　　　　　　　　　　540

【例3-38】 榕新公司开出一张转账支票,支付欠红星公司购买乙材料的货款 4 620 元。

这项经济业务的发生,一方面使公司欠红星公司的材料款减少,应记入"应付账款"账户的借方;另一方面公司开出转账支票,使银行存款减少,应记入"银行存款"账户的贷方。编制会计分录如下。

借:应付账款——红星公司　　　　　　　　　4 620
　　贷:银行存款　　　　　　　　　　　　　　4 620

【例3-39】 榕新公司从南方公司采购甲材料 400 千克,乙材料 200 千克,单价分别是 5 元、10 元,增值税税率为 13%,款项以银行存款支付,材料未入库。

这项经济业务说明,一方面发生甲、乙材料买价构成材料采购成本,应记入"在途物资"账户的借方,同时购买材料发生的进项税额应记入"应交税费"账户的借方;另一方面使公司存款减少,应记入"银行存款"账户的贷方。编制会计分录如下。

借:在途物资——甲材料　　　　　　　　　　2 000
　　　　　　——乙材料　　　　　　　　　　2 000
　　应交税费——应交增值税(进项税额)　　　　520
　　贷:银行存款　　　　　　　　　　　　　4 520

当企业同时购进两种或两种以上材料时发生的采购费用,能分清对象的,可以直接计入各种材料的物资采购成本;不能分清对象的,应选择适当的分配标准在有关各种材料间进行分配,再分别计入各种材料的物资采购成本。其计算公式如下。

材料的采购费用分配率=材料的采购费用÷分配标准合计

上式中的分配标准,可选择购入材料的重量、体积、买价、件数等,在实际工作中,可根据具体情况选择使用。

某种材料应负担的采购费用=某种材料分配标准数×材料采购费用分配率

【例3-40】 榕新公司以银行存款支付甲、乙材料的运杂费 600 元。

由于公司采购甲、乙两种材料,因此支付的运杂费需要采用一定的分配标准在两种材料间分配。假设本例中按材料重量比例作为分配标准,则运杂费可按如下计算方法分配。

运杂费分配率=600÷(400+200)=1(元/千克)
甲材料应负担的运杂费=400×1=400(元)
乙材料应负担的运杂费=200×1=200(元)

根据上述分配结果,编制会计分录如下。

借:在途物资——甲材料　　　　　　　　　400
　　　　　　——乙材料　　　　　　　　　200
　　贷:银行存款　　　　　　　　　　　　　　　600

【例 3-41】 榕新公司购入的甲、乙两种材料验收入库,结转其采购成本。

物资采购过程结束后,月末一般应编制入库材料的采购成本计算表,如表 3-25 所示。

表 3-25　材料采购成本计算表

材料采购成本计算表

20××年×月　　　　　　　　　　　　　　　　　　　　　　金额单位:元

成本项目	甲材料(600 千克)		乙材料(900 千克)		成本合计
	总成本	单位成本	总成本	单位成本	
买价	3 000	5	9 000	10.0	12 000
采购费用	600	1	450	0.5	1 050
采购成本	3 600	6	9 450	10.5	13 050

甲、乙两种材料的采购成本确定后,应从"在途物资"账户的贷方转入"原材料"账户的借方。编制会计分录如下。

借:原材料——甲材料　　　　　　　　　3 600
　　　　　——乙材料　　　　　　　　　9 450
　　贷:在途物资——甲材料　　　　　　　　　3 600
　　　　　　　　——乙材料　　　　　　　　　9 450

【例 3-42】 榕新公司从光明公司购入丁材料 1 000 千克,单价 10 元,价款 10 000 元,增值税税额 1 300 元,款项以银行存款付讫,材料已验收入库。

这项经济业务的发生,一方面发生材料买价 10 000 元,应记入"原材料"账户的借方,同时支付因购买材料发生的进项税额 1 300 元,应记入"应交税费"账户的借方;另一方面,有关款项均以存款支付,应记入"银行存款"账户的贷方。编制会计分录如下。

借:原材料——丁材料　　　　　　　　　10 000
　　应交税费——应交增值税(进项税额)　1 300
　　贷:银行存款　　　　　　　　　　　　　　11 300

三、生产过程业务的核算

产品制造企业经营活动的主要阶段是生产过程,它既是物化劳动和活劳动的消耗过程,又是价值的创造过程。在这一过程中,一方面劳动者借助劳动资料对劳动对象进行加工,制造出满足社会需要的各种产品;另一方面在制造产品时必然发生各种耗费,如消耗的各种材料,支付工人工资,以及厂房、机器、设备等折旧,这些耗费是在生产产品、提供劳务等日常活动中所发生的经济利益的流出,也称费用。费用按产品进行对象化后构成制造成本或生产成本。制造成本是指企业为生产一定种类和数量的产品所发生的各种费用的总和,它须按一定数量和种类的产品进行归集;还有一部分在生产过程中发生的,与制造产品没有直接关系的费用,即期间费用,可直接计入当期损益。

制造成本按其成本构成项目分为直接材料、直接人工和制造费用。

(1) 直接材料是指为生产产品并构成产品实体而耗用的原料、主要材料以及有助于产品形成的辅助材料等。

(2) 直接人工是指企业直接从事产品生产工人的工资、津贴、补贴和福利费等薪酬内容。

(3) 制造费用是指企业各生产车间为组织和管理生产所发生的、应计入产品成本的各项间接费用,包括生产车间管理人员的工资和福利费、生产用固定资产的折旧费、办公费、水电费等。企业行政管理部门为组织和管理生产经营活动而发生的管理费用,应作为期间费用直接计入当期损益,不计入制造成本。

(一)账户设置

1. "生产成本"账户

1) 账户性质

该账户属于成本类账户。

2) 账户用途

该账户用来核算企业进行工业性生产,包括生产各种产品(如产成品、自制半成品、提供劳务等)、自制材料、自制工具、自制设备等所发生的各项生产费用,并据以确定产品实际生产成本。

3) 账户结构

该账户的借方登记企业为制造产品发生的直接费用(如直接材料、直接人工)以及应由产品成本负担的间接费用分配数;贷方登记已经生产完成并验收入库的产品以及自制半成品等实际成本;期末借方余额,反映企业尚未加工完成的各项在产品的成本。

4) 明细账

该账户应按生产产品的种类设置明细账,进行明细分类核算。

"生产成本"账户的结构如图 3-44 所示。

借方	生产成本	贷方
发生的生产费用: (1)直接材料 (2)直接工资 (3)其他直接支出 (4)制造费用		结转完工验收入库产成品成本
期末余额:在产品成本		

图 3-44 "生产成本"账户的结构

5) "生产成本"账户的主要对应关系

(1) 生产领用材料业务。

借:生产成本
　　贷:原材料

(2) 产成品入库业务。
借：库存商品
　　贷：生产成本

2．"制造费用"账户

1) 账户性质

该账户属于成本类账户。

2) 账户用途

该账户用来核算生产车间为生产产品和提供劳务而发生的各项间接费用，包括工资和福利费、折旧费、管理费、办公费、水电费、机物料消耗、劳动保护费、季节性和修理期间的停工损失等。

3) 账户结构

该账户的借方登记各项间接费用的发生数；贷方登记分配计入有关成本计算对象的间接费用；期末除季节性生产外，该账户无余额。

4) 明细账

该账户应按不同的车间、部门设置明细账，进行明细分类核算。

"制造费用"账户的结构如图 3-45 所示。

借方	制造费用	贷方
归集车间范围内发生的各项间接费用		期末分配转入"生产成本"账户的制造费用

图 3-45　"制造费用"账户的结构

5) "制造费用"账户的主要对应关系

(1) 计提固定资产折旧业务。
借：制造费用
　　贷：累计折旧

(2) 分配制造费用业务。
借：生产成本
　　贷：制造费用

3．"管理费用"账户

1) 账户性质

该账户属于损益类账户。

2) 账户用途

该账户用来核算企业为组织和管理企业生产经营所发生的管理费用，包括企业的董事会和行政管理部门在企业的经营管理中发生的，或者由企业统一负担的公司经费(包括行政管理部门职工工资、修理费、物料消耗、低值易耗品摊销、办公费和差旅费等)、工会经费、技术转让费、董事会费、聘请中介机构费、咨询费、诉讼费、业务招待费、研究费用、排污费等。

3) 账户结构

该账户的借方登记发生的各项管理费用；贷方登记其冲减和转入"本年利润"的管理费用；期末结账后无余额。

4) 明细账

该账户应按费用项目设置明细账，进行明细分类核算。

"管理费用"账户的结构如图 3-46 所示。

借方	管理费用	贷方
发生的管理费用		期末转入"本年利润"账户的管理费用

图 3-46　"管理费用"账户的结构

5) "管理费用"账户的主要对应关系

(1) 发生管理费用。

借：管理费用
　　贷：库存现金(或"银行存款""应付职工薪酬""累计折旧"等账户)

(2) 结转本期管理费用。

借：本年利润
　　贷：管理费用

4．"应付职工薪酬"账户

1) 账户性质

该账户属于负债类账户。

2) 账户用途

该账户用来核算企业应付给职工的工资总额(包括各种工资、奖金、津贴等)，以及由此形成的企业与职工之间的工资结算情况。

3) 账户结构

该账户的借方登记实际支付给职工的工资数以及代扣款项；贷方登记企业应付职工工资数；期末一般无余额，如有贷方余额，则表示期末应付给职工而未付的工资。

4) 明细账

该账户应按"工资、奖金、津贴和补贴""职工福利费""社会保险费""住房公积金""工会经费和职工教育经费"等设置明细账，进行明细分类核算。

"应付职工薪酬"账户的结构如图 3-47 所示。

借方	应付职工薪酬	贷方
本期实际发放的职工薪酬总额		本期发生的应付职工薪酬总额
		期末余额：应付职工薪酬的实际数额

图 3-47　"应付职工薪酬"账户的结构

5) "应付职工薪酬"账户的主要对应关系

(1) 发放职工薪酬业务。

借：应付职工薪酬

贷：银行存款
(2) 分配职工薪酬业务，应区分人员的性质，分别记入有关的成本费用账户。
借：生产成本(生产人员的职工薪酬)
　　制造费用(车间管理人员的职工薪酬)
　　管理费用(管理部门人员的职工薪酬)
　　销售费用(销售人员的职工薪酬)
　　贷：应付职工薪酬

5．"累计折旧"账户

1) 账户性质

该账户属于资产类账户。

2) 账户用途

该账户用来核算固定资产因磨损而减少的价值。

3) 账户结构

该账户性质上虽属于资产类，但由于它核算"固定资产"(资产类账户)减少的内容，因而账户结构与资产类账户结构登记的方向相反。该账户的借方登记折旧费用的减少或转销数；贷方登记按月计提固定资产损耗的价值，即折旧费用数额；期末余额在贷方，表示现有固定资产已提折旧费用的累计数。

4) 明细账

该账户只进行总分类核算，不进行明细分类核算。

"累计折旧"账户的结构如图3-48所示。

借方	累计折旧	贷方
本期转出额		本期计提额
		期末余额：提取的固定资产折旧累计数

图3-48　"累计折旧"账户的结构

5) "累计折旧"账户的主要对应关系

(1) 固定资产减少业务。
借：固定资产清理
　　累计折旧
　　贷：固定资产

(2) 计提折旧业务。
借：制造费用
　　贷：累计折旧

6．"库存商品"账户

1) 账户性质

该账户属于资产类账户。

2) 账户用途

该账户用来核算企业各种库存产成品实际成本的增减变动和结存情况。

3) 账户结构

该账户的借方登记生产完工验收入库的产成品的实际成本；贷方登记出库产品的实际成本；期末余额在借方，表示库存产成品的实际成本。

4) 明细账

该账户可按照产成品的种类和规格设置明细分类账户，进行明细分类核算。

"库存商品"账户的结构如图3-49所示。

借方	库存商品	贷方
验收入库商品实际成本的增加		库存商品实际成本的减少
期末余额：库存商品实际成本结余		

图 3-49 "库存商品"账户的结构

5) "库存商品"账户的主要对应关系

(1) 产品完工验收入库。

借：库存商品
　　贷：生产成本

(2) 结转销售产品成本的业务。

借：主营业务成本
　　贷：库存商品

(二)账务处理

【例 3-43】 榕新公司生产 A、B 两种产品，某日领料情况如表 3-26 所示。

表 3-26 领料单

领 料 单

项 目	甲材料		乙材料		丙材料		合计
	数量/件	金额/元	数量/元	金额/元	数量/元	金额/元	金额/元
生产 A 产品耗用	5 000	30 000	1 000	10 500			40 500
生产 B 产品耗用	1 000	6 000	500	5 250			11 250
合 计	6 000	36 000	1 500	15 750			51 750

这项经济业务的发生，一方面使库存材料减少了 51 750 元，应记入"原材料"账户的贷方；另一方面使企业的 A、B 产品生产成本的直接材料费增加了 51 750 元(其中，A 产品 40 500 元，B 产品 11 250 元)，应直接记入 A、B 产品"生产成本"账户的借方。编制会计分录如下。

借：生产成本——A 产品　　　　　　　　　　　40 500
　　　　　　——B 产品　　　　　　　　　　　11 250
　　贷：原材料——甲材料　　　　　　　　　　36 000
　　　　　　　——乙材料　　　　　　　　　　15 750

【例 3-44】 榕新公司 15 日根据工资分配表分配 12 月份工资费用,相关计算、分配资料如下:生产 A 产品工人工资 4 000 元;生产 B 产品工人工资 2 000 元;车间管理人员工资 2 500 元;行政管理部门人员工资 1 000 元。

该项经济业务发生后,生产 A、B 产品工人的工资属于直接生产费用 6 000 元,应记入"生产成本"账户的借方;车间管理人员工资 2 500 元,应记入"制造费用"账户的借方;行政管理部门人员的工资记入"管理费用"的借方。将工资记入生产费用的同时,形成了企业对职工的工资负债,应反映"应付职工薪酬"增加 9 500 元,记入"应付职工薪酬"的贷方。编制会计分录如下。

借:生产成本——A 产品　　　　　　　　　　4 000
　　　　　　——B 产品　　　　　　　　　　2 000
　　制造费用　　　　　　　　　　　　　　　2 500
　　管理费用　　　　　　　　　　　　　　　1 000
　　贷:应付职工薪酬——工资、奖金、津贴和补贴　　9 500

【例 3-45】 榕新公司本月以银行存款支付职工福利费 1 830 元,其中生产工人的福利费 840 元(A 产品生产工人 560 元,B 产品生产工人 280 元),车间管理人员的福利费 850 元,行政管理部门人员的福利费 140 元。

这项经济业务发生后,支付职工福利费时,一方面使得银行存款资产减少,另一方面使得应付职工薪酬这项负债减少,应记入"应付职工薪酬"账户的借方和"银行存款"账户的贷方。列支职工福利费时,一方面使得公司当期的费用成本增加,另一方面使得公司的应付职工薪酬增加。对于费用成本的增加应区分不同人员的福利费,分别在不同的账户中列支。其中 A 产品生产工人的福利费为 560 元,B 产品生产工人的福利费为 280 元,属于产品生产成本的增加,应记入"生产成本"账户的借方;车间管理人员的福利费为 850 元,属于生产产品所发生的间接费用的增加,应记入"制造费用"账户的借方;行政管理部门人员的福利费为 140 元,属期间费用的增加,应记入"管理费用"账户的借方;同时,应记入"应付职工薪酬"账户的贷方。编制会计分录如下。

(1) 支付职工福利费时。

借:应付职工薪酬——职工福利费　　　　　　1 830
　　贷:银行存款　　　　　　　　　　　　　　1 830

(2) 列支福利费时。

借:生产成本——A 产品　　　　　　　　　　　560
　　　　　　——B 产品　　　　　　　　　　　280
　　制造费用　　　　　　　　　　　　　　　　850
　　管理费用　　　　　　　　　　　　　　　　140
　　贷:应付职工薪酬——职工福利费　　　　　1 830

【例 3-46】 榕新公司车间领用丙材料 5 吨,单价 110 元,共计 550 元,用于一般耗费,会计部门根据仓库、车间转来的领料单审核无误,予以核算。

车间一般耗费的丙材料属于车间间接生产成本费用,反映本月制造费用的增加,应记入"制造费用"账户的借方;同时,领取材料使仓库材料资产的减少,反映库存材料的减少,应记入"原材料"账户的贷方。编制会计分录如下。

借：制造费用　　　　　　　　　　　　　　　　　　550
　　贷：原材料　　　　　　　　　　　　　　　　　　　　550

【例3-47】 本月发生车间办公费500元，用银行存款支付。

车间本月发生的办公费500元属车间间接生产成本费用，反映本月制造费用的增加，应记入"制造费用"账户的借方；同时，支付费用使银行存款减少500元，应记入"银行存款"账户的贷方。编制会计分录如下。

借：制造费用——办公费　　　　　　　　　　　　　500
　　贷：银行存款　　　　　　　　　　　　　　　　　　500

【例3-48】 本月车间固定资产计提折旧400元。

计提的车间固定资产折旧费属于间接生产费用，应反映本月制造费用的增加；同时，计提折旧说明固定资产价值发生了磨损，应反映固定资产价值的减少，记入"累计折旧"账户的贷方。编制会计分录如下。

借：制造费用　　　　　　　　　　　　　　　　　　400
　　贷：累计折旧　　　　　　　　　　　　　　　　　　400

在实际工作中，间接生产费用是在"制造费用"账户中进行归集的，间接生产费用的分配就是对制造费用的分配，其分配方法与原材料采购中间接采购费用的分配原理相似，其分配方法如下。

(1) 确定分配标准。在生产过程中发生的间接费用(即制造费用)一般采用生产工人工时或生产工人工资标准进行分配。企业在选择费用分配标准时必须慎重，而为了保证产品成本计算的可比性，间接费用分配标准一经确定，就不宜经常变动。

(2) 计算间接费用分配率。

制造费用分配率＝制造费用总额÷确定的分配标准总额

(3) 按产品计算对象分配间接费用。

某种产品应分配的制造费用＝某种产品的分配标准数×制造费用分配率

将制造费用分配到各产品对象上后，会计上应按照制造费用账户的借方本期发生净额，全部转入各成本计算对象(产品)的"生产成本"账户，以便确定本期成本计算对象的生产总成本。

【例3-49】 本月A产品生产工时为6 000小时，B产品生产工时为4 000小时，本月制造费用总额为4 800元。按生产工时标准计算A产品和B产品应负担的制造费用如下。

制造费用分配率＝制造费用总额÷生产工人工时总额＝4 800÷(6 000+4 000)=0.48
A产品应负担的制造费用＝6 000×0.48＝2 880(元)
B产品应负担的制造费用＝4000×0.48＝1 920(元)
编制会计分录如下。

借：生产成本——A产品　　　　　　　　　　　　2 880
　　　　　　——B产品　　　　　　　　　　　　1 920
　　贷：制造费用　　　　　　　　　　　　　　　　　4 800

【例3-50】 月终，上述A、B产品全部完工，验收入库。

该项经济业务的发生，使企业增加产品存货，应记入"库存商品"账户的借方；同时，生产完工，注销生产费用，应记入"生产成本"账户的贷方。编制会计分录如下。

借：库存商品——A产品 47 940
　　　　　　——B产品 15 450
　　贷：生产成本——A产品 47 940
　　　　　　　——B产品 15 450

四、销售过程业务的核算

销售过程是指企业按照协议或合同从发出库存商品到确认销售收入和收取款项及结转销售成本这个阶段，因此也称销售阶段。工业企业销售过程核算的主要内容是：销售商品，确认销售收入；与购货方进行货款结算，收回货币；确定销售中所发生的各种费用；计算结转已销商品的生产成本；计算并缴纳企业应负担的流转税等。

根据会计核算的配比原则，一个会计期间的收入与其相关的成本、费用，应当在同一会计期间内确认、计量、记录，以计算本期损益。

(一)账户设置

1. "主营业务收入"账户

1) 账户性质

该账户属于损益类账户。

2) 账户用途

该账户用来核算企业销售产品，包括销售产成品、自制半成品、工业性劳务等所实现的收入。

3) 账户结构

该账户的借方登记本期的销售退回、销售折让冲减的主营业务收入和各月末结转到"本年利润"的主营业务收入净额；贷方登记本期实现的主营业务收入；月末结转后，该账户无余额。

4) 明细账

该账户应按照产品类别(或劳务类别)设置明细分类账户，进行明细分类核算。

"主营业务收入"账户的结构如图 3-50 所示。

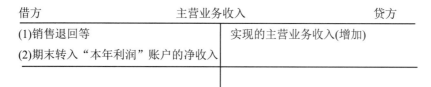

图 3-50 "主营业务收入"账户的结构

5) "主营业务收入"账户的主要对应关系

(1) 结转本期收入业务。

借：主营业务收入
　　贷：本年利润

(2) 确认本期收入业务。

借：银行存款

　　贷：主营业务收入

　　　　应交税费——应交增值税(销项税额)

2. "其他业务收入"账户

1) 账户性质

该账户属于损益类账户。

2) 账户用途

该账户用来核算企业从事主营业务以外的其他业务或附营业务所发生的收入，如零星调剂让售材料、出租固定资产和包装物、转让技术使用权、提供运输等非工业性劳务作业等所取得的收入等。

3) 账户结构

该账户借方登记其他业务收入的减少；贷方登记本期实现的其他业务收入；月末结转后该账户无余额。

4) 明细账

该账户应按照收入取得来源的不同进行明细分类核算。

"其他业务收入"账户的结构如图 3-51 所示。

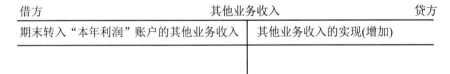

图 3-51　"其他业务收入"账户的结构

5) "其他业务收入"账户的主要对应关系

(1) 结转至本年利润业务。

借：其他业务收入

　　贷：本年利润

(2) 取得出租资产收入业务。

借：银行存款

　　贷：其他业务收入

3. "应收账款"账户

1) 账户性质

该账户属于资产类账户。

2) 账户用途

该账户用来核算企业因销售产品、材料、提供劳务等业务应向购货单位或接受劳务单位收取的款项，包括销售货款、应收的增值税额及代垫费用等。

3) 账户结构

该账户借方登记企业由于赊销产品而发生的应收款项；贷方登记已收回或转销的应收

账款；期末余额在借方，表示尚未收回的应收账款余额。

4) 明细账

该账户应按照不同的购货单位设置明细账户，进行明细分类核算。

"应收账款"账户的结构如图 3-52 所示。

借方 应收账款	贷方
发生的应收账款(增加)	收回的应收账款(减少)
期末余额：应收未收款	期末余额：预收款

图 3-52 "应收账款"账户的结构

5) "应收账款"账户的主要对应关系

(1) 销售尚未收款业务。

借：应收账款

　　贷：主营业务收入

　　　　应交税费——应交增值税

(2) 收回应收款项业务。

借：银行存款

　　贷：应收账款

4. "预收账款"账户

1) 账户性质

该账户属于负债类账户。

2) 账户用途

该账户用来核算企业在日常活动中因销售商品或提供劳务等按照合同或协议规定，向购货单位或接受劳务单位预先收取的款项及其结算情况。

3) 账户结构

该账户的借方登记销售实现时，实现的收入和应缴的增值税销项税额，以及企业退回的购货单位多付的款项；贷方登记企业根据合同向购货单位预收的款项，以及购货单位补付的款项；期末若为贷方余额，反映企业向购货单位预收的款项，期末若为借方余额，则反映企业应由购货单位补付的款项。

4) 明细账

该账户应按照不同的购货单位设置明细账户，进行明细分类核算。

"预收账款"账户的结构如图 3-53 所示。

借方 预收账款	贷方
预收货款的减少	预收货款的增加
期末余额：购货单位应补付的款项	期末余额：预收款的结余

图 3-53 "预收账款"账户的结构

注意：对于预收账款业务不多的企业，可以不单独设置"预收账款"账户，而将预收的款项直接记入"应收账款"账户，此时，"应收账款"账户就成为双重性质的账户。

5) "预收账款"账户的主要对应关系

(1) 预收账款结算业务。

借：预收账款
　　贷：主营业务收入
　　　　应交税费——应交增值税(销项税额)

(2) 取得预收账款业务。

借：银行存款
　　贷：预收账款

5. "应收票据"账户

1) 账户性质

该账户属于资产类账户。

2) 账户用途

该账户用来核算企业因销售产品、提供劳务等而收到的商业汇票，包括银行承兑汇票和商业承兑汇票。

3) 账户结构

该账户的借方登记企业收到已开出、承兑的商业汇票的面值，以及带息应收票据在期末应计提的利息；贷方登记企业到期收回的应收票据和企业向银行办理贴现的应收票据的面值及计提的利息，以及因到期未收回应收票据而转入"应收账款"账户的面值及计提的利息；期末余额在借方，反映企业持有的商业汇票的票面价值和应计利息。

4) 明细账

该账户应按照不同的购货单位设置明细账户，进行明细分类核算。

"应收票据"账户的结构如图 3-54 所示。

借方	应收票据	贷方
本期收到的商业汇票的增加		到期(或提前贴现) 票据应收款的减少
期末余额：尚未收回的票据应收款		

图 3-54　"应收票据"账户的结构

5) "应收票据"账户的主要对应关系

(1) 销售收到票据业务。

借：应收票据
　　贷：主营业务收入
　　　　应交税费——应交增值税(销项税额)

(2) 到期收取款项业务。

借：银行存款

贷：应收票据

6. "主营业务成本"账户

1) 账户性质

该账户属于损益类账户。

2) 账户用途

该账户用来核算企业因销售商品、提供劳务等日常活动而发生的实际成本。

3) 账户结构

该账户的借方登记已销售商品的成本；贷方登记本期发生的销售退回商品等成本和期末转入"本年利润"账户的当期销售商品成本；期末结账后无余额。

4) 明细账

该账户应按照主营业务的种类设置明细账，进行明细分类核算。

"主营业务成本"账户的结构如图 3-55 所示。

借方	主营业务成本	贷方
发生的主营业务成本	期末转入"本年利润"账户的主营业务成本	

图 3-55　"主营业务成本"账户的结构

5) "主营业务成本"账户的主要对应关系

(1) 结转已销产品的实际成本。

借：主营业务成本
　　贷：库存商品

(2) 结转本期主营业务成本。

借：本年利润
　　贷：主营业务成本

7. "税金及附加"账户

1) 账户性质

该账户属于损益类账户。

2) 账户用途

该账户用来核算企业经营活动应负担的税金及附加，包括消费税、城市维护建设税、资源税和教育费附加等。

3) 账户结构

该账户借方登记企业按照规定计算应负担的税金及附加；贷方登记减免退回的税金；期末结账后无余额。

4) 明细账

该账户应按税金类设置明细账，进行明细分类核算。

"税金及附加"账户的结构如图 3-56 所示。

借方	税金及附加	贷方
按照计税依据计算出的消费税、城建税等		期末转入"本年利润"账户的税金及附加额

图 3-56 "税金及附加"账户的结构

5) "税金及附加"账户的主要对应关系
(1) 确定应纳税费业务。
借：税金及附加
　　贷：应交税费
(2) 结转税金及附加业务。
借：本年利润
　　贷：税金及附加

8. "其他业务成本"账户

1) 账户性质

该账户属于损益类账户。

2) 账户用途

该账户用来核算企业除主营业务成本以外的其他销售或其他业务所发生的支出，包括销售材料、提供劳务等而发生的相关成本、费用等。

3) 账户结构

该账户借方登记企业发生的其他业务成本；贷方登记其他业务成本转入"本年利润"账户的数额；期末结账后本账户无余额。

4) 明细账

该账户应按其他业务的种类设置明细账，进行明细分类核算。

"其他业务成本"账户的结构如图 3-57 所示。

借方	其他业务成本	贷方
其他业务成本的发生(增加)		期末转入"本年利润"账户的其他业务成本

图 3-57 "其他业务成本"账户的结构

5) "其他业务成本"账户的主要对应关系
(1) 结转已销材料成本业务。
借：其他业务成本
　　贷：原材料
(2) 结转其他业务成本至本年利润业务。
借：本年利润
　　贷：其他业务成本

9. "销售费用"账户

1) 账户性质

该账户属于损益类账户。

2) 账户用途

该账户用来核算企业在销售商品过程中发生的费用,包括运输费、装卸费、包装费、保险费、展览费、广告费,以及为销售本企业商品而专设的销售机构的职工工资及福利费、业务费等经营费用。

3) 账户结构

该账户的借方登记企业在销售商品过程中发生的各项销售费用;贷方登记期末转入"本年利润"账户的销售费用数额;结转后本账户无余额。

4) 明细账

该账户应按费用项目设置明细账,进行明细分类核算。

"销售费用"账户的结构如图3-58所示。

图3-58 "销售费用"账户的结构

5) "销售费用"账户的主要对应关系

(1) 发生销售费用。

借:销售费用

　　贷:银行存款("库存现金""应付职工薪酬"等账户)

(2) 结转本期销售费用。

借:本年利润

　　贷:销售费用

10. "应交税费"账户

1) 账户性质

该账户属于负债类账户。

2) 账户用途

该账户用来核算企业在经营销售过程中发生的税费,包括消费税、城建税等。

3) 账户结构

该账户的借方登记缴纳的各项税费;贷方登记发生的各项税费;期末贷方余额表示应缴未缴的各项税费。

4) 明细账

该账户应根据不同税种设置明细账,进行明细分类核算。

"应交税费"账户的结构如图3-59所示。

借方	应交税费	贷方
缴纳的各项税费	发生的各项缴费	
	期末余额：表示应交未交的各项税费	

图 3-59 "应交税费"账户的结构

5) "应交税费"账户的主要对应关系

(1) 计算应交纳消费税、教育费附加业务。

借：税金及附加
　　贷：应交税费——应交消费税
　　　　　　　　——应交教育费附加

(2) 上缴税金业务。

借：应交税费
　　贷：银行存款

(二)账务处理

【例 3-51】 榕新公司 12 月 8 日出售 A 产品给欣荣公司 300 件，每件售价 700 元，开出增值税专用发票，增值税税率 13%，货款及增值税税额已收到，存入银行。

这项经济业务的发生，一方面使企业银行存款增加 237 300 元(其中，产品销售收入 210 000 元，应交增值税销项税额 27 300 元)，应记入"银行存款"账户的借方；另一方面企业增加了产品销售收入 210 000 元，应记入"主营业务收入"账户的贷方。应交税费——应交增值税(销项税额)27 300 元，应记入"应交税费——应交增值税(销项税额)"账户的贷方。编制会计分录如下。

借：银行存款　　　　　　　　　　　　　　　　　237 300
　　贷：主营业务收入——A 产品　　　　　　　　　　　210 000
　　　　应交税费——应交增值税(销项税额)　　　　　　27 300

【例 3-52】 榕新公司 12 月 10 日出售 B 产品 200 件给宏达公司，每件售价 1 000 元，共计 200 000 元，开出增值税专用发票，增值税税率 13%，计 26 000 元，货已发出，用支票支付代垫运杂费 1 000 元，已办妥托收手续，货款尚未收到。

这项经济业务的发生，一方面由于货款未收到，使应收账款增加 227 000 元(其中，产品销售收入 200 000 元，应交增值税销项税额 26 000 元，应收代垫运费 1 000 元)，应记入"应收账款"账户的借方；另一方面企业增加了产品销售收入 200 000 元，应记入"主营业务收入"账户的贷方。应交税费——应交增值税(销项税额)26 000 元，应记入"应交税费——应交增值税(销项税额)账户的贷方；支付代垫运费 1 000 元，应记入"银行存款"账户的贷方。编制会计分录如下。

借：应收账款——宏达公司　　　　　　　　　　　227 000
　　贷：主营业务收入——B 产品　　　　　　　　　　　200 000
　　　　应交税费——应交增值税(销项税额)　　　　　　26 000
　　　　银行存款　　　　　　　　　　　　　　　　　　 1 000

【例3-53】 榕新公司销售材料一批,共500千克,单价20元,增值税税额1 300元,款已收。

这项经济业务的发生,一方面由于公司销售材料获得收入,应记入"其他业务收入"账户的贷方,同时由于销售材料而发生的增值税销项税额,应记入"应交税费"账户的贷方;另一方面货款已收到,应记入"银行存款"账户的借方。编制会计分录如下。

借:银行存款　　　　　　　　　　　　　　11 300
　　贷:其他业务收入　　　　　　　　　　　　10 000
　　　　应交税费——应交增值税(销项税额)　　1 300

【例3-54】 榕新公司汇总本月已销售A产品300件,单位成本为400元;销售B产品200件,单位成本700元。月末结转已销售商品成本。

这项经济业务的发生,一方面使主营业务成本增加,应记入"主营业务成本"借方;另一方面使库存商品减少,应记入"库存商品"贷方。编制会计分录如下。

借:主营业务成本——A产品　　　　　　　120 000
　　　　　　　　——B产品　　　　　　　140 000
　　贷:库存商品——A产品　　　　　　　　120 000
　　　　　　　——B产品　　　　　　　　140 000

【例3-55】 榕新公司月末计算应缴纳消费税20 000元,教育费附加5 000元。

这项经济业务的发生,一方面使公司税金及附加增加,应记入"税金及附加"账户的借方;另一方面使公司的应交税费也增加,应记入"应交税费"账户的贷方。编制会计分录如下。

借:税金及附加　　　　　　　　　　　　　25 000
　　贷:应交税费——应交消费税　　　　　　20 000
　　　　　　　——应交教育费附加　　　　　5 000

【例3-56】 榕新公司本月应付销售人员工资5 700元。

这项经济业务的发生,一方面使公司的销售费用增加5 700元,应记入"销售费用"账户的借方;另一方面使公司的应付职工薪酬增加,应记入"应付职工薪酬"账户的贷方。编制会计分录如下。

借:销售费用　　　　　　　　　　　　　　5 700
　　贷:应付职工薪酬　　　　　　　　　　　5 700

【例3-57】 榕新公司以存款支付应由本单位负担的销售产品运输费2 300元。

这项经济业务的发生,一方面使公司销售费用增加,应记入"销售费用"账户的借方;另一方面使银行存款减少,应记入"银行存款"账户的贷方。编制会计分录如下。

借:销售费用　　　　　　　　　　　　　　2 300
　　贷:银行存款　　　　　　　　　　　　　2 300

【例3-58】 月末,结转已售材料成本9 000元,消费税500元。

这项经济业务的发生,一方面使公司其他业务成本增加9 000元,税金及附加增加500元,应记入"其他业务成本""税金及附加"账户的借方;另一方面使公司库存材料减少9 000元,应交税费增加500元,应记入"原材料""应交税费"账户的贷方。编制会计分录如下。

借：其他业务成本　　　　　　　　　　　　　9 000
　　贷：原材料　　　　　　　　　　　　　　　　　　9 000
借：税金及附加　　　　　　　　　　　　　　　500
　　贷：应交税费——应交消费税　　　　　　　　　　500

五、财务成果业务的核算

财务成果是指企业在一定时期内进行生产经营活动最终在财务上所实现的结果，即利润总额或净利润，是将一定期间的各项收入与各项费用支出相抵后形成的最终经营成果。当收入大于费用时为盈利，当费用大于收入时为亏损。净利润是指企业一定期间的利润总额扣除所得税后的财务成果。

利润总额是由营业利润、营业外收支净额两部分组成的。按其构成的不同层次可以分解为以下各项指标。

利润总额=营业利润+营业外收入-营业外支出

其中：营业利润=营业收入-营业成本-税金及附加-销售费用-管理费用-研发费用-财务费用+其他收益+投资收益+净敞口套期收益(-净敞口套期损失)+公允价值变动收益(-公允价值变动损失)-信用减值损失-资产减值损失+资产处置收益(-资产处置损失)

净利润=利润总额-所得税费用

营业收入=主营业务收入+其他业务收入

营业成本=主营业务成本+其他业务成本

投资收益=投资收入-投资损失

企业实现的利润，首先应按规定的税率计算并缴纳企业所得税。利润总额扣除所得税后为净利润或税后利润。税后利润留归投资者，按照有关法律或公司章程的规定进行分配。其分配程序一般为：弥补以前年度亏损，提取法定盈余公积和任意盈余公积，向投资者分配利润等。因此，确定企业利润的形成和对利润的分配就构成了企业财务成果核算的主要内容。

企业当期实现的净利润，并不是全部分配给投资者，因为企业要考虑今后生产发展的需要和有可能遇到的风险。因此，企业应将实现的净利润按照国家规定进行合理分配。企业可供分配利润(指企业当期实现的净利润，加上年初未分配利润或减去年初未弥补亏损等的余额)，按下列顺序分配。

(1) 按当期实现净利润的10%计提法定盈余公积。
(2) 按规定根据净利润的一定比例提取任意盈余公积。
(3) 向投资者分配利润。

(一)账户设置

1. "本年利润"账户

1) 账户性质

该账户属于所有者权益账户。

2) 账户用途

该账户用来核算在年度内实现的净利润(或发生的净亏损)。

3) 账户结构

该账户的借方登记期末从各费用类账户转入的本期各项费用；贷方登记期末从各收入类账户转入的本期各项收入。将收入与费用相抵后，如果收入大于费用即为贷方余额，表示本期实现的净利润；如果费用大于收入即为借方余额，表示本期实现的净亏损。年终结转后该账户无余额。

"本年利润"账户的结构如图 3-60 所示。

借方	本年利润	贷方
期末转入的各项支出：		期末转入的各项收入：
(1)主营业务成本		(1)主营业务收入
(2)税金及附加		(2)其他业务收入
(3)其他业务成本		(3)营业外收入
(4)管理费用		(4)投资净收益
(5)财务费用		
(6)销售费用		
(7)投资净损失		
(8)营业外支出		
(9)所得税费用		
期末余额：累计亏损		期末余额：累计净利润

图 3-60 "本年利润"账户的结构

4) "本年利润"账户的主要对应关系

(1) 会计期末(月末或年末)结转各项支出。

借：本年利润
  贷：主营业务成本
    税金及附加
    其他业务成本
    管理费用
    财务费用
    销售费用
    营业外支出
    所得税费用等

(2) 会计期末(月末或年末)结转各项收入。

借：主营业务收入
  其他业务收入
  营业外收入
  投资收益

贷：本年利润

2. "营业外收入"账户

1) 账户性质

该账户属于损益类账户。

2) 账户用途

该账户用来核算企业发生的与其生产经营活动无直接关系的各项收入，如现金盘盈、罚没净收入等。

3) 账户结构

当企业发生各项营业外收入时，贷记本账户；当企业期末转入利润时，借记本账户；结转后本账户无余额。

4) 明细账

该账户可以按收入项目设置明细分类账，进行明细分类核算。

"营业外收入"账户的结构如图 3-61 所示。

借方	营业外收入	贷方
期末转入"本年利润"账户的营业外收入		实现的营业外收入(增加)

图 3-61　"营业外收入"账户的结构

5) "营业外收入"账户的主要对应关系

(1) 将营业外收入转入本年利润业务。

借：营业外收入

   贷：本年利润

(2) 取得营业外收入业务。

借：银行存款

   贷：营业外收入

3. "营业外支出"账户

1) 账户性质

该账户属于损益类账户。

2) 账户用途

该账户用来核算企业发生的与其生产经营活动无直接关系的各项支出，如固定资产盘亏、对外捐赠支出、罚款支出、非常损失等。

3) 账户结构

当企业发生各项营业外支出时，借记本账户；当企业期末转入利润时，贷记本账户；结转后本账户无余额。

4) 明细账

该账户可以按支出项目设置明细分类账，进行明细分类核算。

"营业外支出"账户的结构如图 3-62 所示。

图 3-62 "营业外支出"账户的结构

5) "营业外支出"账户的主要对应关系
(1) 发生营业外支出业务。
借：营业外支出
　　贷：银行存款
2) 结转营业外支出至本年利润业务。
借：本年利润
　　贷：营业外支出

4. "所得税费用"账户

1) 账户性质
该账户属于损益类账户。
2) 账户用途
该账户用来核算企业按规定从本期损益中减去的所得税费用。
3) 账户结构
该账户借方登记本期应计入损益的应交所得税；贷方登记企业于期末转入"本年利润"账户借方的金额；期末结转后无余额。
"所得税费用"账户的结构如图 3-63 所示。

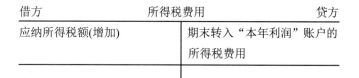

图 3-63 "所得税费用"账户的结构

4) "所得税费用"账户的主要对应关系
(1) 确认应交所得税业务。
借：所得税费用
　　贷：应交税费——应交所得税
(2) 将所得税费用转入本年利润业务。
借：本年利润
　　贷：所得税费用

5. "利润分配"账户

1) 账户性质
该账户属于所有者权益类账户。

2) 账户用途

该账户用来核算企业利润的分配(或亏损的弥补)和历年分配(或弥补)后的积存余额。

3) 账户结构

该账户的借方登记按规定实际分配的利润数或年终时从"本年利润"账户的贷方转来的全年亏损数；贷方登记年终时从"本年利润"账户的借方转来的全年实现的净利润总额和用盈余公积弥补以前年度亏损数。本账户年末余额，若在贷方，则反映为企业历年积存的未分配的利润；若在借方，则反映为企业历年积存的未弥补的亏损。

4) 明细账

该账户应按"未分配利润""提取法定盈余公积""提取任意盈余公积""应付现金股利"设置明细分类账，进行明细分类核算。

"利润分配"账户的结构如图3-64所示。

借方　　　　　　利润分配　　　　　　贷方
已分配的利润额：　　　　　　(1)盈余公积转入
(1)提取法定盈余公积　　　　(2)年末从"本年利润"
(2)提取任意盈余公积　　　　　　账户转入的全年净利润
(3)应付现金股利
年末转入的亏损
各期余额：已分配利润额　　　期末余额：未分配利润
年末余额：未弥补亏损额

图 3-64 "利润分配"账户的结构

5) "利润分配"账户的主要对应关系

(1) 企业按规定提取法定盈余公积时，应按提取金额。

借：利润分配——提取法定盈余公积
　　贷：盈余公积——法定盈余公积

(2) 企业根据利润分配方案向投资者分配股利或利润时，应按实际分配的现金股利或利润金额。

借：利润分配——应付现金股利
　　贷：应付股利

(3) 年度终了，结转净利润时，按实际的净利润额。

借：本年利润
　　贷：利润分配——未分配利润

(4) 年度终了，结转亏损时，按实际产生的亏损额。

借：利润分配——未分配利润
　　贷：本年利润

年末，企业还须将"利润分配"账户的其他明细账户的余额转入"利润分配——未分配利润"账户。

借：利润分配——未分配利润

贷：利润分配——提取法定盈余公积
　　　　　——应付现金股利等

6．"盈余公积"账户

1) 账户性质

该账户属于所有者权益类账户。

2) 账户用途

该账户用来核算企业从净利润中提取的盈余公积。

3) 账户结构

该账户的借方登记盈余公积的支出数，包括弥补亏损、转增资本、分配股利等；贷方登记提取盈余公积数；期末贷方余额反映企业提取的盈余公积余额。

4) 明细账

该账户应按"法定盈余公积""任意盈余公积"等设置明细账户，进行明细分类核算。"盈余公积"账户的结构如图 3-65 所示。

借方	盈余公积	贷方
实际使用的盈余公积金(减少)	年末提取的盈余公积金(增加)	
	期末余额：结余的盈余公积金	

图 3-65　"盈余公积"账户的结构

5) "盈余公积"账户的主要对应关系

(1) 用盈余公积转增资本业务。

借：盈余公积
　　贷：实收资本

(2) 提取盈余公积业务。

借：利润分配——提取法定盈余公积
　　贷：盈余公积——法定盈余公积

7．"应付股利"账户

1) 账户性质

该账户属于负债类账户。

2) 账户用途

该账户用于核算企业确定应分配给投资者的利润或现金股利。企业分配股票股利，不通过本账户核算。

3) 账户结构

该账户的借方登记实际支付的利润；贷方登记企业确定应付给投资者的利润；期末余额在贷方，反映企业尚未支付的利润。

"应付股利"账户的结构如图 3-66 所示。

借方	应付股利	贷方
实际支付的利润或股利	应付未付的利润或股利	
	期末余额：尚未支付的利润或股利	

图 3-66 "应付股利"账户的结构

4) "应付股利"账户的主要对应关系

(1) 实际支付应付股利业务。

借：应付股利
　　贷：银行存款

(2) 分配应付股利业务。

借：利润分配——应付现金股利
　　贷：应付股利

(二)账务处理

【例 3-59】 由于对方单位违约，收取违约金 6 000 元。

这项经济业务的发生，一方面使企业增加 6 000 元的营业外收入，应记入"营业外收入"账户的贷方；另一方面增加 6 000 元银行存款，应记入"银行存款"账户的借方。编制会计分录如下。

借：银行存款　　　　　　　　　　　6 000
　　贷：营业外收入　　　　　　　　　　　　6 000

【例 3-60】 公司以银行存款向慈善机构捐赠 7 000 元。

这项经济业务的发生，一方面使企业营业外支出增加 7 000 元，应记入"营业外支出"账户的借方；另一方面使企业银行存款减少 7 000 元，应记入"银行存款"账户的贷方。编制会计分录如下。

借：营业外支出　　　　　　　　　　7 000
　　贷：银行存款　　　　　　　　　　　　　7 000

【例 3-61】 榕新公司月末将本期各项收入结转到本年利润。

根据以上的业务核算内容，涉及企业收入的有关账户及余额如下："主营业务收入"贷方余额 410 000 元，"其他业务收入"贷方余额 10 000 元，"营业外收入"贷方余额 6 000 元。

这项经济业务的发生，一方面由于收入发生都是在账户的贷方登记，当期末结转时，应从相反方向即借方结转，应借记各收入账户；另一方面，当收入结转到本年利润时，应贷记"本年利润"账户。编制会计分录如下。

借：主营业务收入　　　　　　　　410 000
　　其他业务收入　　　　　　　　 10 000
　　营业外收入　　　　　　　　　　6 000
　　贷：本年利润　　　　　　　　　　　　426 000

【例 3-62】 榕新公司月末将本期各项成本费用结转到本年利润。

根据以上的业务核算内容,涉及成本费用的有关账户及余额如下:"主营业务成本"借方余额 260 000 元,"税金及附加"借方余额 25 500 元,"其他业务成本"借方余额 9 000 元,"营业外支出"借方余额 7 000 元,"管理费用"借方余额 1 140 元,"销售费用"借方余额 8 000 元,"财务费用"借方余额 500 元。

这项经济业务的发生,一方面由于费用成本等的发生都在其账户的借方登记,当结转这些费用账户时,应从相反方向即贷方结转,应贷记各费用账户;另一方面,当成本费用结转到本年利润时,应借记"本年利润"账户。编制会计分录如下。

借:本年利润　　　　　　　　　　　311 140
　　贷:主营业务成本　　　　　　　　　260 000
　　　　税金及附加　　　　　　　　　　25 500
　　　　其他业务成本　　　　　　　　　9 000
　　　　营业外支出　　　　　　　　　　7 000
　　　　管理费用　　　　　　　　　　　1 140
　　　　销售费用　　　　　　　　　　　8 000
　　　　财务费用　　　　　　　　　　　500

比较"本年利润"账户借方发生额与贷方发生额,即可得出本期的利润总额。

本例中,榕新公司 12 月份的利润总额 = 426 000 − 311 140 = 114 860(元)。

【例 3-63】 假设税法所得的应纳税所得额与会计利润总额是一致的,期末按 25% 的税率计算本期所得税费用,即:企业应交的所得税 = 114 860 × 25% = 28 715(元)。

这项经济业务的发生,一方面使企业所得税费用增加了 28 715 元,应记入"所得税费用"账户的借方;另一方面使企业应交税费增加了 28 715 元,应记入"应交税费——应交所得税"账户的贷方。编制会计分录如下。

借:所得税费用　　　　　　　　　　28 715
　　贷:应交税费——应交所得税　　　　28 715

【例 3-64】 将上述所得税费用结转到本年利润。

这项经济业务的发生,由于企业所得税费用的增加使本年利润减少了 28 715 元,应形成对本年利润的冲减。编制会计分录如下。

借:本年利润　　　　　　　　　　　28 715
　　贷:所得税费用　　　　　　　　　　28 715

净利润 = 114 860 − 28 715 = 86 145(元)

【例 3-65】 结转本期实现的净利润。

这项经济业务的发生,一方面将实现的净利润 86 145 元转出,应记入"本年利润"账户的借方;另一方面转入本期的净利润用于分配,应记入"利润分配——未分配利润"账户的贷方。编制会计分录如下。

借:本年利润　　　　　　　　　　　86 145
　　贷:利润分配——未分配利润　　　　86 145

【例 3-66】 榕新公司按净利润的 10%提取法定盈余公积。

这项经济业务的发生,一方面使公司利润分配数增加,导致所有者权益减少,应记入"利润分配"账户的借方;另一方面使公司盈余公积增加,应记入"盈余公积"账户的贷方。编制会计分录如下。

借:利润分配——提取法定盈余公积　　　　　8 614.5
　　贷:盈余公积——法定盈余公积　　　　　　　8 614.5

【例 3-67】 宣告发放现金股利 6 000 元。

这项经济业务的发生,一方面企业向投资者分配利润,使利润减少了 6 000 元,应记入"利润分配——应付现金股利"账户的借方;另一方面使企业应付给投资者的利润增加了 6 000 元,应记入"应付股利"账户的贷方。编制会计分录如下。

借:利润分配——应付现金股利　　　　　　　6 000
　　贷:应付股利　　　　　　　　　　　　　　　6 000

【例 3-68】 年终,应将"利润分配"账户的有关明细账户结转到"利润分配——未分配利润"账户中。

这项经济业务是"利润分配"账户的有关明细账户之间的结转。应将"利润分配"账户所属有关明细分类账的借方余额合计(其中,提取法定盈余公积 8 614.5 元,应付现金股利 6 000 元)结转到"利润分配——未分配利润"明细分类账户的借方。

借:利润分配——未分配利润　　　　　　　　14 614.5
　　贷:利润分配——提取法定盈余公积　　　　　8 614.5
　　　　　　　　——应付现金股利　　　　　　　6 000

年终,企业未分配利润=86 145－14 614.5=71 530.50(元)。

案例解析

案例一:

案例一的相关分析如表 3-27 所示。

表 3-27 太平洋百货经济业务及变动类型

	经济业务内容	会计等式变动结果	变动类型
1	收回应收货款 1 200 元	32 000=4 200+27 800	资产内部一增一减
2	以银行存款购入存货 2 000 元	32 000=4 200+27 800	资产内部一增一减
3	投资者以固定资产 3 000 元投资	35 000=4 200+30 800	资产、所有者权益同增
4	购入存货 1 000 元,货款暂欠	36 000=5 200+30 800	资产、负债同增
5	以银行存款 3 000 元还欠款	33 000=2 200+30 800	资产、负债同减
6	投资者以银行存款、存货投资	36 000=2 200+33 800	资产、所有者权益同增

案例二:

试算平衡只能说明账户记录基本正确,但不是绝对正确,因为重记、漏记等都不会破坏平衡关系。

案例三：

1. 理解错误。因为会计科目不正确。
2. 会计记录更正如下。

　(1) 借：库存商品　　　　　800
　　　　贷：应付账款　　　　　　800
　(2) 不做账，因为经济业务尚未发生。
　(3) 借：库存现金　　　　　1 000
　　　　贷：主营业务收入　　　1 000
　(4) 借：财务费用　　　　　200
　　　　贷：库存现金　　　　　　200
　(5) 借：固定资产　　　　10 000
　　　　贷：应付账款　　　　　10 000

案例四：

这笔业务小张处理得不妥，因为产品尚在生产过程中，不能做销售，不能增加主营业务收入，该业务应编制会计分录如下。

　借：银行存款　　　　　400 000
　　　贷：预收账款　　　　　　400 000

案例五：

"制造费用"账户是成本类账户，制造费用构成产品成本；"管理费用"账户是损益类账户，冲减当期损益。

项 目 小 结

　　学习本项目应明确会计要素的内容，经济业务变化对会计等式的影响，会计科目的意义和分类，账户的结构和分类；熟练掌握本课程所设置的会计科目和账户，以及会计科目按其反映的经济内容和提供核算指标详细程度的分类；熟练掌握账户的结构，掌握账户按其经济内容的分类以及按其用途和结构的分类。

　　熟练掌握借贷记账法。借贷记账法是以"借""贷"为记账符号的一种复式记账方法。其特点主要体现在记账符号、账户结构、记账规则和试算平衡方面。"借""贷"二字作为记账符号，所表示的增加、减少含义并不确定，而是取决于账户的经济性质。账户的基本结构分为借方(左)和贷方(右)，账户的期初、期末余额一般应与增加额记入同一方向。不同性质的账户，何方记增、何方记减、余额在何方，即其结构是有区别的。记账规则通常概括为"有借必有贷，借贷必相等"。试算平衡就是根据会计恒等式和记账规则来检查日常账户记录是否正确、完整的一种验证方法。试算平衡有两种方式：余额试算平衡和发生额试算平衡。记账凭证是由会计人员在对审核无误的原始凭证或原始凭证汇总表进行归类整理后，用于确定会计分录，作为登记账簿需要而填制的会计凭证。记账凭证按其适用内容不同分为专用记账凭证和通用记账凭证。其中,专用记账凭证又分为收款凭证、付款凭证和转账凭证三种。此外,记账凭证还可按其填制方法和是否汇总来分类。记账凭证必须具备一些基本内容,填制必须符合有关规定和要求。会计人员必须对记账凭证的准确性和完整性进行审核。只有审核无误的记账凭证才可以作为登记账簿的依据。记账凭证的传递一定要保证及时性,防止凭证积压。本项目还介绍了企业主要经济业务的全部核算,包括企业的筹资业务、生产准备业务、生产业务、销售业务和财务成果核算业务等企业的最一般、最常规的业务。

项目强化训练

项目强化训练一

(与"任务一 会计要素和会计等式"配套训练)

一、单项选择题

1. 以下各项中属于资产的有( )。
   A. 短期借款 B. 存货 C. 实收资本 D. 应付利润
2. 对会计对象的进一步划分称为( )。
   A. 会计科目 B. 会计账户 C. 会计要素 D. 会计方法
3. 企业所拥有的资产从财产权利的归属来看,一部分属于投资者,另一部分属于( )。
   A. 债权人 B. 企业职工 C. 债务人 D. 企业法人
4. 一个企业的资产总额与权益总额( )。
   A. 一定相等   B. 有时相等
   C. 不会相等   D. 只有在期末时相等
5. 企业所拥有的资产,总有其提供者,即来源渠道。资产的提供者对企业资产所享有的经济利益,会计上称之为( )。
   A. 所有者权益   B. 权益
   C. 投资人权益   D. 债权人权益
6. 一项资产增加、一项负债增加的经济业务发生后,会使资产与权益原来的总额( )。
   A. 发生同减的变动 B. 发生同增的变动
   C. 不会变动   D. 发生不等额的变动
7. 某公司购入机器一台,共计90 000元,机器已投入使用,货款尚未支付。这项业务的发生意味着( )。
   A. 资产增加90 000元,负债减少90 000元
   B. 资产增加90 000元,负债增加90 000元
   C. 资产减少90 000元,负债减少90 000元
   D. 资产减少90 000元,负债增加90 000元
8. 企业4月末负债总额200万元,5月份赊购材料10万元,收回外单位欠款20万元,用存款偿还银行借款10万元,则5月末企业的负债总额为( )万元。

A. 200　　　　　B. 180　　　　　C. 190　　　　　D. 210

9. 企业收入的发生往往会引起(　　)。
   A. 负债增加　　B. 资产增加　　C. 资产减少　　D. 所有者权益减少

10. 如果某项经济业务的发生仅涉及资产这一会计要素中的两个项目,则它们的变化一定是(　　)。
    A. 同增变动　　B. 同减变动　　C. 不变动　　D. 一增一减变动

11. 下列各项经济业务发生后,引起资产和权益同时减少的业务是(　　)。
    A. 用银行存款偿还应付账款
    B. 从银行借款直接偿还应付账款
    C. 购买材料,货款暂未支付
    D. 工资计入产品成本,但暂未支付

12. 下列项目中,引起资产和负债同时增加的经济业务是(　　)。
    A. 以银行存款购买材料
    B. 从银行借款存入银行存款账户
    C. 以无形资产向外单位投资
    D. 以银行存款偿还应付账款

13. 下列各项经济业务中,引起资产和负债同时减少的经济业务是(　　)。
    A. 从银行提取现金10万元
    B. 购入原材料10吨,货款暂欠
    C. 收到投资者交来的出资款10万元,存入银行
    D. 以银行存款偿付前欠甲公司货款2万元

14. 企业库存有某商品10 000件,每件成本30元,当月销售该商品6 000件,每件销售价格70元,另本月为销售发生广告费500 000元。按配比原则,与该销售配比的销售成本是(　　)元。
    A. 500 000　　B. 300 000　　C. 180 000　　D. 680 000

15. 企业本月份发生如下费用:销售费用30 000元,税金及附加10 000元,管理费用50 000元,财务费用2 000元,主营业务成本40 000元,则本月期间费用是(　　)元。
    A. 132 000　　B. 92 000　　C. 82 000　　D. 90 000

二、多项选择题

1. 下列会计等式中正确的有(　　)。
   A. 资产=权益
   B. 资产=负债+所有者权益
   C. 收入-费用=利润
   D. 资产=负债+所有者权益+(收入-费用)
   E. 资产+负债-费用=所有者权益+收入

2. 下列各项经济业务中,会引起会计等式左右两边会计要素变动的有(　　)。
   A. 以银行存款偿还银行借款
   B. 收到某单位前欠货款20 000元,存入银行
   C. 收到某单位投来机器一台,价值80万元
   D. 以银行存款偿还前欠货款10万元
   E. 购买材料,货款8 000元,以银行存款支付

3. 属于只引起会计等式左边会计要素变动的经济业务有(　　)。
   A. 收到投资者投入设备一台,价值80万元
   B. 购买材料800元,货款暂欠

C. 从银行提取现金 500 元

D. 购买机器一台，以存款支付 10 万元货款

E. 接受国家投资 200 万元

4. 所有者权益与负债都属于企业权益总额的一部分，但它们有着本质的不同，体现在（   ）。

  A. 两者偿还期不同   B. 两者性质不同

  C. 两者享受的权利不同   D. 两者风险程度不同

  E. 两者对企业资产有要求权的先后顺序不同

5. 企业的收入具体表现为一定期间（   ）。

  A. 现金的流入   B. 银行存款的流入

  C. 企业其他资产的增加   D. 企业其他资产的减少

  E. 企业负债的减少

6. 企业的费用具体表现为一定期间（   ）。

  A. 现金的流入   B. 银行存款的流出

  C. 企业负债的增加   D. 企业其他资产的减少

  E. 企业负债的减少

7. 下列经济业务中，会引起会计等式右边会计要素发生增减变动的业务有（   ）。

  A. 某企业将本企业所欠货款转作投入资本

  B. 以银行存款偿还前欠货款

  C. 将资本公积转增资本

  D. 投资者追加对本企业的投资

  E. 从银行借款，存入银行

8. 下列资产项目与权益项目之间的变动符合资金运动规律的有（   ）。

  A. 资产某项目增加与权益某项目减少 B. 资产某项目减少与权益某项目增加

  C. 资产某项目增加而另一项目减少   D. 权益某项目增加而另一项目减少

  E. 资产某项目与权益某项目同等数额的同时增加或同时减少

9. 一个企业的资产总额与权益总额是相等的，这是因为（   ）。

  A. 资产和权益是同一资金的两个侧面

  B. 任何资产都有它相应的权益

  C. 任何权益都能形成相应的资产

  D. 某一具体资产项目的增加，总是同另一具体权益项目的增加同时发生

  E. 权益方某一具体项目增加与另一具体项目减少，不影响资产总额与权益总额的变动

10. 在企业会计实务中，下列事项能够引起资产总额增加的有（   ）。

  A. 从材料仓库领用生产所用材料 1 000 千克，价值 300 000 元

  B. 从银行借入一笔长期借款 100 万元，并存入银行

  C. 收到甲公司前欠货款 150 000 元

  D. 接受投资者投入货币资金 1 000 万元

  E. 用银行存款归还前欠货款 10 万元

三、判断题

1. 资产和权益在金额上始终是相等的。（   ）
2. 任何流入企业的资产都可以定义为企业的收入。（   ）
3. 所有经济业务的发生，都会引起会计等式两边发生变化。（   ）
4. 会计要素中既有反映财务状况的要素，也有反映经营成果的要素。（   ）
5. 所有者权益是指企业投资人对企业资产的所有权。（   ）
6. 与所有者权益相比，负债一般有规定的偿还期，而所有者权益没有。（   ）
7. 与所有者权益相比，债权人无权参与企业的生产经营、管理和收益分配，而所有者权益则相反。（   ）
8. 企业取得收入，意味着利润便会形成。（   ）
9. 企业接受捐赠物资一批，价值10万元。该项经济业务会引起收入增加、权益增加。（   ）
10. 企业以存款购买设备。该项业务会引起等式左右两方会计要素发生一增一减的变化。（   ）
11. 企业收到某单位还来欠款1万元。该项经济业务会引起会计等式左右两方会计要素发生同时增加的变化。（   ）
12. 企业收入主要是指销售商品、提供劳务和让渡资产使用权等活动中形成的主营业务收入。（   ）
13. 应由本期收入中获得补偿的费用，称为期间费用，包括销售费用、管理费用和财务费用。（   ）

四、名词解释

资产　负债　所有者权益(或股东权益)　收入　费用　利润　利得　损失　会计等式

五、思考题

1. 什么是会计要素？为什么要划分会计要素，我国《企业会计准则——基本准则》是如何划分会计要素的？
2. 会计等式有几种类型？
3. 企业经济业务的发生对会计等式的影响有几种类型？
4. 简述各个会计要素的特征及确认标准？各个会计要素又包括哪些主要内容？

六、计算题

1. 目的：掌握营业利润、利润总额、净利润的计算方法。

资料：某企业本期主营业务收入100万元，主营业务成本40万元；其他业务收入12万元，其他业务成本5万元；该企业本期发生的管理费用4万元，财务费用1万元，营业外收入1万元，营业外支出0.8万元，所得税费用20.46万元。

要求：计算该企业本期的营业利润、利润总额、净利润。

2. 目的：熟悉经济业务的类型。

资料：举例说明下列各类经济业务。

(1) 资产增加，负债增加。
(2) 资产增加，所有者权益增加。
(3) 资产类项目此增彼减。
(4) 资产减少，所有者权益减少。
(5) 资产减少，负债减少。
(6) 费用增加，负债增加。
(7) 费用增加，资产减少。
(8) 收入增加，资产增加。
(9) 收入增加，负债减少。

3. 目的：掌握会计要素之间的相互关系。

资料：假设某企业12月31日的资产、负债和所有者权益的情况如表3-28所示。

表3-28 资产、负债和所有者权益情况

资　产	金　额	负债及所有者权益	金　额
库存现金	1 000	短期借款	10 000
银行存款	27 000	应付账款	32 000
应收账款	35 000	应交税费	9 000
原材料	52 000	长期借款	B
长期股权投资	A	实收资本	240 000
固定资产	200 000	资本公积	23 000
合　计	375 000	合　计	C

要求：(1) 计算表中A、B、C的金额。
(2) 计算该企业的流动资产总额。
(3) 计算该企业的流动负债总额。
(4) 计算该企业的净资产总额。

4. 目的：掌握经济业务的类型及对会计等式的影响。

资料：榕新公司2020年7月31日的资产负债表显示资产总计375 000元，负债总计112 000元。该公司2020年8月发生如下经济业务。

(1) 用银行存款购入全新机器一台，价值30 000元。
(2) 投资人投入原材料，价值10 000元。
(3) 以银行存款偿还所欠供应单位账款8 000元。
(4) 收到供应单位所欠账款8 000元，收存银行。
(5) 将一笔长期负债50 000元转为对企业的投资。
(6) 按规定将20 000元资本公积金转为实收资本。

要求：(1) 根据8月份发生的经济业务，说明经济业务对会计要素的影响。
(2) 计算8月末榕新公司的资产总额、负债总额和所有者权益总额。

5. 目的：掌握资产、负债、所有者权益三要素的归类以及三者之间的关系。

资料：榕新企业2019年12月31日的资产、负债、所有者权益的情况如表3-29所示。

表 3-29 榕新公司资产、负债、所有者权益的情况

项 目	资 产	权 益	
		负债	所有者权益
1. 库存现金　　　　　　　　　　600 元			
2. 存放在银行的货币资金　　　95 000 元			
3. 生产车间厂房　　　　　　280 000 元			
4. 各种机器设备　　　　　　330 000 元			
5. 运输车辆　　　　　　　　250 000 元			
6. 库存产品　　　　　　　　　75 000 元			
7. 车间正在加工的产品　　　　86 500 元			
8. 库存材料　　　　　　　　　85 000 元			
9. 投资人投入的资本　　　　800 000 元			
10. 应付的购料款　　　　　　142 000 元			
11. 尚未缴纳的税金　　　　　　6 570 元			
12. 从银行借入的短期借款　　 72 000 元			
13. 应收产品的销货款　　　　115 000 元			
14. 采购员出差预借差旅费　　　2 000 元			
15. 商标权　　　　　　　　　250 000 元			
16. 发行的企业债券　　　　　317 000 元			
17. 开办费支出　　　　　　　 95 000 元			
18. 盈余公积结余　　　　　　 68 530 元			
19. 法定财产重估增值　　　　126 000 元			
20. 未分配利润　　　　　　　132 000 元			
合　计			

要求：根据上述资料确定资产、负债及所有者权益项目，并分别加计资产、负债及所有者权益金额的合计数，验证资产和权益是否相等。

项目强化训练二

(与"**任务二　会计科目和账户**、**任务三　复式记账原理**、**任务四　借贷记账法**"配套训练)

一、单项选择题

1. 会计科目是(　　)。
   A. 会计要素的名称　　　　　　　B. 会计报表的名称
   C. 账簿的名称　　　　　　　　　D. 账户的名称
2. 会计账户的开设依据是(　　)。
   A. 会计科目　　　　　　　　　　B. 会计对象
   C. 会计要素　　　　　　　　　　D. 会计方法

3. 账户的基本结构是指( )。
   A. 账户的具体格式　　　　　　　　B. 账户登记的经济内容
   C. 账户中登记增减金额的栏次　　　D. 账户登记的日期
4. 在借贷记账法下,账户哪一方登记增加数或减少数,取决于( )。
   A. 账户的格式　　　　　　　　　　B. 账户的用途
   C. 账户的结构　　　　　　　　　　D. 账户所反映的经济内容
5. 复式记账时,对任何一项经济业务登记的账户数量应是( )。
   A. 仅为一个　　　　　　　　　　　B. 仅为两个
   C. 仅为三个　　　　　　　　　　　D. 两个或两个以上
6. "应收账款"账户初期余额为5 000元,本期借方发生额为6 000元,贷方发生额为4 000元,则期末余额为( )元。
   A. 借方5 000　　　　　　　　　　B. 贷方3 000
   C. 借方7 000　　　　　　　　　　D. 贷方2 000
7. 账户余额一般与( )在同一方向。
   A. 减少额　　　　　　　　　　　　B. 增加额
   C. 借方发生额　　　　　　　　　　D. 贷方发生额
8. 在借贷记账法下,资产类账户的期末余额等于( )。
   A. 期初贷方余额+本期贷方发生额-本期借方发生额
   B. 期初借方余额+本期贷方发生额-本期借方发生额
   C. 期初借方余额+本期借方发生额-本期贷方发生额
   D. 期初贷方余额+本期借方发生额-本期贷方发生额
9. 下列关于借贷记账法试算平衡的表述中,不正确的是( )。
   A. 试算平衡是为了检验一定时期内所发生经济业务在账户中记录的正确性
   B. 试算平衡的方法包括发生额试算平衡法和余额平衡法
   C. 试算平衡表借贷不相等,说明账户记录有错误
   D. 试算平衡表是平衡的,说明账户记录正确
10. "生产成本"账户,按其用途结构分类属于( )。
    A. 计价对比类账户　　　　　　　　B. 集合分配类账户
    C. 成本计算账户　　　　　　　　　D. 跨期摊配类账户
11. 下列不属于盘存账户的是( )。
    A. 应收账款　　　　　　　　　　　B. 原材料
    C. 固定资产　　　　　　　　　　　D. 库存商品
12. 下列账户中属于备抵附加账户的是( )。
    A. 坏账准备　　　　　　　　　　　B. 累计折旧
    C. 利润分配　　　　　　　　　　　D. 材料成本差异
13. 在企业不单设"预付账款"账户时,对于预付款业务可在( )。
    A. "应收账款"账户反映　　　　　　B. "应付账款"账户反映
    C. "预收账款"账户反映　　　　　　D. "其他往来"账户反映
14. "累计折旧"账户按其经济内容分类,属于( )。

A. 费用类账户 B. 资产类账户
C. 负债类账户 D. 备抵账户

15. 下列账户中，属于集合分配账户的是(　　)。
    A. "实收资本"账户 B. "管理费用"账户
    C. "生产成本"账户 D. "制造费用"账户

二、多项选择题

1. 下列属于资产类会计科目的有(　　)。
   A. 累计折旧 B. 预付账款 C. 长期待摊费用
   D. 待处理财产损溢 E. 存货

2. 账户一般可以提供的金额指标有(　　)。
   A. 本期减少发生额 B. 期末余额 C. 本期增加发生额
   D. 期初余额 E. 期中余额

3. 借贷记账法的记账符号"贷"对于下列会计要素表示增加的有(　　)。
   A. 资产 B. 负债 C. 所有者权益
   D. 费用 E. 利润

4. 下列账户中，用贷方登记增加数的账户有(　　)。
   A. 盈余公积 B. 本年利润 C. 应付账款
   D. 实收资本 E. 累计折旧

5. 下列账户中，在会计期末一般没有余额的账户有(　　)。
   A. 收入类账户 B. 损益类账户 C. 资产类账户
   D. 负债类账户 E. 所有者权益类账户

6. 以下各项中，通过试算平衡无法发现的错误有(　　)。
   A. 借贷记账方向彼此颠倒 B. 方向正确但记错账户
   C. 漏记或重记某项经济业务 D. 方向正确但金额写少
   E. 账户正确但记错方向

7. 企业用银行存款偿还应付账款，引起会计要素变化的有(　　)。
   A. 负债减少 B. 收入减少 C. 资产增加
   D. 资产减少 E. 负债增加

8. 在生产过程中，用来归集制造产品的生产费用，并据以计算产品生产成本的账户有(　　)。
   A. "在途物资"账户 B. "生产成本"账户
   C. "制造费用"账户 D. "库存商品"账户
   E. "主营业务成本"账户

9. 关于"本年利润"账户，下列说法中正确的有(　　)。
   A. 期末如为贷方余额，表示累计实现的净利润
   B. 期末如为贷方余额，表示本期实现的利润总额
   C. 年末如为贷方余额，表示未分配利润额
   D. 期末如为借方余额，表示累计发生的亏损额

E. 年度中间一般有余额
10. 在借贷记账法下,属于负债类账户的有(　　)。
　　A. 短期借款　　　　　B. 实收资本　　　　　C. 银行存款
　　D. 应付职工薪酬　　　E. 累计折旧
11. 某企业用银行存款 10 000 元购买原材料,并验收入库,应记入下列(　　)账户。
　　A. 原材料　　　　　　B. 管理费用　　　　　C. 预付账款
　　D. 银行存款　　　　　E. 应付账款
12. 下列各项中,属于损益类科目的是(　　)。
　　A. 主营业务收入　　　B. 管理费用　　　　　C. 财务费用
　　D. 生产成本　　　　　E. 资产减值损失
13. 同一个会计分录中账户的对应关系的类型有(　　)。
　　A. 一借一贷　　　　　B. 一借多贷　　　　　C. 明细科目的会计分录
　　D. 多借多贷　　　　　E. 多借一贷
14. 企业用银行存款归还短期借款,引起会计要素变化的有(　　)。
　　A. 负债增加　　　　　B. 资产增加　　　　　C. 负债减少
　　D. 资产减少　　　　　E. 收入增加
15. 下列账户中,用贷方登记减少数的账户有(　　)。
　　A. 库存现金　　　　　B. 短期借款　　　　　C. 应付账款
　　D. 应收账款　　　　　E. 其他应付款

三、判断题

1. 所有总分类账户都要设置明细分类账户。　　　　　　　　　　　　　　(　)
2. 会计科目与账户反映的经济内容是相同的。　　　　　　　　　　　　　(　)
3. 上期期末账户的余额转入本期即为本期的期初余额。　　　　　　　　　(　)
4. 如果定期汇总的全部账户记录平衡,就说明账户金额记录完全正确。　　(　)
5. 双重性质账户一般是指将两个性质不同的账户合并在一起的账户。　　　(　)
6. 企业购入材料而货款未付,其资产与负债会同时减少。　　　　　　　　(　)
7. 会计分录包括业务涉及的账户名称、记账方向和金额三方面内容。　　　(　)
8. 会计分录中的账户之间的相互依存关系称为账户的对应关系。　　　　　(　)
9. 账户按其经济内容划分归为一类,则按其用途和结构划分也必定归为一类。(　)
10. "主营业务收入"账户是反映营业收入的账户,"其他业务收入"账户是反映非营业收入的账户。　　　　　　　　　　　　　　　　　　　　　　　　　　　　(　)
11. "累计折旧"账户按其经济内容分类属于备抵类账户。　　　　　　　　 (　)
12. "应收账款"账户的备抵调整账户是"坏账准备"账户。　　　　　　　　(　)
13. "制造费用"账户按其用途结构分类属于费用类账户。　　　　　　　　 (　)
14. 会计要素是对会计科目的具体内容进行分类核算的项目名称。　　　　　(　)
15. 设置会计科目是组织会计核算的首要环节和重要依据。　　　　　　　　(　)

四、名词解释

会计科目　账户　复式记账法　借贷记账法　会计分录　对应账户　总分类账户

明细分类账户　试算平衡

五、思考题

1. 试述会计科目和账户的区别与联系。
2. 账户的基本结构是怎样的？
3. 什么叫结算账户？结算账户能分为哪几类？举例说明结算账户的结构。
4. 什么叫调整账户？调整账户能分为哪几类？举例说明调整账户的用途和结构。
5. 什么叫集合分配账户？举例说明集合分配账户的用途和结构。
6. 什么叫跨期摊配账户？举例说明跨期摊配账户的用途和结构。
7. 复式记账的理论基础是什么？
8. 简述会计分录的基本编制步骤。

六、计算题

1. 目的：熟悉会计科目的内容及分类。

资料：某企业3月1日有关资金内容及金额如下。

(1)	存放在企业的现钞	1 000元	(2) 存放在银行的款项	300 000元
(3)	库存的各种材料	19 000元	(4) 房屋	900 000元
(5)	机器设备	800 000元	(6) 投资者投入资本	1 755 000元
(7)	购货方拖欠货款	80 000元	(8) 从银行借入的半年期借款	120 000元
(9)	库存的完工产品	50 000元	(10) 拖欠供货方货款	350 000元
(11)	企业留存的盈余公积金	75 000元	(12) 固定资产已提折旧	150 000元

要求：根据所给资料，利用表3-30说明每一项资金内容应属于资产、负债和所有者权益哪一类会计要素，具体应归属于哪一个会计科目。

表3-30　会计科目、会计要素及金额

资料序号	属于会计要素类别及金额			应归属会计科目
	资　产	负　债	所有者权益	
(1)	1 000			库存现金
合　计				

2. 目的：熟悉账户的基本结构和期末余额的计算方法。

资料：某企业 3 月 31 日有关账户的期初余额和本期发生额情况如表 3-31 所示。

表 3-31 期初余额和本期发生额情况

账户名称	期初余额	本期增加发生额	本期减少发生额	期末余额
银行存款	200 000	②30 000	10 000 ③ 1 000 ⑤20 000 ⑥80 000	
应收账款	40 000	④50 000 ⑧60 000	⑥80 000	
原材料	25 000	①10 000 ④50 000		
长期借款	10 000	②30 000	⑤20 000	
销售费用	0	③1 000	⑦1 000	
本年利润	50 000		⑦1 000	
固定资产	300 000	⑧60 000		

要求：根据所给资料计算各账户的期末余额，直接填入表 3-31 中的"期末余额"栏。

3. 目的：熟练掌握借贷记账法下的账户结构及账户金额指标的计算方法。

资料：欣欣公司 2019 年 12 月 31 日有关账户的资料如表 3-32 所示。

表 3-32 欣欣公司账户资料

账户名称	期初余额		本期发生额		期末余额	
	借 方	贷 方	借 方	贷 方	借 方	贷 方
长期股权投资	400 000		220 000	10 000	_____	
银行存款	60 000			80 000	90 000	
应付账款		40 000	35 000	30 000		_____
短期借款		45 000		10 000		30 000
应收账款	_____		30 000	50 000	20 000	
实收资本		350 000	0	_____		620 000
其他应付款		25 000	25 000	0		_____
盈余公积		_____	35 000	30 000		35 000

要求：根据各类账户期初余额、本期发生额和期末余额的计算方法和表 3-32 的已知数据，计算表中画线处的未知数，并且将计算结果分别填入表中画线处。

七、业务题

1. 目的：掌握借贷记账法下的会计分录编制方法、账户登记方法和试算平衡方法。

资料：某企业本月初有关总分类账户的余额如下。

(1) 库存现金　　　　300 元　　(2) 银行存款　　　200 000 元
(3) 原材料　　　　4 700 元　　(4) 固定资产　　　160 000 元
(5) 生产成本　　　15 000 元　　(6) 短期借款　　　 10 000 元
(7) 应付账款　　　50 000 元　　(8) 实收资本　　　320 000 元

该企业本月发生如下经济业务。

(1) 收到投资者投入的货币资金投资 200 000 元,已存入银行。
(2) 用银行存款 40 000 元购入不需要安装设备一台。
(3) 购入材料一批,买价和运费共计 15 000 元。货款尚未支付。
(4) 从银行提取现金 2 000 元。
(5) 借入短期借款 20 000 元,已存入银行。
(6) 用银行存款 35 000 元偿还应付账款。
(7) 生产产品领用材料一批,价值 12 000 元。
(8) 用银行存款 30 000 元偿还短期借款。

要求:(1) 根据所给经济业务编制会计分录。
(2) 根据给出余额资料的账户开设并登记有关总分类账户(开设 T 型账户即可)。
(3) 根据账户的登记结果编制总分类账户发生额及余额试算表。

项目强化训练三

(与"任务五 记账凭证的填制、审核与传递"配套训练)

一、单项选择题

1. 原始凭证和记账凭证的相同点是( )。
   A. 所起作用相同　　　　　　　　B. 经济责任的当事人相同
   C. 反映经济业务的内容相同　　　D. 编制时间相同
2. 下列业务应编制转账凭证的是( )。
   A. 收回出售材料款　　　　　　　B. 车间领用材料
   C. 支付购买材料价款　　　　　　D. 支付材料运杂费
3. 企业将现金存入银行,应编制( )。
   A. 银行存款收款凭证　　　　　　B. 现金收款凭证
   C. 银行存款付款凭证　　　　　　D. 现金付款凭证
4. 下列科目可能是收款凭证借方科目的是( )。
   A. 银行存款　　B. 管理费用　　C. 材料采购　　D. 应收账款
5. 下列科目可能是收款凭证贷方科目的是( )。
   A. 应收账款　　B. 坏账准备　　C. 制造费用　　D. 管理费用
6. 记账凭证中不可能有( )。
   A. 记账凭证的日期　　　　　　　B. 记账凭证的名称
   C. 接受单位的名称　　　　　　　D. 记账凭证的编号
7. 将记账凭证分为收款凭证、付款凭证、转账凭证的依据是( )。
   A. 凭证所反映的经济业务内容　　B. 所包括的会计科目是否单一
   C. 凭证填制的手续　　　　　　　D. 凭证的来源
8. 从银行提取现金准备发放职工工资的业务,应根据有关原始凭证填制( )。
   A. 收款凭证　　　　　　　　　　B. 付款凭证
   C. 转账凭证　　　　　　　　　　D. 收款凭证和付款凭证
9. 用转账支票支付前欠货款,应填制( )。

A. 转账凭证　　　　B. 收款凭证　　　　　C. 付款凭证　　　D. 原始凭证

10. 职工张辛报销差旅费 1 500 元,原预借 2 000 元,余款以现金交回。此业务应编制(　　)。

   A. 收款凭证　　　　　　　　　　　B. 付款凭证
   C. 转账凭证　　　　　　　　　　　D. 一张收款凭证和一张转账凭证

11. 下列各项中,(　　)不属于记账凭证的内容。

   A. 记账凭证的编号　　　　　　　　B. 填制记账凭证的日期
   C. 记账凭证的内容摘要　　　　　　D. 接收凭证单位的名称

12. 下列各项中,可能是收款凭证借方科目的是(　　)。

   A. 库存现金　　　B. 应收账款　　　C. 在途物资　　　D. 制造费用

13. 下列不属于记账凭证审核内容的是(　　)。

   A. 记账凭证是否有超过预算的情况
   B. 会计科目使用是否正确
   C. 记账凭证的内容与所附原始凭证的内容是否一致
   D. 记账凭证的金额与所附凭证的原始凭证的金额是否一致

14. 销售商品款项共计 18 000 元,当即收到 15 000 元的转账支票一张,余款暂欠。该笔经济业务应编制(　　)。

   A. 一张转账凭证和一张银行存款收款凭证
   B. 两张转账凭证
   C. 一张银行存款收款凭证
   D. 一张收款凭证和一张付款凭证

二、多项选择题

1. 记账凭证编制的依据可以是(　　)。

   A. 累计凭证　　　　　B. 汇总原始凭证　　　　C. 转账凭证
   D. 收、付款凭证　　　E. 一次凭证

2. 企业购入材料一批,货款已付,材料验收入库,则应编制的全部会计凭证有(　　)。

   A. 收款凭证　　　　　B. 付款凭证　　　　　　C. 转账凭证
   D. 收料单　　　　　　E. 累计凭证

3. 下列科目中可能成为付款凭证借方科目的有(　　)。

   A. 应付账款　　　　　B. 应交税费　　　　　　C. 销售费用
   D. 库存现金　　　　　E. 银行存款

4. 转账凭证属于(　　)。

   A. 会计凭证　　　　　B. 复式记账凭证　　　　C. 通用记账凭证
   D. 记账凭证　　　　　E. 专用记账凭证

5. 涉及现金与银行存款相互划转的业务应编制的记账凭证有(　　)。

   A. 银行存款收款凭证　　B. 银行存款付款凭证　　C. 转账凭证
   D. 现金收款凭证　　　　E. 现金付款凭证

6. 下列凭证中,属于复式记账凭证的有(　　)。

A. 付款凭证　　　　　　　B. 转账凭证　　　　　　　C. 通用记账凭证
　　D. 单科目凭证　　　　　　E. 收款凭证
7. 收款凭证和付款凭证是(　　)。
　　A. 调整和结转有关账项的依据
　　B. 成本计算的依据
　　C. 登记现金、银行存款日记账的依据
　　D. 编制报表的直接依据
　　E. 出纳人员办理收付款项的依据
8. 记账凭证的编号方法有(　　)。
　　A. 奇偶数编号法　　　　　B. 任意编号法　　　　　　C. 分数编号法
　　D. 顺序编号法　　　　　　E. 分类编号法
9. 下列各项属于记账凭证必须具备的内容有(　　)。
　　A. 记账凭证名称　　　　　B. 原始凭证名称　　　　　C. 接受单位名称
　　D. 会计分录　　　　　　　E. 记账凭证日期编号
10. 记账凭证应该是(　　)。
　　A. 经济业务发生时填制的　　B. 登记账簿的直接依据
　　C. 由经办业务人员填制的　　D. 由会计人员填制的
　　E. 根据审核无误的原始凭证填制的
11. 在下列各项内容中，属于记账凭证编制基本要求的是(　　)。
　　A. 填写会计科目　　　　　B. 附有原始凭证　　　　　C. 连续编号
　　D. 摘要简明扼要　　　　　E. 合法、合规　　　　　　F. 及时正确
12. 在编制记账凭证时，转账凭证中允许编制的分录形式有(　　)。
　　A. 一借一贷　　　　　　　B. 一借多贷　　　　　　　C. 一贷多借
　　D. 只借不贷　　　　　　　E. 只贷不借
13. 付款凭证贷方科目可能是(　　)科目。
　　A. 库存现金　　　　　　　B. 应付账款　　　　　　　C. 应收账款
　　D. 银行存款　　　　　　　E. 财务费用
14. 记账凭证按照反映的经济业务内容不同，可分为(　　)。
　　A. 专用记账凭证　　　　　B. 一次使用的凭证　　　　C. 通用记账凭证
　　D. 多次使用的记账凭证　　E. 自制记账凭证

三、判断题

1. 在一笔经济业务中，如果既涉及现金和银行存款的收付，又涉及转账业务，应同时填制收(或付)款凭证和转账凭证。　　　　　　　　　　　　　　　　　　　　(　　)
2. 将记账凭证分为收款凭证、付款凭证、转账凭证的依据是凭证填制的手续和凭证的来源。　　　　　　　　　　　　　　　　　　　　　　　　　　　　　　　(　　)
3. 根据一定期间的记账凭证全部汇总填制的凭证(如科目汇总表)是一种累计凭证。
　　　　　　　　　　　　　　　　　　　　　　　　　　　　　　　　　(　　)
4. 记账凭证按其所反映的经济业务内容不同，可以分为原始凭证、汇总凭证和累计

凭证。( )
5. 付款凭证是只用于银行存款付出业务的记账凭证。( )
6. 转账凭证是用于不涉及现金和银行存款收付业务的其他转账业务所用的记账凭证。( )
7. 记账凭证按其用途不同，可以分为单式记账凭证和复式记账凭证。( )
8. 编制记账凭证的人员必须认真审核，同时会计部门应建立相互复核或专人复核记账凭证的制度。( )
9. 记账凭证只能根据一张原始凭证编制。( )
10. 在填制记账凭证时，不能只填会计科目的编号，而不填会计科目的名称。( )

四、名词解释

会计凭证　记账凭证　专用记账凭证　收款凭证　付款凭证　转账凭证

五、思考题

1. 如何对会计凭证进行分类？
2. 记账凭证的基本内容有哪些？
3. 如何审核记账凭证？
4. 如何进行会计凭证的传递与保管？

六、业务题

目的：掌握会计分录编制方法并能正确选择专用记账凭证。

资料：欣荣公司2020年8月份发生的全部经济业务如下。

(1) 从银行取得期限为6个月的借款100 000元，存入银行。
(2) 用银行存款25 000元购入一台全新设备，直接交付使用。
(3) 企业的公出人员出差预借差旅费1 000元，付给现金。
(4) 经企业的董事会批准将资本公积金转增资本100 000元。
(5) 收回某单位所欠本企业的货款10 000元，存入银行。
(6) 用银行存款50 000元偿还到期的银行临时借款。
(7) 购入一批原材料，价款22 000元(不考虑增值税)，其中20 000元开出支票支付，余款用现金支付。
(8) 接受某投资人的投资600 000元，其中一台全新设备价值150 000元，已投入使用，一项专利权作价380 000元，剩余部分通过银行划转。
(9) 开出现金支票，从银行提取现金5 000元备用。

要求：编制本月业务的会计分录，注明每笔业务应编制的专用记账凭证。

项目强化训练四

(与"任务六　企业主要经济业务的核算"配套训练)

一、单项选择题

1. 企业实际收到投资者投入的资金属于企业所有者权益中的(　　)。

A. 固定资产　　　B. 银行存款　　　C. 实收资本　　　D. 利润分配

2. 企业为维持正常的生产经营所需资金而向银行等金融机构临时借入的款项称为( )。

　　A. 长期借款　　　B. 短期借款　　　C. 长期负债　　　D. 流动负债

3. 企业为日常周转所借入的短期借款的利息应计入( )。

　　A. 财务费用　　　B. 管理费用　　　C. 营业外支出　　D. 投资收益

4. 我们一般将企业所有者权益中的盈余公积和未分配利润称为( )。

　　A. 实收资本　　　B. 资本公积　　　C. 留存收益　　　D. 所有者权益

5. 企业设置"固定资产"账户是用来反映固定资产的( )。

　　A. 磨损价值　　　B. 累计折旧　　　C. 原始价值　　　D. 净值

6. 某工业企业为增值税一般纳税人。本期外购原材料一批,发票上注明买价 20 000 元, 增值税税额为 2 600 元,入库前发生的挑选整理费为 1 000 元。则该批原材料的入账价值为( )元。

　　A. 20 000　　　　B. 22 600　　　　C. 21 000　　　　D. 23 600

7. 下列账户中与"制造费用"账户不可能发生对应关系的账户是( )。

　　A. "原材料"账户　　　　　　B. "生产成本"账户
　　C. "应付职工薪酬"账户　　　D. "库存商品"账户

8. 企业结转已销售产品的生产成本时,应借记( )。

　　A. 借记"主营业务收入"账户　　　B. 借记"本年利润"账户
　　C. 借记"主营业务成本"账户　　　D. 借记"库存商品"账户

9. 某企业"生产成本"账户的期初余额为 80 万元,本期为生产产品发生直接材料费用 640 万元,直接人工费用 120 万元,制造费用 160 万元,企业行政管理费用 80 万元,本期结转完工产品成本 640 万元,假定该企业只生产一种产品。则企业期末"生产成本"账户的余额为( )。

　　A. 200 万元　　　B. 280 万元　　　C. 360 万元　　　D. 440 万元

10. 产品生产车间发生的制造费用经过分配之后,一般应记入( )。

　　A. "库存商品"账户　　　　B. "生产成本"账户
　　C. "原材料"账户　　　　　D. "主营业务成本"账户

11. 某企业生产车间生产 A、B 两种产品,该车间本月发生制造费用 240 000 元,A 产品生产工时为 3 000 个小时,B 产品生产工时为 2 000 个小时。如果按生产工时分配本月发生的制造费用,则 A、B 产品各自应负担的制造费用额分别为( )。

　　A. 144 000 元和 96 000 元　　　B. 120 000 元和 120 000 元
　　C. 96 000 元和 144 000 元　　　D. 160 000 元和 80 000 元

12. 某企业销售一批商品,增值税专用发票上标明的价款为 300 万元,适用的增值税税率为 13%,为购买方代垫运杂费 10 万元,款项尚未收回,该企业确认的应收账款为( )。

　　A. 300 万元　　　B. 310 万元　　　C. 339 万元　　　D. 349 万元

13. 下列内容中,不属于企业营业收入的是( )。

　　A. 销售商品收入　　　　　B. 提供劳务取得的收入
　　C. 接收捐赠　　　　　　　D. 出租机器设备取得的收入

14. 企业销售商品时代垫的运杂费应记入( )。
    A. "应收账款"账户　　　　　　　　B. "预付账款"账户
    C. "其他应收款"账户　　　　　　　D. "应付账款"账户
15. 企业发生的下列各项内容中，应作为管理费用处理的是( )。
    A. 生产车间设备折旧费　　　　　　B. 固定资产盘亏净损失
    C. 发生的业务招待费　　　　　　　D. 专设销售机构固定资产的折旧费
16. 年末结账后，"利润分配"账户的贷方余额表示( )。
    A. 本年实现的利润总额　　　　　　B. 本年实现的净利润额
    C. 本年利润分配总额　　　　　　　D. 年末未分配利润额
17. 某企业年初未分配利润为 200 万元，本年实现的净利润为 2 000 万元，按 10%计提法定盈余公积金，按 5%计提任意盈余公积金，宣告发放现金股利 160 万元，则企业本年末的未分配利润为( )。
    A. 1 710 万元　　　B. 1 734 万元　　　C. 1 740 万元　　　D. 1 748 万元
18. 某企业年初所有者权益总额为 800 万元，当年以其中的资本公积金转增资本 250 万元，当年实现净利润 1 500 万元，提取盈余公积金 150 万元，向投资人分配现金股利 100 万元，则该企业年末的所有者权益总额为( )。
    A. 1 800 万元　　　B. 2 500 万元　　　C. 2 200 万元　　　D. 2 300 万元

二、多项选择题

1. 工业企业的主要经营过程包括( )。
    A. 筹资过程　　B. 供应过程　　C. 生产过程　　D. 销售过程
    E. 财务成果形成与分配过程
2. 企业的资本金按其投资主体不同可以分为( )。
    A. 外商投资　　　　　B. 国家投资　　　　C. 个人投资
    D. 法人投资　　　　　E. 证券投资
3. "财务费用"账户借方登记发生的各种筹资费用，主要包括( )。
    A. 利息支出　　　　　B. 手续费　　　　　C. 佣金
    D. 汇兑损失　　　　　E. 咨询费
4. 企业购入材料的采购成本包括( )。
    A. 材料买价　　　　　B. 增值税进项税额
    C. 采购费用　　　　　D. 采购人员差旅费
    E. 遭受自然灾害发生的损失
5. 某车间领用材料一批，价值 36 000 元，直接用于产品生产。作相应的会计分录时，应使用的会计科目有( )。
    A. 制造费用　　　　　B. 在途物资
    C. 原材料　　　　　　D. 生产成本
    E. 管理费用
6. 对于共同性采购费用，应分配计入材料采购成本。下列内容可以用来作为分配材料采购费用标准的有( )。

A. 材料的买价 B. 材料的种类 C. 材料的名称
D. 材料的重量 E. 材料的体积

7. 工业企业购入的机器设备，其入账价值包括(　　)。
   A. 购买价款 B. 杂费 C. 增值税
   D. 进口关税 E. 安装成本

8. 下列账户中，月末一般没有余额的有(　　)。
   A. 生产成本 B. 制造费用 C. 管理费用
   D. 应付职工薪酬 E. 利润分配

9. 影响本月完工产品成本计算的因素有(　　)。
   A. 月初在产品成本 B. 本月发生的生产费用
   C. 月末在产品成本 D. 月末在产品数量
   E. 月末完工产品数量

10. 产品生产成本的成本项目包括(　　)。
    A. 直接材料费 B. 直接人工费 C. 管理费用
    D. 制造费用 E. 销售费用

11. 在下列业务所产生的收入中属于"其他业务收入"的有(　　)。
    A. 出售固定资产收入 B. 出售材料收入
    C. 出售无形资产收入 D. 提供产品修理服务收入
    E. 罚款收入

12. 企业因销售商品发生的应收账款，其入账价值应当包括(　　)。
    A. 销售商品的价款 B. 增值税销项税额
    C. 代购买方垫付的包装费 D. 代购买方垫付的运杂费
    E. 采购人员差旅费

13. 下列项目应在"管理费用"账户中核算的有(　　)。
    A. 工会经费 B. 董事会经费
    C. 业务招待费 D. 车间管理人员的工资
    E. 管理人员差旅费

14. 以下税种应在"税金及附加"账户核算的有(　　)。
    A. 城市维护建设税 B. 房产税
    C. 车船使用税 D. 印花税
    E. 教育费附加

15. 下列项目中，应计入企业销售费用的有(　　)。
    A. 专设销售机构人员的工资 B. 专设销售机构设备折旧费
    C. 销售产品的广告费 D. 产品展览费
    E. 代买方垫付的运杂费

16. 下列账户中，年末结账后应该没有余额的有(　　)。
    A. 主营业务收入 B. 营业外收入
    C. 本年利润 D. 利润分配
    E. 管理费用

17. 下列账户的余额在会计期末时应结转至"本年利润"账户的有( )。
   A. 管理费用　　　　　　　　　　B. 制造费用
   C. 营业外收入　　　　　　　　　D. 所得税费用
   E. 税金及附加
18. 企业实现的净利润应进行下列分配( )。
   A. 计算缴纳所得税　　　　　　　B. 支付银行借款利息
   C. 提取法定盈余公积金　　　　　D. 提取任意盈余公积金
   E. 向投资人分配利润

三、判断题

1. 企业用支票支付购货款时，应通过"应付票据"账户进行核算。　　　　（　）
2. "制造费用"期末一般无余额，属于损益类账户。　　　　　　　　　　（　）
3. 费用和成本是既有联系又有区别的两个概念，费用与特定的计算对象相联系，而成本则与特定的会计期间相联系。　　　　　　　　　　　　　　　　　　　　（　）
4. "生产成本"账户的借方登记生产过程中发生的各项生产费用，期末借方余额表示期末尚未加工完成的在产品实际生产成本。　　　　　　　　　　　　　　（　）
5. 企业对外出售固定资产时，获得的出售收入应记入"其他业务收入"账户。（　）
6. 为了遵循权责发生制的要求，企业收到货币资金必定意味着本月收入的增加。
　　　　　　　　　　　　　　　　　　　　　　　　　　　　　　　　　（　）
7. 主营业务成本的结转不仅应与主营业务收入在同一会计期间加以确认，而且应与主营业务收入在金额上保持一致。　　　　　　　　　　　　　　　　　　（　）
8. 工业企业支付国内采购材料的货款和运输费、装卸费、各种税金，都构成材料的采购成本。　　　　　　　　　　　　　　　　　　　　　　　　　　　　　（　）
9. 企业发生的营业外支出，在相对应的会计期间，应当计入企业当期的营业利润。
　　　　　　　　　　　　　　　　　　　　　　　　　　　　　　　　　（　）
10. 企业在销售货物时，按销售额和适用税率计算并向购货方收取的增值税"销项税额"，应通过"税金及附加"账户核算。　　　　　　　　　　　　　　　（　）

四、名词解释

原材料　产成品　在产品　自制半成品　所得税　增值税　财务成果　未分配利润　盈余公积　固定资产　折旧　生产成本　制造费用

五、思考题

1. 如何进行资金筹集的会计核算？
2. 工业企业材料采购的会计核算包括哪些内容？如何进行核算？
3. 工业企业生产过程的会计核算包括哪些内容？如何进行核算？
4. 如何归集、分配生产过程中发生的制造费用？
5. 工业企业销售过程中的会计核算主要包括哪些内容？如何进行核算？

6. 如何进行利润形成和利润分配的会计核算？

六、业务题

1. 目的：练习工业企业资金筹集业务的核算。

资料：欣荣有限责任公司发生下列经济业务。

(1) 收到股东追加的投资 200 000 元，存入银行，协议计入资本 150 000 元，其余作为溢价。

(2) 向银行借入 3 个月期借款 100 000 元，存入银行。

(3) 向银行借入 3 年期借款 800 000 元，存入银行。

(4) 从银行存款中支付本季度短期借款利息 32 000 元，本季度前两个月已预提短期借款利息 21 000 元。

(5) 以银行存款偿还短期借款 50 000 元，长期借款 100 000 元。

(6) 收到乙公司投资的企业商标权一项，投资双方确认的价值为 200 000 元。

(7) 按规定将盈余公积金 30 000 元转作资本金。

(8) 接受外商捐赠的汽车一辆，价值 120 000 元。

要求：根据上述资料编制会计分录。

2. 目的：练习生产准备业务的核算。

资料：甲企业发生下列采购业务(甲企业为增值税一般纳税人，增值税税率为 13%)，运费不考虑增值税。

(1) 企业用银行存款 50 000 元购买不需要安装的设备一台。

(2) 企业用银行存款购买需要安装的设备一台，买价 48 500 元，运费 1 500 元。

(3) 企业技术人员对上述设备进行安装，发生材料费 200 元，人工费 300 元。

(4) 从本市购进 A 材料 1 000 千克，单价 8 元，款项以银行存款付清，材料已验收入库。

(5) 从本市购进 B 材料 2 000 千克，单价 10 元，运杂费 300 元，全部款项均已支付，材料尚未运达企业。

(6) 从本市所购 B 材料已收到并验收入库。

(7) 从天山厂购进 A 材料 6 000 千克，单价 8 元；B 材料 4 000 千克，单价 10 元。对方代垫运杂费 900 元，材料已验收入库，款项尚未支付(运杂费按材料重量比例分摊)。

(8) 以银行存款支付前欠天山厂货款。

要求：根据上述资料编制会计分录。

3. 目的：练习工业企业生产过程的核算。

资料：欣欣股份有限公司 2020 年 8 月发生如下经济业务。

(1) 生产车间主任报销办公费 2 340 元，以现金付讫。

(2) 以银行存款支付本月水电费 19 500 元。其中，生产车间负担 16 000 元，行政管理部门负担 3 500 元。

(3) 摊销年初已支付应由本月负担的车间财产保险费用 500 元。

(4) 月末仓库报送本月汇总领料单，本月耗用的材料如表 3-33 所示。

表 3-33 欣欣股份有限公司材料耗用情况表

用 途	甲材料		乙材料		合计金额/元
	数量/千克	金额/元	数量/千克	金额/元	
生产 A 产品	1 500	15 000	2 500	37 500	52 500
生产 B 产品	3 000	30 000	3 500	52 500	82 500
小 计	4 500	45 000	6 000	90 000	135 000
车间一般耗用	650	6 500	320	4 800	11 300
合 计	5 150	51 500	6 320	94 800	146 300

(5) 计提本月固定资产折旧 25 000 元。其中,生产车间用固定资产应提折旧 18 000 元,行政管理部门用固定资产应提折旧 7 000 元。

(6) 月末,人事部门报来的工资计算单注明本月工资总额为 140 000 元。其中,A 产品生产工人工资 40 000 元,B 产品生产工人工资 60 000 元,生产车间管理人员工资 19 000 元,行政管理人员工资 21 000 元。同时,公司分别按照职工工资总额 10%、12%、2%和 10%的比例计提医疗保险费、养老保险费、失业保险费和住房公积金。

(7) 从银行提取 110 000 元现金,以备发放工资。

(8) 以现金支付职工工资 110 000 元。

(9) 按 A、B 产品的生产工人工资比例分配结转本月制造费用。

(10) 本月生产的 A 产品(1 500 件)全部没有完工,B 产品(2 000 件)全部完工并验收入库。结转本月完工产品的生产成本。(假定 A、B 两种产品期初均无在产品。)

要求: (1) 根据上述经济业务,为欣欣股份有限公司编制相关的会计分录。

(2) 计算 B 产品的总成本及单位成本。

4. 目的:练习工业企业销售过程的核算。

资料: 甲企业发生下列销售业务(甲企业为增值税一般纳税人,增值税税率为 13%)。

(1) 销售甲产品 1 000 件,货款计 100 000 元,增值税 13 000 元,款已收存银行。

(2) 预收华光厂乙商品销售款 550 000 元,存入银行。

(3) 向东南厂销售甲产品 4 000 件,货款计 400 000 元,增值税 52 000 元,产品已发出,货款尚未收到,另以银行存款代垫运杂费 2 000 元。

(4) 以银行存款支付产品广告宣传费及销售运费 5 600 元。

(5) 收到东南厂偿还前欠货款 454 000 元,已存入银行。

(6) 向华光厂销售乙产品 4 000 件,货款 600 000 元,增值税 78 000 元,抵偿预收款后尚有差额 128 000 元未结算。

(7) 华光厂交来货款差额 128 000 元,存入银行。

(8) 结转本月销售成本,其中甲产品 240 000 元,乙产品 440 000 元。

(9) 销售不需用的乙材料一批,货款 10 000 元,增值税 1 300 元,款项尚未收到。

(10) 销售不需用的材料,货款 30 000 元,增值税 3 900 元,款项已收到。

(11) 31 日结转本月销售材料的成本 35 000 元,编制相应的会计分录。

(12) 计算本期应交城建税 1 200 元。

(13) 按照规定用银行存款上缴本月城市维护建设税 1 200 元。

要求：根据上述经济业务编制会计分录。

5. 目的：练习工业企业财务成果的核算。

资料：欣欣股份有限公司 2019 年有关损益类账户的发生额如表 3-34 所示。

表 3-34　欣欣股份有限公司损益类账户发生额

会计账户名称	发生额(借或贷)	金　　额
主营业务收入	贷	1 550 000
其他业务收入	贷	77 000
公允价值变动损益	贷	3 000
投资收益	贷	60 000
营业外收入	贷	10 000
主营业务成本	借	800 000
其他业务成本	借	57 000
税金及附加	借	15 000
销售费用	借	70 000
管理费用	借	60 000
财务费用	借	15 000
资产减值损失	借	80 000
营业外支出	借	3 000

要求：根据以下经济业务事项编制相关的会计分录。

(1) 将各损益类账户的本期发生额结转到"本年利润"账户。

(2) 假定欣欣股份有限公司本年度无任何纳税调整项目，也无递延所得税费用和收益。按利润总额 25% 的比例计算应缴的所得税，同时结转所得税费用和净利润。

(3) 按净利润的 10% 提取法定盈余公积金。

(4) 按净利润的 40% 提取任意盈余公积金。

(5) 公司宣布按净利润的 30% 准备发放现金股利。

(6) 结转法定盈余公积金、任意盈余公积金及现金股利。

3.1.1 会计要素.mp4
 3.1.2 会计等式.mp4
 3.2.1 会计科目.mp4
 3.2.2 账户.mp4

 3.3 复式记账原理.mp4(1)
 3.4.1 借贷记账法的概念及内容.mp4
 3.4.2 会计分录.mp4
 3.4.3 借贷记账法应用举例.mp4

 3.4.4 账户的试算平衡.mp4
 3.4.5 账户的分类.mp4
 3.5.1 认识记账凭证.mp4
 3.5.2 记账凭证的填制方法(一).mp4

 3.5.3 记账凭证的填制方法(二).mp4
 3.5.4 记账凭证的审核与传递.mp4
 3.6.1 筹集资金业务的核算.mp4
 3.6.1.1 账户设置.mp4

 3.6.1.2 账务处理.mp4
 3.6.2.1 生产过程业务核算的内容及设置的账户.mp4
 3.6.2.2 生产成本的计算及生产过程业务的账务处理.mp4
 3.6.3.1 销售过程业务核算的内容及设置的账户.mp4

 3.6.3.2 销售过程业务的账务处理.mp4
 3.6.4.1 财务成果业务核算的内容及设置的账户.mp4
 3.6.4.2 利润形成及分配业务的账务处理.mp4

项目四 建账、登账及错账更正

【知识目标】

- 理解会计账簿的作用。
- 掌握各种账簿的内容、格式、登记依据。
- 掌握登记账簿的各种规则。

【技能目标】

- 能够设置日记账、总分类账、明细分类账。
- 熟练掌握日记账、总分类账、明细分类账的登记方法。
- 熟练掌握错账更正的方法。

> **案例引导**

税务干部丢失纳税人账簿引发的诉讼

四川省广安市中级人民法院对某县个体工商户包某状告该县国税局非法调取账簿后丢失，请求判令赔偿一案，做出了终审判决：判县国税局未按程序调取账务，且造成账簿丢失属违法行为；对上诉人包某提出的赔偿请求予以驳回。宣判后，诉讼双方均表示同意。

基本案情：1998年10月5日，四川省某县国税局某税务所干部陈某和廖某来到个体工商户包某副食门市部进行税务检查，包某对陈、廖二人出示的税务检查证存有异议而与其发生争执，并拒绝提供账簿。后经该镇派出所干警劝解，包某才将10本账簿拿出。检查人员在开具收据后将账簿带回。

次日，陈、廖二人因保管不善，将调取的10本账簿全部丢失。同年11月28日，包某以账簿上有10余万元的债权凭据为由，向县国税局申诉某税务所扣押账簿违法，并要求赔偿因债权凭据丢失而造成的全部经济损失。

1999年1月20日，县国税局做出了《关于对包某来信的回复及处理意见》，认为"陈、廖二人对包某实施的税务检查合法，对其赔偿请求视为无依据而不予赔偿"。包某不服，于2000年4月向县人民法院提起诉讼，将该县国税局推上了被告席。

法院判决：该县人民法院审理后，做出了如下判决。

(1) 确认税务所干部陈、廖两人于1998年10月5日对包某所实施的税务检查，收取包某账簿，以及《对包某来信的回复及处理意见》合法。

(2) 驳回包某要求被告赔偿直接经济损失15万元的诉讼请求。

对此，包某不服，并在法定期限内将本案上诉于广安市中级人民法院，请求二审法院依法改判。广安市中级人民法院审理认为：根据国家税务总局发布的《税务稽查工作规程》规定，实施税务稽查应当两人以上，并出示税务检查证；调取账簿及有关资料应当填写调取账簿资料通知书、调取账簿资料清单，并在3个月内完整退还。被告县国税局未举证证明在调取包某账簿时所填写的上述法规文书，且将原告包某的账簿丢失，故其调取包某账簿的具体程序违法，原判的此项认定属于适用法律不当，应予纠正。县国税局做出的《关于对包某来信的回复和处理意见》，且包某未就该行为起诉，故原判确认该回复及处理意见合法亦属不当，一并予以纠正。包某账簿中记载的债权凭据，属非有价证券，并且债权凭证的丢失，也不必然导致债权的丧失。县国税局丢失包某记载有债权凭据的账簿是事实，但包某在债权凭据丢失后，是否已经导致债权丧失尚不能确定的情况下，要求被告按债权数额赔偿其经济损失的请求于法无据，原判驳回其赔偿请求是正确的。

思考：

1. 被告为进行税务检查而调取账簿，为何被判违法？
2. 丢失个体工商户账簿是一种什么行为？
3. 本案中个体工商户在账簿丢失后提出的有关债权为何不能获得赔偿？

任务一　会计账簿概述

一、会计账簿的概念及作用

(一)会计账簿的概念

会计账簿(简称账簿)是由一定格式和相互联系的账页所组成，按会计科目开设，以会计凭证为依据，用来序时、分类地记录和反映各项经济业务的簿籍。设置会计账簿，是会计核算的一种专门方法，也是会计核算工作的重要环节。因此，正确设置和登记账簿，对加强经济管理具有十分重要的意义。

(二)会计账簿的作用

1. 账簿记录可以为企业的经济管理提供连续、全面、系统的会计信息

在会计核算中，通过填制和审核会计凭证，可以较为详细地反映和监督经济业务的发生和完成情况。但是，由于会计凭证数量多，又比较零星分散，每张会计凭证只能反映个别经济业务的内容，不便于事后查阅，因此不能满足经济管理的需要。通过设置和登记账簿，可以将大量分散在会计凭证中的核算资料，加以集中和归类整理，登记到账簿中去(在总分类账得到总括反映，在明细分类账中得到详细具体的反映)。

2. 账簿记录是编制会计报表的重要依据

账簿的记录是编制会计报表的主要数据资料来源，编制利润表可以从损益类账户中取得当期的收入、费用的资料，编制资产负债表可以从资产、负债、所有者权益类账户中取得相关的资料。账簿分门别类地对经济业务进行登记，汇总整理和积累一定时期的会计资料，为编制会计报表提供依据。因此，账簿记录的正确、完整与否，直接影响财务报告的质量。

3. 账簿记录为会计分析和会计检查提供经济档案

账簿积累了一定时期有关资产、负债、所有者权益、收入、费用和利润等各会计要素项目的档案资料。根据这些资料及其他相关资料，并采用特定的方法，就可以考核企业的经营成果，加强经济核算，为分析经济活动提供重要的依据。账簿记录可以在账面上反映出企业财产物资的数额，通过与实地盘点的实存数额的对比，可以检查财产物资是否妥善保管，确保财产物资的完整和安全。利用账簿提供的资料，可以有效地开展会计检查和会计分析。

二、会计账簿的种类

由于各个单位的经济业务和经营管理的要求不同，会计账簿的种类也有所不同。为了便于了解和运用会计账簿，可以从不同的角度按其用途、账页格式和外形特征等不同标志进行分类。

(一)账簿按用途分类

账簿按用途可分为序时账簿、分类账簿和备查账簿三类。

1. 序时账簿

序时账簿亦称日记账,是按照经济业务发生或完成时间的先后顺序,逐日、逐笔、顺序登记经济业务的账簿。按其记录内容的不同又分为普通日记账、专栏日记账和特种日记账三种。

(1) 普通日记账是用来登记各单位全部经济业务的日记账。普通日记账按照每日发生的经济业务的先后顺序逐项编制会计分录,因而这种日记账也称分录日记账。设置普通日记账的单位,一般不再单设特种日记账,以免重复。其格式如表4-1所示。

表4-1 普通日记账格式

普通日记账

2020年		凭证字号	摘 要	会计科目	借方金额	贷方金额	过账
月	日						
8	1	现收01	从银行提现	库存现金	6 000		√
				银行存款		6 000	√

(2) 专栏日记账是用设置若干专栏的形式,序时地记录和反映全部经济业务发生和完成情况的日记账。其主要特点是为那些常用的会计科目设置金额专栏,格式如表4-2所示。

表4-2 专栏日记账格式

专栏日记账

2020年		凭证字号	摘要	银行存款		材料采购	主营业务收入	其 他			过账
月	日			借方	贷方	(借方)	(贷方)	账户名称	借方	贷方	

(3) 特种日记账是专门用来记录某一特定项目经济业务发生情况的日记账。也就是将某类经济业务按其发生的先后顺序记入账簿中,反映这一特定项目的详细情况。例如,各经济单位为了对现金和银行存款加强管理,设置现金日记账和银行存款日记账,格式如表4-3和表4-4所示。

表 4-3 现金日记账(三栏式)格式

现金日记账(三栏式)

第　　页

年		凭证		摘要	对方科目	收入	支出	结余
月	日	字	号					

表 4-4 银行存款日记账(三栏式)格式

银行存款日记账(三栏式)

第　　页

年		凭证		摘要	现金支票号数	转账支票号数	对方科目	收入	支出	结余
月	日	种类	编号							

2. 分类账簿

分类账簿简称分类账，是指对全部经济业务按照总分类账户和明细分类账户进行分类登记的账簿。根据分类概括程度的不同，分类账簿又分为总分类账簿和明细分类账簿两种。

(1) 总分类账簿是按照总分类账户设置和登记的账簿，用来核算经济业务的总括内容。

(2) 明细分类账簿是按照明细分类账户设置和登记的账簿，用来核算经济业务的详细内容。

总分类账簿的总额与其所属明细分类账簿的金额之和应相等。它们的作用各不相同，但互为补充，为经营管理提供信息。

3. 备查账簿

备查账簿又称辅助账簿，是指某些在序时账簿和分类账簿中未能记载或记载不全的经济业务进行补充登记的账簿。该种账簿可以对某些经济业务的内容提供必要的参考资料，如租入固定资产登记簿、委托加工物资登记簿、代销商品登记簿等。

(二)账簿按账页格式分类

账簿按账页格式可分为三栏式、多栏式、数量金额式和横线登记式四种。

1. 三栏式账簿

三栏式账簿是指由设有借方、贷方和余额三个基本金额栏的账页所组成的账簿。三栏式账簿是账簿的基本形式,主要适用于总账、日记账和只进行金额核算不进行数量核算的明细账,如表4-5所示。

表4-5 总账(三栏式)格式

总　　账(三栏式)

会计科目：　　　　　　　　　　　　　　　　　　　　　　　　　　　第　　页

年		凭证		摘　要	借　方	贷　方	借或贷	余　额
月	日	字	号					

2. 多栏式账簿

多栏式账簿是由设有三个以上金额栏的账页组成的账簿。多栏式账页在三栏式账页的基础上,在借方、贷方下再设置若干栏,分别登记各项目的金额。这种账簿多用于反映各种收入、费用支出的明细账,如"管理费用""制造费用""生产成本"等明细账,如表4-6所示。

表4-6 制造费用明细分类账格式

制造费用 明细分类账(多栏式)

　　　　　　　　　　　　　　　　　　　　　　　　　　　　　　　　第　　页

年		凭证		摘　要	借　方					贷方	余额
月	日	字	号		工资和福利费	折旧费	材料费	水电费	合计		

3. 数量金额式账簿

数量金额式账簿是指在收入栏、发出栏和结存栏下分别设置数量、单价和金额三个小栏的账页组成的账簿。数量金额式账簿适用于既需要进行金额核算又需要进行数量核算的财产物资,并借以反映各种财产物资的实物数量和价值量。原材料、库存商品等明细账一般都采用数量金额式账簿,如表4-7所示。

表4-7 原材料明细账(数量金额式)格式

原材料 明细分类账(数量金额式)

最高储备量:
类　　　别:　　　　　　　　　　　　　　　　　　　　最低储备量:
品名或规格:　　　　　　　　　　　　　　　　　　　　计 量 单 位:
存 放 地 点:　　　　　　　　　　　　　　　　　　　　　　　　第　　页

年		凭证字号	摘要	收入			发出			结存		
月	日			数量	单价	金额	数量	单价	金额	数量	单价	金额

4. 横线登记式账簿

横线登记式账簿也称平行式明细分类账。其特点是在一行内登记前后密切相关的经济业务,以检查每项业务完成及变动情况。其适用于材料采购、应收票据和一次性备用金业务的核算,如表4-8所示。

表4-8 其他应收款明细分类账(横线登记式)格式

其他应收款 明细分类账(横线登记式)

二级或明细科目:　　　　　　　　　　　　　　　　　　　　　　　　第　　页

年		凭证号	摘要	借方			年		凭证号	摘要	贷方			余额
月	日			原借	补付	合计	月	日			报销	退款	合计	

(三)账簿按外形特征分类

账簿按外形特征可分为订本式账簿、活页式账簿、卡片式账簿和磁盘式账簿四种。

1. 订本式账簿

订本式账簿又称订本账,是在启用前将若干账页固定装订成册的账簿。使用订本式账簿便于顺序记载,可以避免账页散失,防止抽换账页,有利于保证会计档案的完整性和严肃性。

优点:能够避免账页散失和人为抽换账页,保证其安全性。

缺点:必须事先估计每个账户所需要的账页张数。一本账簿同一时间只能由一个人登记,不利于分工协作;同时,订本式账簿账页固定,不能根据实际情况增减账页。

适用范围:比较重要和所需账页数量变化不大的账簿使用订本式,如总账、现金日记账和银行存款日记账。

2. 活页式账簿

活页式账簿是指平时使用零散账页记录经济业务并将已使用的账页用账夹夹起来,年末再将本年所登记的账页装订成册并连续编号的账簿。

优点:便于记账分工,节省账页,且登记方便。

缺点:账页容易散失和被人为抽换。

适用范围:适用于除债权、债务结算类账户以外的所有明细账。

3. 卡片式账簿

卡片式账簿是指用印有记账格式和特定内容的卡片登记经济业务的账簿,是一种特殊的活页式账簿。

优点:使用比较灵活,保管比较方便,有利于详细记录经济业务的具体内容,可跨年度使用,无须经常更换。

缺点:容易散失,一般应装置在卡片箱内。

适用范围:所记内容比较固定的明细账,如固定资产明细账等。

4. 磁盘式账簿

磁盘式账簿是指电脑磁盘储存的账簿。这种账簿没有"账"的形式。在实行会计电算化后,"账"在电脑内作为"文件"打印输出前,是看不见、摸不着的。打印输出后,才有实体账簿。

优点:体积小,信息量大,可以随时启用和分析。

缺点:没有"账的形式",一旦发生意外损坏,损失不可估量。

适用范围:所有账簿。

任务二　会计账簿的设置及登记

一、会计账簿设置的原则及其基本内容

(一)会计账簿设置的原则

1. 统一性原则

各企业单位应当按照国家统一会计制度的规定和会计业务的需要设置账簿，所设置的账簿要能保证全面、系统地核算和监督各单位经济活动情况，为经营管理提供全面、系统、分类的会计核算资料。

2. 科学性原则

账簿的设置要组织严密、层次分明。账簿之间要互相衔接、互相补充、互相制约，能清晰地反映账户的对应关系，以便能提供完整、系统的资料。

3. 实用性原则

设置账簿要在满足实际需要的前提下，考虑人力或物力的节约，力求避免重复设账。账簿的格式要按照所记录的经济业务内容和需要的核算指标进行设计，力求简明、清晰、实用。

(二)会计账簿的基本内容

会计账簿的种类较多，格式也不同，一般应具备以下基本内容。

1. 封面

封面主要写明账簿的名称和记账单位名称等信息。

2. 扉页

扉页主要列明账簿科目索引，标明账簿启用的日期和截止日期、页数、册数，经管账簿人员一览表等。其格式如表4-9所示。

3. 账页

账页格式有多种形式，是账簿中用来记录经济业务的主要载体，是账簿的核心部分，一般包括账户的名称、登记账户的日期栏、凭证种类和号码栏、摘要栏、金额栏、总页次和分户页次等基本内容。

表 4-9 账簿使用登记表格式

账簿使用登记表

单位名称		印花粘贴处
账簿名称		
册次及起讫页数	自　　页起至　　页止共　　页	
启用日期	年　月　日	
停用日期	年　月　日	

经管人员姓名	接管日期	交出日期	经管人员盖章	会计主管人员盖章
	年　月　日	年　月　日		
	年　月　日	年　月　日		
	年　月　日	年　月　日		
	年　月　日	年　月　日		
	年　月　日	年　月　日		
	年　月　日	年　月　日		

备注	单位公章

二、会计账簿的启用

启用会计账簿时，应当在账簿封面上写明单位名称和账簿名称。在账簿扉页上应当附启用表，内容包括：启用日期，账簿页数，记账人员和会计机构负责人、会计主管人员的姓名，并加盖名章和单位公章。记账人员或者会计机构负责人、会计主管人员调动工作时，应当注明交接日期、接办人员或者监交人员的姓名，并由交接双方人员签名或者盖章。

启用订本式账簿，应当从第一页到最后一页顺序编定页数，不得跳页、缺号。使用活页式账页，应当按账户顺序编号，并须定期装订成册。装订后再按实际使用的账页顺序编定页码。另加目录，记明每个账户的名称和页次。

实行会计电算化的单位，用计算机打印的会计账簿必须连续编号，经审核无误后装订成册，并由记账人员和会计机构负责人、会计主管人员签名或者盖章。

三、会计账簿的记账规则

为了保证账簿记录的正确、规范，记账人员登记会计账簿时应遵守下列规则。

(一)根据审核无误的会计凭证登记会计账簿

依据经过审核无误的会计凭证登记会计账簿，是基本的会计记账规则。记账人员在登记账簿之前，应当首先审核会计凭证的合法性、完整性和真实性，这是确保会计信息质量的重要措施。

(二)准确完整

登记会计账簿时，应当将会计凭证日期、编号、业务内容摘要、金额和其他有关资料逐项记入账内，做到数字准确、摘要清楚、登记及时、字迹工整。每一项会计事项，一方面要记入有关的总账；另一方面要记入该总账所属的明细账。账簿记录中的日期，应该填写记账凭证上的日期；以自制原始凭证，如收料单、领料单等，作为记账依据的，账簿记录中的日期应按有关自制凭证上的日期填列。

(三)注明记账符号

为了避免发生重记或者漏记，记账人员根据记账凭证登记账簿完毕后，应在记账凭证上签名或盖章，并在记账凭证的"过账"栏内注明账簿页数或划"√"，表示记账完毕。

(四)书写留空

账簿中书写的文字和数字上面要留有适当的空格，不要写满格，一般应占格距的1/2。这样，在一旦发生登记错误时，能比较容易地进行更正，同时也方便查账工作。

(五)正常记账使用蓝黑色墨水

为了保持账簿记录的持久性，且防止涂改，登记账簿必须使用蓝黑色墨水或碳素墨水并用钢笔书写，不得使用圆珠笔(银行的复写账簿除外)或者铅笔书写。

(六) 特殊记账使用红色墨水

在下列情况下，可以使用红色墨水记账。

(1) 按照红字冲账的记账凭证，冲销错误记录。
(2) 在不设借贷等栏的多栏式账页中，登记减少数。
(3) 在三栏式账户的"余额"栏前，如未印明余额方向的，在"余额"栏内登记负数余额。
(4) 根据国家统一的会计制度规定可以用红字登记的其他会计记录。

会计中的红字表示负数，因此，除上述情况外，不得用红色墨水登记账簿。

(七) 连续登记

会计账簿应当按照账户页次逐页逐行登记，不得隔页、跳行。如果无意发生隔页、跳行现象，应在空页、空行处用红色墨水画对角线注销，或者注明"此页空白"或"此行空白"字样，并由记账人员和会计机构负责人(会计主管人员)签章，以明确责任。

(八) 结出余额

凡需要结出余额的账户，结出余额后，应当在"借或贷"栏内注明"借"或"贷"字样，以示余额的方向；对于没有余额的账户，应在"借或贷"栏内写"平"字，并在"余额"栏用 0 表示。现金日记账和银行存款日记账必须逐日结出余额；债权债务明细账和各项财产物资明细账，每次记账后，都要随时结出余额；总账账户平时每月需要结出月末余额。

(九) 过次页承前页

每一账页登记完毕结转下页时，应当结出本页发生额合计及余额，写在本页最后一行和下页第一行有关栏内，并在"摘要"栏内注明"过次页"和"承前页"字样；也可以将本页合计数及余额只写在下页第一行有关栏内，并在"摘要"栏内注明"承前页"字样，以保持账簿记录的连续性，便于对账和结账。

对需要结计本月发生额的账户，结计"过次页"的本页合计数应当为自本月初起至本页末止的发生额合计数；对需要结计本年累计发生额的账户，结计"过次页"的本页合计数应当为自年初起至本页末止的累计数；对既不需要结计本月发生额，也不需要结计本年累计发生额的账户，可以只将每页末的余额结转次页。

(十) 不得随意刮擦涂改

如果发生账簿记录错误，不得随意刮、擦、挖补或用褪色药水更改字迹，而应采用规定的方法更正。

四、日记账的设置与登记方法

在会计工作中，先后出现了以下几种日记账：普通日记账、专栏日记账和特种日记账等。但在现代会计实务中，前两种日记账已很少设置，在此只作简单介绍，着重介绍的是特种日记账的设置与登记。

(一)普通日记账的设置与登记

普通日记账是用来序时地反映和逐笔记录全部经济业务的日记账。其特点是设有借方和贷方两个金额栏，对每天发生的经济业务按其先后顺序，记入有关会计科目借方和贷方的金额栏，因此又称为两栏式日记账或分录簿。

登记普通日记账，首先在"年、月、日"栏内记入经济业务发生或完成的日期，在"凭证字号"栏内填入编号，在"摘要"栏内填上简要说明，在"会计科目"栏内填写应借、应贷的会计科目，并将金额记入"借方金额"和"贷方金额"两个金额栏内。每天根据日记账中应借、应贷的会计科目和金额登记总分类账，并在"过账"栏内画"√"，表示已经过账，避免重记或漏记。

普通日记账的优点是可以将每天发生或完成的经济业务逐笔地加以反映。其缺点是只有一本日记账，不便于分工记账，也不能将不同的经济业务分类地加以归集和反映，而且逐笔过账，工作比较繁重。因此，这种日记账目前在我国已很少使用。

(二)专栏日记账的设置与登记

由于普通日记账存在着种种缺陷，因此人们就设想如何来改进日记账的设置与登记。

企业在生产经营过程中，有许多经济业务是经常、大量、重复发生的。例如，现金的收支，银行存款的收付，物资采购、制造费用和管理费用的支付等。为了减少这些重复业务的逐笔过账工作，可以在日记账中按那些常用的会计科目分别设置专栏，以专栏来汇总同类经济业务的数额，然后据以一次过入各有关分类账，从而便出现了专栏日记账。

专栏日记账也是用来序时地记录和反映全部经济业务的发生或完成情况的日记账。其主要特点是为那些常用的会计科目设置金额专栏，故又称为多栏式日记账。

凡在专栏日记账中设有专栏的账户，可定期地(如月末)根据专栏的合计数一次过入有关分类账。凡未设专栏的账户，则在"其他"栏内写明会计科目及其应借、应贷的金额，并按会计科目将有关金额逐笔过入有关分类账。这样就节省了大量的过账工作量，这是它的优点。其缺点是只设一本日记账，不便于分工记账，若专栏设置过多的话，还会造成账页太长，而且也不能分类地归集和反映经济业务的发生和完成情况。因此，专栏日记账也很少采用。

(三)特种日记账的设置与登记

普通日记账和专栏日记账都有一个共同的特点，就是不能使记账工作分工进行，影响了记账工作的效率。为了解决这一不足，人们通过会计实践，总结出把大量重复发生的同类经济业务集中在一本日记账中进行登记的方法，这就出现了特种日记账。

特种日记账是用来序时地记录和反映某一类经济业务的发生或完成情况的日记账。目前广泛应用的特种日记账有：现金日记账、银行存款日记账。根据现行会计制度要求，每一个经济单位都应设置现金日记账和银行存款日记账，用来序时核算现金和银行存款的收入、付出和结存情况，借以加强对货币资金的管理。现金日记账、银行存款日记账从外表形式看必须采用订本式，从账簿格式看有三栏式、多栏式两种。这里重点介绍三栏式现金日记账和银行存款日记账。

1. 现金日记账的设置与登记

(1) 三栏式现金日记账一般设收入、支出和余额三个基本金额栏目。其具体格式如表 4-10 所示。

表 4-10 现金日记账(三栏式)格式

现金日记账(三栏式)

第 页

2020年		凭证		摘要	对方科目	收入	支出	结余
月	日	字	号					
8	1			期初余额				100.00
8	1	银付	1	从银行提取备用金	银行存款	2 000.00		
	1	现付	1	报销差旅费	管理费用		1 000.00	
	1	现付	2	购买办公用品	管理费用		500.00	
	1			本日合计		2 000.00	1 500.00	600.00

现金日记账中的"年、月、日""凭证字号""摘要""对方科目"栏根据现金收、付款凭证或与现金有关的银行付款凭证上的相应内容逐笔填写;"收入"栏根据现金收款凭证或与现金有关的银行付款凭证登记;"支出"栏根据现金付款凭证登记。每日业务终了,应分别结出当日现金收入和支出合计数及账面余额,结出的当日现金收入和支出合计数及账面余额应在当日最后一笔记录的下一行进行记录,不得跳行隔页,并在"摘要"栏注明本日合计,在该行下面画一条通栏单红线,以便识别。现金账面余额的计算公式如下。

现金日余额=上日现金余额+本日现金收入合计-本日现金支出合计

每日结出的现金余额应与库存现金实有数核对相符,做到日清月结。

【例 4-1】某公司 2020 年 8 月 1 日,现金日记账余额为 100 元,当日发生 3 笔现金收付业务:从银行提取现金 2 000 元备用;报销差旅费 1 000 元;报销办公费 500 元。分别编制记账凭证如下。

银付1号:　借:库存现金　　　　　2 000
　　　　　　　贷:银行存款　　　　　　2 000
现付1号:　借:管理费用　　　　　1 000
　　　　　　　贷:库存现金　　　　　　1 000
现付2号:　借:管理费用　　　　　500
　　　　　　　贷:库存现金　　　　　　500

根据上述记账凭证登记现金日记账,如表 4-10 所示。

(2) 多栏式现金日记账采用多栏式账页,并在其"收入"栏、"支出"栏内均按对方科目设置专栏。在"收入"栏设贷方科目(收入的来源),在"支出"栏设借方科目(支出的用途),登记账簿时,将对方科目填写在专栏内。月末结账时,可以结出各"收入"栏和"支出"栏的合计数,便于对现金收支的合理性、合法性进行审核分析,检查财务收支计划的执行情况。其全月合计数还可以作为登记总账的依据。其具体格式如表4-11所示。

表4-11 现金日记账(多栏式)格式

现金日记账(多栏式)

第　　页

2020年		凭证字号	摘要	收入					支出					结余
月	日			主营业务收入	其他业务收入	银行存款	……	合计	材料采购	管理费用	销售费用	……	合计	

2. 银行存款日记账的设置与登记

银行存款日记账是用来反映银行存款的增加、减少和结存情况的账簿,通常是由出纳员根据银行存款收、付款凭证和现金付款凭证(记录现金存入银行业务)逐日、逐笔按经济业务发生的先后顺序进行登记。银行存款日记账的格式与现金日记账的格式相同,有三栏式和多栏式两种。

三栏式银行存款日记账的格式如表4-12所示。

表4-12 银行存款日记账格式

银行存款日记账

第　　页

2020年		结算凭证	凭证		摘要	对方科目	收入	支出	结余
月	日		字	号					
8	1				期初余额				200 000.00
8	1	现金支票001#	银付	1	从银行提取现金	库存现金		2 000.00	
	1	转账支票016#	银收	1	收取前欠货款	应收账款	70 000.00		
	1	转账支票076#	银付	2	支付前欠材料款	应付账款		50 000.00	
	1				本日合计		70 000.00	52 000.00	218 000.00

银行存款日记账中的"年、月、日""凭证字号""摘要""对方科目"栏根据银行存款收款凭证和银行存款付款凭证或与银行存款有关的现金付款凭证的相关内容逐笔填写;"结算凭证"栏登记有关银行结算凭证的类别与号码,便于与银行核对账目;"收入"栏根据银行存款收款凭证或与银行存款有关的现金付款凭证登记;"支出"栏根据银行存款付款凭证登记;每日业务终了,应分别结出当日银行存款收入和支出合计数及余额。银

行存款账面余额计算公式如下。

银行存款日余额=上日银行存款余额+本日银行存款收入合计-本日银行存款支出合计

银行存款日记账应按开户银行名称和存款币种分别设置。银行存款日记账应定期与银行对账单核对，每月至少核对一次。

【例4-2】 某公司2020年8月1日，银行存款日记账余额为200 000元，当日发生3笔银行存款收付业务：从银行提取现金2 000元备用，现金支票号码为001号；转账收取前欠货款70 000元，转账支票号码为016号；转账支付前欠材料款50 000元，转账支票号码为076号。分别编制记账凭证如下。

银付1号：　借：库存现金　　　　2 000
　　　　　　　贷：银行存款　　　　　　2 000
银收1号：　借：银行存款　　　　70 000
　　　　　　　贷：应收账款　　　　　　70 000
银付2号：　借：应付账款　　　　50 000
　　　　　　　贷：银行存款　　　　　　50 000

根据上述记账凭证登记银行存款日记账(见表4-12)。

五、总分类账的设置与登记方法

总分类账是按照一级会计科目设置的，是对全部经济业务进行分类、连续记录的账簿。它能够全面、总括地反映经济活动的情况和结果，可以为编制会计报表、会计分析提供总括的资料。每一会计主体都必须设置总分类账。

总分类账一般采用订本式账簿、三栏式账页。一本总分类账基本上包括一个会计主体的所有一级账户。每个一级账户在总分类账中都占有独立的账页，账页的多少，应视经济业务的多少而定。经济业务少的账户只需一张账页，经济业务多的账户可以预留若干张账页。三栏式总账的格式如表4-13所示。

表4-13　总账格式

总　　账

会计科目：短期借款　　　　　　　　　　　　　　　　　　　　　　　　　　　　第　　页

2020年		凭　证		摘　要	借　方	贷　方	借或贷	余　额
月	日	字	号					
8	1			期初余额			贷	80 000.00
	11	科汇	1	1—10日汇总	70 000.00	30 000.00	贷	40 000.00
	21	科汇	2	11—20日汇总	30 000.00	20 000.00	贷	30 000.00
	31	科汇	3	21—31日汇总	20 000.00	150 000.00	贷	160 000.00
	31			本月发生额及期末余额	120 000.00	200 000.00	贷	160 000.00

总分类账的登记方法，因企业所采用的账务处理程序不同而有差异。归纳起来主要有逐笔登记和汇总登记两种方法。

(1) 逐笔登记法就是根据记账凭证逐笔连续登记各账户，即根据记账凭证的日期和编号，登记账户的"年、月、日"栏和"凭证字号"栏，写明"摘要"，把应借、应贷的金额记入各账户的"借方"栏或"贷方"栏，每日登记完毕应结出余额，并确定余额的性质(借余或贷余)。

(2) 汇总登记法就是定期将所有的记账凭证，按照一定的方法汇总编制成汇总记账凭证或科目汇总表，再据以登记账户。登记时，在"摘要"栏只需注明发生额的起止日期，把应借、应贷的金额记入各账户的同一行的"借方""贷方"栏，并结出余额。经济业务较多的企业，采用此方法可以减少总账的登记工作量。

无论采用何种登记方法，月份终了时全部经济业务登记完毕后，必须结出本期借方发生额、贷方发生额和期末余额，并注明余额的性质。

经济业务少的单位也可以设置多栏式总分类账。多栏式总分类账一般将一个会计主体的全部总分类账户填列在一张账页中。多栏式总分类账的账户对应关系比较清楚，可反映经济活动的全貌，但账页篇幅大，不便于会计人员记账。

【例 4-3】 某公司采用科目汇总表账务处理程序。2020 年 8 月 11 日、21 日和 31 日分别对 1—10、11—20 日和 21—31 日各账户的发生额进行汇总，编制了科汇 1 号、科汇 2 号和科汇 3 号 3 张科目汇总表。其中，"短期借款"借方发生额合计分别为 70 000 元、30 000 元、20 000 元，贷方发生额合计分别为 30 000 元、20 000 元、150 000 元，据以登记"短期借款"总分类账(见表 4-13)。已知"短期借款"账户的期初余额为 80 000 元。

六、明细分类账的设置和登记方法

明细分类账是根据二级科目或明细科目开设的，用以登记某一类经济业务，提供明细核算资料的账簿。它能够具体、详细地反映经济活动的情况和结果，有利于加强财产物资的管理，监督往来款项的结算，也能为编制会计报表提供必要的资料。因此，会计主体在设置总分类账的基础上，还应根据本单位经济业务的特点和企业管理的需要，设置必要的明细分类账，以进一步了解各总分类账具体、详细的情况。

明细分类账一般采用活页式账簿，其账页可根据各项经济业务的内容和管理的需要来设计。明细分类账的账页格式主要有三栏式、数量金额式、多栏式和横线登记式四种。

(一)三栏式明细分类账

三栏式明细分类账账页格式与总分类账相同，一般只设"借方""贷方"和"余额"三个金额栏，不设数量栏，如表 4-14 所示。这种明细分类账适用于只需要进行金额核算，不需要进行数量核算的明细账户，如"应收账款""应付账款"等账户。

表 4-14 应收账款明细分类账格式

应收账款明细分类账

明细科目：宏达工厂　　　　　　　　　　　　　　　　　　　　　　　　　　第　　页

2020年		凭证		摘要	借方	贷方	借或贷	余额
月	日	字	号					
8	1			期初余额			借	20 000.00
	15	转	3	销售商品款未收	35 000.00		借	55 000.00
	19	银收	10	收回期初欠款		50 000.00	借	5 000.00
	31			本期发生额及期末余额	35 000.00	50 000.00	借	5 000.00

三栏式明细分类账一般根据记账凭证及其所附原始凭证或原始凭证汇总表逐日、逐笔登记或定期汇总登记，但应收、应付款等往来明细账应逐日、逐笔进行登记。三栏式明细分类账中的"年、月、日""凭证字号""摘要"栏根据记账凭证相关栏目内容填写，"借方"金额栏和"贷方"金额栏根据记账凭证及其所附原始凭证或原始凭证汇总表中相关数字填写，并随时结出余额，并注明余额性质。月份终了时结算出本月发生额合计和期末余额。

(二)数量金额式明细分类账

数量金额式明细分类账适用于既需要进行金额核算，又需要进行数量核算的经济业务，如原材料、产成品等财产物资的明细核算。设置"收入""发出"和"结存"三个基本栏目，每栏再分设"数量""单价"和"金额"三栏，同时可以根据实际需要在账页的上端设置一些必要的项目。它以实物和货币两种计量单位同时核算经济业务所引起的实物数量变化和价值变化。

数量金额式明细分类账中的"收入"栏可根据记账凭证及其所附的原始凭证，逐笔登记数量、单价和金额，"发出"栏和"结存"栏的登记因发出材料计价方法的不同而有差异，本书仅介绍物资采购单价完全相同情况下数量金额式明细分类账的登记方法。具体格式如表4-15所示。

【例4-4】 某公司3号仓库2020年7月结存原材料——主要材料——A型号圆钢40吨，单价1 000元。8月10日，外购30吨验收入库，单价1 000元，金额30 000元，已根据"入库单"填制转字16号记账凭证；8月20日，生产车间领用10吨A型号圆钢，领料单编号为2207号，填制转字28号记账凭证。该公司采用个别计价法计算发出材料的成本。根据上述凭证登记数量金额式明细分类账，如表4-15所示。

项目四　建账、登账及错账更正

表 4-15　原材料明细分类账

原材料明细分类账

最高存量：　　　　最低存量：　　　　计量单位：吨　　　分页：　　　　总页：

存放地点：3 号仓库　　名　称：圆钢　　规　格：A　　类别：主要材料

2020年		凭证		摘　要	收　入			发　出			结　存		
月	日	字	号		数量	单价	金额	数量	单价	金额	数量	单价	金额
8	1			期初余额							40	1 000.00	40 000.00
	10	转	16	材料验收入库	30	1 000.00	30 000.00				70	1 000.00	70 000.00
	20	转	28	生产领用				10	1 000.00	10 000.00	60	1 000.00	60 000.00
	31			本期发生额及余额	30	1 000.00	30 000.00	10	1 000.00	10 000.00	60	1 000.00	60 000.00

(三)多栏式明细分类账

多栏式明细分类账是根据经济业务的性质和要求，在一张账页内设置若干专栏，集中反映某一总账账户的各明细项目的详细资料。它适用于各种费用、收入等明细科目核算，如管理费用明细分类账、主营业务收入明细分类账、本年利润明细分类账等。

由于企业经济业务反映的内容不同，专栏的设置也不一致，如管理费用明细分类账发生的业务大多在借方，因此专栏只需反映借方金额，对于发生很少的一笔或几笔贷方金额，可在借方有关栏内用红字登记，表示从借方发生额中冲减。而本年利润明细分类账既有借方发生额，又有贷方发生额，应按借方、贷方分别设置专栏进行登记。多栏式明细账分类有以下两种格式。

(1) 设有"借方""贷方"和"余额"三个基本栏，在"借方"和"贷方"栏再分别按明细科目设置专栏。这种格式适用于借方和贷方的经济业务发生都比较多的账户，如"应交税费""本年利润""生产成本"等账户。

"应交税费——应交增值税"明细分类账的格式如表 4-16 所示。"本年利润"明细分类账的格式如表 4-17 所示。同时设置"借方""贷方"和"余额"栏的"生产成本"明细分类账的格式如表 4-18 所示。

表 4-16 "应交税费——应交增值税"明细分类账格式

应交税费——应交增值税明细分类账

总第　页　分第　页

年		凭证号数	摘要	借方					贷方					借或贷	余额
月	日			合计	进项税额	已交税金	转出未交增值税	出口抵减内销产品应纳税额	合计	销项税额	进项税额转出	转出多交增值税	出口退税		

表 4-17 "本年利润"明细分类账格式

本年利润明细分类账

总第　页分第　页

年		凭证字号	摘要	借方				贷方			借或贷	余额
月	日			主营业务成本	销售费用	管理费用	合计	主营业务收入	其他业务收入	合计		

表 4-18 "生产成本"明细分类账格式

生产成本明细分类账

产品名称：甲产品　　　　　完工产品数量：30 件

2020年		凭证		摘　要	借方(成本项目)				贷方	借或贷	余额
月	日	字	号		直接材料	直接人工	制造费用	合计			
4	11	转	14	原材料	10 000			10 000		借	10 000
	15	转	16	燃料	2 000			2 000		借	12 000
	17	转	18	生产工人工资		5 000		5 000		借	17 000
	19	转	19	生产工人福利费		700		700		借	17 700
	25	转	21	生产用电力	1 000			1 000		借	18 700
	30	转	29	分配制造费用			3 000	3 000		借	21 700
	30	转	30	结转完工产品成本					21 700	平	0
	30			本期发生额及余额	13 000	5 700	3 000	21 700	21 700	平	0

(2) 只设"借方"栏，不设"贷方"栏，在"借方"栏按明细科目分设专栏进行登记。这种格式适用于借方的经济业务发生比较多，而贷方的经济业务发生比较少的账户，如"生产成本""制造费用""管理费用""销售费用"等成本费用账户。多栏式明细账的专栏数量应根据企业经营业务的特点、核算对象的内容、经营管理对核算指标数量、详细程度的要求和重要性原则确定。主要费用项目和经常发生的费用项目设专栏单独列示，不经常发生的或次要的费用项目可合并反映。由于这种格式的多栏式明细账只设"借方"栏在会计实务中已约定俗成，因而账页中省略"借方"字样。收入类总分类账户的明细科目较多时，也可采用只设"贷方"不设"借方"的多栏式明细账。

多栏式明细账登记时，借贷发生额一般根据记账凭证上相应账户的借方资金额逐笔登记，而对于只设借(或贷)栏，不设另一方"金额"栏及"余额"栏的账页，其减少金额通常用红字在相应的借(或贷)栏目中登记，以示与原发生额冲销。

只设"借方"栏，不设"贷方"栏的"生产成本"明细分类账的格式如表 4-19 所示。"管理费用"明细分类账的格式如表 4-20 所示。

表 4-19 "生产成本"明细分类账格式

生产成本明细分类账

产品名称：乙产品　　　　　完工数量：50 件　　　　　　　　　　　总第　　页分第　　页

2020年		凭证		摘　要	成本项目			合　计
月	日	字	号		直接材料	直接人工	制造费用	
4	1			期初余额	15 000	600	400	16 000
	14	转	9	原材料	20 000			20 000
	17	转	18	生产工人工资		6 000		6 000
	17	转	19	生产工人福利费		840		840
	30	转	23	分配制造费用			4 000	4 000
	30			生产费用合计	35 000	7 440	4 400	46 840
	30	转		结转完工产品成本	☐20 000☐	☐7 040☐	☐3 200☐	☐30 240☐
	30			期末余额	15 000	400	1 200	16600

注：数字外加框表示红字。

表 4-20 "管理费用"明细分类账格式

管理费用明细分类账

总第　　页分第　　页

年		凭证		摘要	合计	工资	福利费	办公费	材料费	差旅费	车辆费	通信费	税费	招待费	……
月	日	字	号												

(四)横线登记式明细分类账

横线登记式明细分类账实质上也是一种多栏式明细分类账,是在账户"借方"栏和"贷方"栏的同一行内,记录某一经济业务从发生到结束的所有事项,也称为平行式明细分类账。横线登记式明细分类账的特点是:将每一相关的业务登记在一行,从而可依据每一行各个栏目的登记是否齐全来判断该项业务的进展情况。由于每行代替一张明细账页,因而还可以节约账页。横线登记式明细分类账适用于需要逐笔对照清算的经济业务,如"在途物资""其他应收款"等账户。其格式如表 4-21 所示。

表 4-21 "在途物资"明细分类账格式

在途物资明细分类账

明细科目:圆钢　　规格型号:A　　计量单位:吨　　　　　　　　　　　　第　　页

2020 年		凭证		摘要	借方					2020 年		凭证		摘要	贷方		
月	日	字	号		数量	采购成本	运杂费	其他	合计	月	日	字	号		数量	单价	金额
8	18	银付	19	购买材料	30	60 000	3 000	300	63 300	8	22	转	23	材料验收入库	30	2 110	63 300

【例 4-5】 某公司 2020 年 8 月 18 日采购主要材料 A 型号圆钢 30 吨,单价 2 000 元,支付运杂费 3 000 元,保险费 300 元,转账付讫。根据增值税专用发票等单据编制记账凭证如下。

(1) 银付 19 号。
借：在途物资　　　　　　　　　　　63 300
　　应交税费——应交增值税(进项税额)　7 800
　　贷：银行存款　　　　　　　　　　　　71 100
22 日，办理验收入库手续，根据入库单编制记账凭证如下。
(2) 转字 23 号。
借：原材料　　　　　　　　　　　　63 300
　　贷：在途物资　　　　　　　　　　　　63 300
根据以上凭证登记横线登记式在途物资明细分类账(见表 4-21)。

七、总分类账和明细分类账的平行登记

通过前面的学习我们已经知道，总分类账与明细分类账的核算内容相同，但反映内容的详细程度不同。总分类账对所属明细分类账起着统驭作用；明细分类账对总分类账的具体内容起着补充和说明作用。由于总分类账与明细分类账的登记依据相同，反映的对象相同，核算内容相同，两者结合起来可以既总括又详细地反映同一会计事项，因此总分类账与明细分类账必须进行平行登记。

平行登记是指对发生的经济业务，根据同一会计凭证，在同一会计期间内以相等的金额和相同的方向，既在有关总分类账户中进行总括登记，又在有关明细分类账户中进行明细登记的方法。总分类账与明细分类账的平行登记要点可以概括为"依据相同，方向相同，期间相同，金额相等"，即：登记总分类账户与登记其所属明细分类账户时应以相同的会计凭证为依据；将经济业务登记到某一总分类账户和它所属的明细分类账户时，登记的方向必须保持一致；登记总分类账和明细分类账必须在同一会计期间内完成；记入总分类账户的金额，必须与记入其所属一个或多个明细分类账户的金额合计数相等。只有这样，才能证明总分类账户与其所属明细分类账户的平行登记正确。

会计核算中，通常利用总分类账户与所属明细分类账户的金额相等的关系，对总分类账户进行核对，检查账户登记是否正确。如果有关数字不等，则记账有错，应予以更正。

现举例说明总分类账和明细账的平行登记方法。

【例 4-6】远宏公司 2020 年 7 月末有关账户余额如下。

"原材料"总分类账户为 9 000 元，其所属明细账户为：甲材料 400 千克，单价 5 元，计 2 000 元；乙材料 1 500 千克，单价 2 元，计 3 000 元；丙材料 1 000 千克，单价 4 元，计 4 000 元。"应付账款"总分类账户为 5 000 元，其所属明细账为：应付 A 厂 1 500 元，应付 B 厂 1 000 元，应付 C 厂 2 500 元。

该公司 8 月份发生下列经济业务。

(1) 3 日，发出甲材料 200 千克、乙材料 400 千克、丙材料 500 千克。上述材料直接用于产品生产。

(2) 8 日，从 A 厂购入甲材料 1 000 千克，单价 5.1 元。材料已验收入库，货款尚未支付(不考虑增值税等其他费用问题)。

(3) 10 日，从 B 厂购入乙材料 800 千克，单价 2.2 元；同时购入丙材料 700 千克，单

价4.2元。材料已入库,货款未付。

(4) 12日,从C厂购入甲材料500千克,单价5.2元;同时购入丙材料800千克,单价4.9元。材料入库,货款未付。

(5) 18日,以银行存款偿还A厂材料款2 000元,偿还B厂材料款1 500元,偿还C厂材料款2 500元。

根据上述材料,用平行登记的方法进行核算。

(1) 根据上述业务编制会计分录如下。

① 借:生产成本　　　　　　　　3 800
　　贷:原材料——甲　　　　　　　　1 000
　　　　　　——乙　　　　　　　　　800
　　　　　　——丙　　　　　　　　2 000

② 借:原材料——甲　　　　　　　5 100
　　贷:应付账款——A厂　　　　　　5 100

③ 借:原材料——乙　　　　　　　1 760
　　　　　　——丙　　　　　　　2 940
　　贷:应付账款——B厂　　　　　　4 700

④ 借:原材料——甲　　　　　　　2 600
　　　　　　——丙　　　　　　　3 920
　　贷:应付账款——C厂　　　　　　6 520

⑤ 借:应付账款——A厂　　　　　2 000
　　　　　　——B厂　　　　　　1 500
　　　　　　——C厂　　　　　　2 500
　　贷:银行存款　　　　　　　　6 000

(2) 根据上述会计分录,平行记入"原材料"和"应付账款"总分类账户及所属明细分类账户(其他账户从略),并分别计算本期发生额及期末余额,如表4-22至表4-29所示。

表4-22 总分类账

总分类账

会计科目:原材料

2020年		凭证		摘要	借方	贷方	借与贷	余额
月	日	字	号					
8	1			月初余额			借	9 000
	3		(1)	生产领用材料		3 800	借	5 200
	8		(2)	收入外购材料	5 100		借	10 300
	10		(3)	收入外购材料	4 700		借	15 000
	12		(4)	收入外购材料	6 520		借	21 520
8	31			本期发生额及余额	16 320	3 800	借	21 520

表4-23 原材料明细分类账

原材料明细分类账

金额单位：元

明细分类账名称：甲材料　　　　　　　　　　　　　　　　　　　　　　　　　计量单位：千克

2020年		凭证字号	摘要	收入			发出			结存		
月	日			数量	单价	金额	数量	单价	金额	数量	单价	金额
8	1		月初结存							400	5	2 000
	3	(1)	生产领用材料				200	5	1 000	200	5	1 000
	8	(2)	收入外购材料	1 000	5.1	5 100				1 200		6 100
	12	(4)	收入外购材料	500	5.2	2 600				1 700		8 700
8	31		本期发生额及余额	1 500		7 700	200		1 000	1 700		8 700

表4-24 原材料明细分类账

原材料明细分类账

金额单位：元

明细分类账名称：乙材料　　　　　　　　　　　　　　　　　　　　　　　　　计量单位：千克

2020年		凭证字号	摘要	收入			发出			结存		
月	日			数量	单价	金额	数量	单价	金额	数量	单价	金额
8	1		月初结存							1 500	2	3 000
	3	(1)	生产领用材料				400	2	800	1 100	2	2 200
	10	(2)	收入外购材料	800	2.2	1 760				1 900		3 960
8	31		本期发生额及余额	800		1 760	400		800	1 900		3 960

表4-25 原材料明细分类账

原材料明细分类账

金额单位：元

明细分类账名称：丙材料　　　　　　　　　　　　　　　　　　　　　　　　　计量单位：千克

2020年		凭证字号	摘要	收入			发出			结存		
月	日			数量	单价	金额	数量	单价	金额	数量	单价	金额
8	1		月初结存							1 000	4	4 000
	3	(1)	生产领用材料				500	4	2 000	500	4	2 000
	10	(3)	收入外购材料	700	4.2	2 940				1 200		4 940
	12	(4)	收入外购材料	800	4.9	3 920				2 000		8 860
8	31		本期发生额及余额	1 500		6 860	500		2 000	2 000		8 860

表 4-26　总分类账

总分类账

会计科目：应付账款

2020 年		凭证		摘要	借方	贷方	借与贷	余额
月	日	字	号					
8	1			月初余额			贷	5 000
	8		(2)	购入材料款未付		5 100	贷	10 100
	10		(3)	购入材料款未付		4 700	贷	14 800
	12		(4)	购入材料款未付		6 520	贷	21 320
	18		(5)	偿还欠款	6 000		贷	15 320
8	31			本期发生额及余额	6 000	16 320	贷	15 320

表 4-27　应付账款明细账

应付账款明细账

明细科目：A 厂

2020 年		凭证		摘要	借方	贷方	借与贷	余额
月	日	字	号					
8	1			月初余额			贷	1 500
	8		(2)	购入材料款未付		5 100	贷	6 600
	18		(5)	偿还欠款	2 000		贷	4 600
8	31			本期发生额及余额	2 000	5 100	贷	4 600

表 4-28　应付账款明细账

应付账款明细账

明细科目：B 厂

2020 年		凭证		摘要	借方	贷方	借与贷	余额
月	日	字	号					
8	1			月初余额			贷	1 000
	10		(3)	购入材料款未付		4 700	贷	5 700
	18		(5)	偿还欠款	1 500		贷	4 200
8	31			本期发生额及余额	1 500	4 700	贷	4 200

表4-29 应付账款明细账

应付账款明细账

明细科目：C厂

2020年		凭证		摘要	借方	贷方	借与贷	余额
月	日	字	号					
8	1			月初余额			贷	2 500
	12		(1)	购入材料款未付		6 520	贷	9 020
	18		(5)	偿还欠款	2 500		贷	6 520
8	31			本期发生额及余额	2 500	6 520	贷	6 520

(3) 编制明细分类账户发生额及余额对照表，以明细分类账户进行试算平衡，如表4-30和表4-31所示。

表4-30 原材料明细账户发生额及余额对照表

原材料明细账户发生额及余额对照表

明细分类账户	计量单位	月初结存		本期发生额				月末结存	
				收入		发出			
		数量	金额	数量	金额	数量	金额	数量	金额
甲材料	千克	400	2 000	1 500	7 700	200	1 000	1 700	8 700
乙材料		1 500	3 000	800	1 760	400	800	1 900	3 960
丙材料		1 000	4 000	1 500	6 860	500	2 000	2 000	8 860
合计		2 900	9 000	3 800	16320	1 100	3 800	5 600	21 520

表4-31 应付账款明细账户发生额及余额对照表

应付账款明细账户发生额及余额对照表

明细账分类账户	月初余额		本期发生额		月末余额	
	借方	贷方	借方	贷方	借方	贷方
A工厂		1 500	2 000	5 100		4 600
B工厂		1 000	1 500	4 700		4 200
C工厂		2 500	2 500	6 520		6 520
合计		5 000	6 000	16 320		15 320

任务三　错账更正的方法

账簿在登记过程中，可能会发生各种各样的错误。对出现的错误，要防止非法改账，如刮擦、挖补、涂抹或用化学药水更改，应根据错误的具体情况，采用相应的方法进行更改。错账的更正方法一般有下列几种：划线更正法、红字更正法和补充登记法。

一、划线更正法

(一)划线更正法的定义

划线更正法是对账簿记录中的错误文字或者数字，画红线以示注销，并作更正的一种方法。

(二)划线更正法的适用范围

划线更正法适用于结账之前，账簿记录错误(仅属于记账时文字或数字上的笔误)，而记账凭证没有错误的情况。

(三)划线更正法的更正方法

先将错误的文字或整个数字画一单红线全部注销，然后在红线上方的空白处写上正确的数字或文字，并由记账人员在更正处盖章，以示负责。值得注意的是：对于文字错误，可只划去错误的部分并进行更正；对于数字错误，不能只划去其中一个或几个写错的数字，而应将整个数字全部划销，再进行更正，并保证划去部分的字迹仍可清晰辨认。

(四)划线更正法举例说明

1. 文字错误的更正

例如，企业购进原材料，价值 8 000 元，相关人员误将"料"字写成了"物"字。更正方法是：在"物"字中间划一单红线，再在其上方空白处写"料"字，并签章即可。

2. 数字错误的更正

例如，把金额 98 700 元误写成 89 700 元。更正时，应将 89 700 全数划一单红线，再在上方空白处写上正确的数字 98 700，并在更正处盖章。

3. 记账方向错误的更正

例如，将应记入"应收账款"借方的 2 000 元误记入贷方，则应将贷方金额 2 000 用红线划掉并签章，然后在其借方再用蓝字登记 2 000。

二、红字更正法

(一)红字更正法的定义

红字更正法又称红字冲账法、红字订正法、赤字冲账法等，是指由于记账凭证错误致使账簿记录发生错误，而用红字冲销原记账凭证，以更正账簿记录的一种方法。

(二)红字更正法的适用范围

红字更正法的适用范围如下。

(1) 记账以后，发现账簿记录的错误，是因记账凭证中的应借、应贷会计科目或记账方向有错误而引起的。

(2) 记账以后，发现记账凭证和账簿记录的金额中所记金额大于应记的正确金额，而应借、应贷的会计科目及方向均没有差错。

(三)红字更正法的更正方法

红字更正法的更正方法有以下两种。

(1) 应先用红字填写一张内容与原错误凭证完全相同的记账凭证，在"摘要"栏内注明更正某月某日的错账，并据以用红字登记入账，冲销错账；再用蓝字填写一张正确的记账凭证，同样注明更正某月某日的错账，并据以用蓝字登记入账。

(2) 只需将多记的金额，用红字填写一张科目名称、记账方向与原记账凭证一样的记账凭证，在"摘要"栏内注明更正某月某日的错账，并据以用红字登记入账即可。

(四)红字更正法举例说明

【例 4-7】 基本生产车间为生产 A 产品领用甲材料，价值 8 000 元。

该笔经济业务应借记"生产成本"账户，贷记"原材料"账户，但编制记账凭证时却误记为：借记"制造费用"账户，贷记"原材料"账户，并已登记到有关账簿中。原错误的会计分录如下。

(1) 借：制造费用   8 000
    贷：原材料   8 000

发现上述错误时，应先用红字填制一张与上述错误分录完全相同的记账凭证，表示对原分录的注销，并分别用红字登记到"制造费用"和"原材料"两个账户(加外框表示红字，下同)。编制会计分录如下。

(2) 借：制造费用 |8 000|
    贷：原材料 |8 000|

最后用蓝字编制一张正确的记账凭证，并登记到"生产成本"和"原材料"两个账户。其正确的记账凭证如下。

(3) 借：生产成本   8 000
    贷：原材料   8 000

上述记账凭证过账后，有关账户的记录如图 4-1、图 4-2、图 4-3 所示。

图 4-1 账户记录(1)

图 4-2 账户记录(2)

```
借        原材料        贷
       (1)  8 000
       (2) │8 000│
       (3)  8 000
            8 000
```

图 4-3　账户记录(3)

【例 4-8】 承例 4-7，该工厂基本生产车间生产 B 产品领用甲材料，价值 600 元，编制记账凭证时，将金额误记为 6 000 元，并已登记入账。原错误分录如下。

(1) 借：生产成本　　　　　　6 000
　　　贷：原材料　　　　　　　　6 000

该记账凭证的账户对应关系正确，只是金额多记了 5 400 元。这时，只需用红字填制一张账户名称和借贷方向与原错误凭证相同，金额为 5 400 元的记账凭证，并据以登记入账。所编制的红字分录如下。

(2) 借：生产成本　│5 400│
　　　贷：原材料　　│5 400│

上述记账凭证过账后，有关账户的记录如图 4-4 和图 4-5 所示。

```
借         生产成本        贷
(1) 6 000
(2)│5 400│
     600
```

图 4-4　账户记录(4)

```
借         原材料          贷
(1) 6 000
(2)│5 400│
     600
```

图 4-5　账户记录(5)

三、补充登记法

(一)补充登记法的定义

补充登记法是指由于记账凭证错误导致账簿记录错误，从而采用编制补充凭证，以更正账簿记录的一种方法。

(二)补充登记法的适用范围

适用于记账凭证中科目名称、记账方向正确，但所记金额小于应记金额，导致账簿出现错误的情况。

项目四 建账、登账及错账更正

(三)补充登记法的更正方法

将少记的金额用蓝字填制一张应借、应贷会计科目与原错误记账凭证相同的记账凭证,在"摘要"栏中写明"补充少记金额"字样以及原错误记账凭证的号数和日期,并据以登记入账,以补充登记少记的金额。

(四)补充登记法举例说明

【例 4-9】 生产车间为生产 C 产品领用甲材料,价值 9 000 元。在编制记账凭证时误将金额记为 900 元,比正确金额少记了 8 100 元,并已根据该凭证登记到了有关账簿。其错误分录如下。

(1) 借:生产成本　　　　900
　　　贷:原材料　　　　　　900

发现错误后,将少记金额 8 100 元用蓝字填制一张记账凭证,并据以用蓝字登记到相关账簿。其更正会计分录如下。

(2) 借:生产成本　　　　8 100
　　　贷:原材料　　　　　　8 100

上述记账凭证过账后,有关账户的记录如图 4-6 和图 4-7 所示。

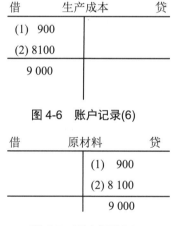

图 4-6　账户记录(6)

图 4-7　账户记录(7)

错账更正的三种方法中,红字更正法和补充登记法都是用来更正因记账凭证错误而产生的记账错误,在更正错误的记账凭证上,应注明被更正的原记账凭证的日期和编号,以便核对查证。如果非因记账凭证的差错而产生的记账错误,只能用划线更正法更正。

以上三种方法是对当年内发现填写记账凭证或登记账簿错误而采用的更正方法,如果发现以前年度记账凭证中有错误(指会计科目和金额)并导致账簿登记出现差错,应当用蓝字填制一张更正的记账凭证。

● 案例分析

法理分析:从上述案件及法院的判决可以看出,依法调取个体工商户的账簿资料进行纳税检查,本是税务机关执行公务的法定职能。但由于某些税务执法人员不按法定程序操作，甚至将所调取的账簿资料随便搁置而造成丢失，结果引来诉讼纷争。

本案中有以下三个问题值得思考。

(1) 被告为进行税务检查而调取账簿，为何被判违法？税务检查是税务机关以国家税收法律、行政法规和税收管理制度为依据，对纳税人是否依法履行纳税人义务而进行的审计监督活动。因此，为了保证税收法律、法规的贯彻执行和实施税务检查的规范管理，税收法律既赋予了税务执法人员进行税务检查的权限，同时又规定了实施中的法律限制。就法律限制而言，执行税务检查任务的税务人员，不但要严格按照实体法的有关规定开展税务检查，而且必须遵守程序法规定的检查步骤妥善实施。从本案实施检查和调取账簿的情况看，一方面税务人员所出示的究竟是检查证还是工作证不能准确认定；另一方面在调取账簿时，并未填开由县国税局局长签署的《调取账簿资料通知书》及《调取账簿资料清单》，其越权调账的做法已明显超越法定程序，因此这种调账行为被判违法。

(2) 丢失个体工商户账簿是一种什么行为？虽然《税法》赋予了税务机关有权调取纳税人账簿资料进行纳税检查的权限，但同时又规定三个月内必须完整退还。税务检查人员若将所调取的账簿丢失，其行为不但违反了实体法的规定，而且是一种侵害纳税人合法权益的失职行为。因为账簿的丢失，既使个体工商户无法进行正常的财务核算，又对其正常经营往来造成了困难。因此，法院判决县国税局丢失账簿是一种执法职责上的过失性违法行为，是公正、客观的。

(3) 本案中个体工商户在账簿丢失后提出的有关债权为何不能获得赔偿？从一般情况看，个体工商户的账簿是生产和经营情况的记录，既非有价证券，又非债权债务的直接凭证。同时，个体工商户单方面的账簿丢失，并不必然导致其债权的丧失。因此，在账簿丢失是否已经导致个体工商户债权丧失与否尚不能确定的情况下，个体工商户提出的按账簿上所记载的债权金额赔偿的请求是于法无据的。因此，法院驳回其赔偿请求是恰当的。

项 目 小 结

会计账簿是以会计凭证为依据，由具有一定格式而又相互联系的账页所组成，用来序时地、分类地记录和反映各项经济业务的簿籍。设置和登记账簿是会计核算的一种专门方法。我国《会计法》对企业单位设置会计账簿，以及记账、错账更正等各个环节都做了法律性的规范。本项目依照《会计法》的规定，对上述内容作了完整的阐述。本项目难点不多，但它是会计核算的基础工作，因此不仅要掌握理论知识，而且要学会实际操作，通过学习理解账簿的概念，掌握账簿的启用、更换、分类、设置、登记规则及错账更正的方法。

项目强化训练

一、单项选择题

1. 特种日记账是(　　)。

   A. 序时登记全部经济业务和多种经济业务的日记账
   B. 对常见的经济业务分设专栏登记

C. 专门用来登记货币资金的日记账

D. 专门用来登记某一类经济业务的日记账

2. 银行存款日记账的收入方除了根据银行存款收款凭证登记外，有时还要根据(　　)登记。

　　A. 现金付款凭证　　　　　　　　B. 转账凭证

　　C. 银行存款付款凭证　　　　　　D. 现金收款凭证

3. 多栏式明细分类账适用于(　　)。

　　A. "原材料"明细账　　　　　　　B. "材料采购"明细账

　　C. "应收账款"明细账　　　　　　D. "库存商品"明细账

4. 总分类账的外表形式采用(　　)。

　　A. 多栏式　　　　　　　　　　　B. 数量金额式

　　C. 订本式　　　　　　　　　　　D. 活页式

5. 不可以采用三栏式账页的是(　　)。

　　A. 现金日记账　　　　　　　　　B. "原材料"明细账

　　C. 总分类账　　　　　　　　　　D. "应付账款"明细账

6. 可以采取数量金额式账页的是(　　)。

　　A. "在途物资"明细账　　　　　　B. "主营业务成本"明细账

　　C. "生产成本"明细账　　　　　　D. "库存商品"明细账

7. 企业原材料明细账通常采用的格式是(　　)。

　　A. 卡片式　　　B. 多栏式　　　C. 数量金额式　　　D. 三栏式

8. 记账后，如果发现记账错误是由于记账凭证所列会计科目或金额有错误引起的，可采用的更正错账方法是(　　)。

　　A. 补充登记法　　　　　　　　　B. 划线更正法

　　C. 红字更正法　　　　　　　　　D. A、B均可

9. 必须逐日、逐笔登记的账簿是(　　)。

　　A. 日记账　　　　　　　　　　　B. 备查账

　　C. 明细分类账　　　　　　　　　D. 总分类账

10. 记账凭证上"记账"栏中的记号"√"表示(　　)。

　　A. 此凭证作废　　　　　　　　　B. 此凭证编制正确

　　C. 已经登记入账　　　　　　　　D. 不须登记入账

11. "生产成本"明细账应该采用的格式是(　　)。

　　A. 数量金额式　　　　　　　　　B. 任意格式

　　C. 三栏式　　　　　　　　　　　D. 多栏式

12. "应交税费——应交增值税"明细账应该采用的格式是(　　)。

　　A. 借方贷方多栏式　　　　　　　B. 三栏式

　　C. 借方多栏式　　　　　　　　　D. 贷方多栏式

13. "营业外收入"明细账应该采用的格式是(　　)。

　　A. 数量金额式　　　　　　　　　B. 任意格式

　　C. 三栏式　　　　　　　　　　　D. 多栏式

14. 总分类账与特种日记账的外表形式应该采用( )。
    A. 订本式
    B. 任意外表形式
    C. 活页式
    D. 卡片式
15. 下列科目的明细账格式应采用借方多栏式的是( )。
    A. 应交税费
    B. 营业外支出
    C. 营业外收入
    D. 原材料
16. 某企业收回应收账款9 000元,在填制记账凭证时,误将金额记为900元,并已登记入账。上述错误更正时应编制的会计分录为( )。
    A. 借：银行存款　　　8 100
    　　贷：应收账款　　　　8 100
    B. 借：应收账款　　　900
    　　贷：银行存款　　　　900
    C. 借：银行存款　　-8 100
    　　贷：应收账款　　　-8 100
    D. 借：银行存款　　　900
    　　贷：应收账款　　　　900
17. 可以作为编制会计报表直接依据的账簿是( )。
    A. 分类账簿
    B. 特种日记账
    C. 序时账簿
    D. 备查账簿
18. 序时账簿按其记录内容的不同可以分为( )。
    A. 普通日记账和特种日记账
    B. 三栏式日记账和多栏式日记账
    C. 现金日记账和普通日记账
    D. 普通日记账和日记总账
19. 总分类账和明细分类账之间进行平行登记的原因是总分类账与明细分类账( )。
    A. 反映经济业务的内容相同
    B. 提供指标的详细程度相同
    C. 格式相同
    D. 登记时间相同
20. 将账簿划分为序时账、分类账、备查账的依据是( )。
    A. 账簿登记的内容
    B. 账簿的外表形式
    C. 账簿的登记方式
    D. 账簿的用途
21. 下列账簿记录情况中,可以用划线更正法更正错误的是( )。
    A. 在结账前发现账簿记录有文字或数字错误,而记账凭证没有错
    B. 登账后发现记账凭证中会计科目发生错误
    C. 登账后发现记账凭证中科目正确,但所记金额小于应记金额
    D. 登账后发现记账凭证中应借、应贷方向发生错误
22. 记账凭证无误,会计人员登记账簿时误将6 000元填写成600元,应用( )进行更正。
    A. 划线更正法　　B. 红字更正法　　C. 补充更正法　　D. 转账更正法
23. 登记账簿的依据是( )。
    A. 经济合同　　B. 记账凭证　　C. 会计分录　　D. 有关文件
24. 收回货款1 500元存入银行,记账凭证误填为15 000元,并已入账。正确的更正方法是( )。
    A. 采用划线更正法更正
    B. 用蓝字借记"银行存款",贷记"应收账款"
    C. 用蓝字借记"应收账款",贷记"银行存款"

D. 用红字借记"银行存款", 贷记"应收账款"

25. 关于会计账簿的记账规则, 下列表述不正确的是( )。

A. 记账时应使用蓝、黑色墨水的钢笔, 不得使用圆珠笔(银行的复写账簿除外)或铅笔

B. 账页登记满时, 应办理转页手续

C. 使用活页式账簿时, 应先将其装订成册, 以防止散失

D. 在不设借贷等栏的多栏式账页中, 登记减少数时, 可以使用红色墨水记账

二、多项选择题

1. 企业从银行提取现金 2 000 元, 此项业务应登记在( )。

   A. 总分类账　　　　　　　　　　B. 明细分类账
   C. 现金日记账　　　　　　　　　D. 银行存款日记账
   E. 备查账

2. 可以作为现金日记账记账依据的有( )。

   A. 银行存款收款凭证　　　　　　B. 银行存款付款凭证
   C. 现金收款凭证　　　　　　　　D. 现金付款凭证
   E. 转账凭证

3. 红字更正法的方法要点是( )。

   A. 用红字金额填写一张与错误记账凭证完全相同的记账凭证, 并用红字记账
   B. 用红字金额填写一张与错误原始凭证完全相同的记账凭证, 并用红字记账
   C. 再用蓝字重填一张正确的记账凭证, 登记入账
   D. 用蓝字金额填写一张与错误原始凭证完全相同的记账凭证, 并用蓝字记账
   E. 再用红字重填一张正确的记账凭证, 登记入账

4. 登记账簿的要求有( )。

   A. 账簿书写的文字和数字上面要留适当空距, 一般应占格长的 1/2
   B. 各种账簿按页次顺序连续登记, 不得跳行、隔页
   C. 登记账簿要用圆珠笔, 蓝、黑色墨水书写
   D. 不得用铅笔
   E. 登记后, 要在记账凭证上签名或盖章, 并注明已登账的符号, 表示已记账

5. 采用划线更正法, 其要点是( )。

   A. 在错误的文字或数字(单个数字)上画一条红线注销
   B. 在错误的文字或数字上画一条蓝线注销
   C. 在错误的文字或数字(整个数字)上画一条红线注销
   D. 将正确的文字或数字用蓝字写在划线的上端
   E. 更正人在划线处盖章

6. 多栏式明细分类账又可以分为( )。

   A. 借方贷方多栏式明细账　　　　B. 对方科目多栏式明细账
   C. 借方多栏式明细账　　　　　　D. 贷方多栏式明细账
   E. 全部科目多栏式明细账

7. 可使用补充登记法更正差错的情况有( )。

A. 发现记账凭证中应借、应贷科目有错
B. 发现记账凭证中应借、应贷科目无错
C. 在记账后
D. 所填金额大于应填金额
E. 所填金额小于应填金额

8. 下列原因导致的错账应该采用红字更正法更正的有（   ）。
   A. 记账凭证没有错误，登记账簿时发生错误
   B. 记账凭证的会计科目错误
   C. 记账凭证的应借、应贷的会计科目没有错误，所记金额大于应记金额
   D. 记账凭证的应借、应贷的会计科目没有错误，所记金额小于应记金额

9. 会计上允许使用的更正错误的方法有（   ）。
   A. 补充更正法   B. 用涂改液修正   C. 刮擦挖补
   D. 划线更正法   E. 红字更正法

10. 账簿按用途不同可分为（   ）。
    A. 联合账簿   B. 备查账簿   C. 活页式账簿
    D. 序时账簿   E. 分类账簿

11. 明细分类账的格式有三栏式、多栏式、数量金额式，分别各适用于（   ）。
    A. 收入、费用成本式明细账   B. 活页式明细账
    C. 债权债务明细账   D. 卡片式明细账
    E. 材料物资类明细账

12. 总分类账和明细分类账之间的登记应该做到（   ）。
    A. 登记的金额相同   B. 登记的人员相同
    C. 登记的原始依据相同   D. 登记的方向相同
    E. 登记的时点相同

13. 下列可以作为库存现金日记账借方登记依据的有（   ）。
    A. 库存现金收款凭证   B. 库存现金付款凭证
    C. 银行存款收款凭证   D. 银行存款付款凭证

14. 银行存款日记账的登记依据可以是（   ）。
    A. 转账凭证   B. 现金付款凭证
    C. 银行存款收款凭证   D. 银行存款付款凭证
    E. 现金收款凭证

15. 多栏式明细账适用于（   ）。
    A. 营业外支出明细分类核算   B. 生产成本明细分类核算
    C. 材料采购明细分类核算   D. 其他应收款明细分类核算
    E. 主营业务收入明细分类核算

16. 登记会计账簿时应该做到（   ）。
    A. 在某些特定条件下可以使用铅笔   B. 在规定范围内可以使用红色墨水笔
    C. 一律使用蓝、黑色墨水钢笔书写   D. 不得使用铅笔或圆珠笔书写
    E. 期末结账数字可以使用红色墨水笔书写

17. 记账后发现记账凭证中应借、应贷会计科目正确，只是金额发生错误，可以使用用的更正方法有( )。
    A. 红字更正法　　　　　　　B. 补充登记法　　　　　　C. 金额更正法
    D. 划线更正法　　　　　　　E. 横线登记法
18. 下列内容可以采用三栏式明细账的有( )。
    A. 应收账款　　　　　　　　B. 短期借款　　　　　　　C. 原材料
    D. 其他应收款　　　　　　　E. 管理费用
19. 下列可以用三栏式账簿登记的有( )。
    A. 总分类账　　B. 现金日记账　　C. 应收账款　　　D. 实收资本
20. 年度结束后，对于账簿的保管应该做到( )。
    A. 装订成册　　　　　　　　B. 加上封面　　　　　　　C. 统一编号
    D. 归档保管　　　　　　　　E. 当即销毁
21. 明细分类账的登记依据可以是( )。
    A. 记账凭证　　　　　　　　B. 汇总记账凭证　　　　　C. 科目汇总表
    D. 原始凭证　　　　　　　　E. 汇总原始凭证
22. 不同类型经济业务的明细分类账可根据管理需要，依据( )逐日、逐笔登记或定期登记。
    A. 记账凭证　　B. 科目汇总表　　C. 原始凭证　　　D. 汇总原始凭证
23. 下列关于账簿与账户的关系表述，正确的有( )。
    A. 账户存在于账簿之中，没有账簿，账户就无法存在
    B. 账簿存在于账户之中，没有账户，账簿就无法存在
    C. 账户只是一个外在形式，账簿才是其真实内容
    D. 账簿只是一个外在形式，账户才是其真实内容
24. 可采用三栏式明细分类账核算的有( )。
    A. 库存商品　　B. 应收账款　　　C. 管理费用　　　D. 实收资本
25. 下列情况中，可以用红色墨水记账的有( )。
    A. 按照红字冲账的记账凭证，冲销错误记录
    B. 在不设借贷等栏的多栏式账页中，登记减少数
    C. 在三栏式账簿的"余额"栏前，如未印明余额方向的，在"余额"栏内登记负数余额
    D. 根据国家统一会计制度的规定可以用红字登记的其他会计记录

三、判断题

1. 在整个账簿体系中，日记账和分类账是主要账簿，备查账为辅助账簿。　　　　　( )
2. 三栏式账簿一般适用于费用、成本等明细账。　　　　　　　　　　　　　　　( )
3. 企业对代销的商品，可以设置备查账簿进行登记。　　　　　　　　　　　　　( )
4. 多栏日记账实际上是普通日记账的一种特殊形式。　　　　　　　　　　　　　( )
5. 结账之前，如果发现账簿中所记文字或数字有过账笔误或计算错误，而记账凭证并没有错，可用划线更正法更正。　　　　　　　　　　　　　　　　　　　　　　　　( )

6. 银行存款日记账应属于总分类账。（   ）
7. 就现金业务而言，目前我国企业设现金日记账和现金总分类账，同时还应设现金明细分类账。（   ）
8. 总分类账、现金日记账及银行存款日记账一般都采用活页式账簿。（   ）
9. 库存现金日记账和银行存款日记账，应采用订本式账簿。（   ）
10. 由于记账凭证错误而造成的账簿记录错误，应采用划线更正法进行更正。（   ）
11. 货币资金的日记账可以取代其总账。（   ）
12. 总分类账可采用三栏式账页，而明细分类账则应根据其经济业务的特点采用不同格式的账页。（   ）
13. 平行登记要求总分类账与其相应的明细分类账必须同一时刻登记。（   ）
14. 明细分类账必须逐日、逐笔登记，总分类账必须定期汇总登记。（   ）
15. 为了加强租入固定资产的管理，记录租入、使用、归还情况，企业需要开设分类账簿进行核算。（   ）
16. 订本式账簿的优点是适用性强，便于汇总，可以根据需要开设，有利于会计分工，提高工作效率。（   ）
17. 卡片式账簿的优点是能够避免账页散失，防止不合法地抽换账页。（   ）
18. 分类账簿是对全部业务按收款业务、付款业务和转账业务进行分类登记的账簿。（   ）
19. 订本式账簿是指在记账后，把记过账的账页装订成册的账簿。（   ）
20. 平行登记是指经济业务发生后，根据会计凭证，一方面要登记有关的总分类账户，另一方面要登记该总分类账户所属的各明细分类账户。（   ）
21. 对于明细分类账的核算，除用货币计量反映经济业务外，必要时还需要用实物计量单位或劳动计量单位从数量和时间上进行反映，以满足经营管理的需要。（   ）
22. 会计账簿是指由一定格式账页组成的，以经过审核的会计凭证为依据，全面、系统、连续地记录各项经济业务的簿籍。（   ）
23. 账簿中书写的文字和数字上面要留有适当空间，不要写满格，一般应占格距的1/3。（   ）
24. 由于编制的记账凭证会计科目错误，导致账簿记录错误，因此更正时，可以将错误的会计科目划红线注销，然后，在划线上方填写正确的会计科目。（   ）
25. 如果在结账前发现账簿记录有文字或数字错误，而记账凭证没有错误，则可采用划线更正法，不可以采用红字更正法。（   ）

四、名词解释

会计账簿 序时账簿(日记账) 分类账簿 特种日记账 普通日记账 划线更正法 红字更正法 补充登记法

五、思考题

1. 为什么要设置会计账簿？会计账簿的作用是什么？
2. 会计账簿按用途可分为哪几类？按外表形式可分为哪几类？其优缺点各是什么？

3. 明细分类账的账页有哪几种格式？各种账页格式的明细分类账的适应条件各是什么？

4. 三种错账的更正方法适用的条件各是什么？各种更正方法的应用步骤是什么？

六、业务题

1. 目的：练习总分类账与明细分类账的平行登记。

资料：某企业"原材料"账户5月1日余额为36 500元，其中：甲材料650千克，单价20元；乙材料2 350千克，单价10元。本月发生下列原材料收发业务。

(1) 购入甲材料480千克，单价20元；乙材料1 000千克，单价10元。材料已经验收入库，货款已付。

(2) 仓库发出材料各类用途如下：生产产品领用甲材料360千克，乙材料1 500千克，车间领用甲材料200千克，行政管理部门领用乙材料500千克。

要求：(1) 编制本月业务的会计分录。

(2) 开设并登记原材料总分类账(T型账户)和明细分类账户。

2. 目的：练习登记银行存款日记账和现金日记账。

资料：某企业2020年7月31日银行存款日记账余额为300 000元，现金日记账的余额为3 000元。8月上旬发生下列银行存款和现金收付业务。

(1) 1日，投资者投入现金25 000元，存入银行(银收801号)。
(2) 1日，以银行存款10 000元归还短期借款(银付801号)。
(3) 2日，以银行存款20 000元偿付应付账款(银付802号)。
(4) 2日，以现金1 000元存入银行(现付801号)。
(5) 3日，用现金暂付职工差旅费800元(现付802号)。
(6) 3日，从银行提取现金2 000元备用(银付803号)。
(7) 4日，收到应收账款50 000元，存入银行(银收802号)。
(8) 5日，以银行存款40 000元支付购买材料款(银付804号)。
(9) 5日，以银行存款1 000元支付购入材料运费(银付805号)。
(10) 6日，从银行提取现金18 000元，准备发放工资(银付806号)。
(11) 6日，用现金18 000元发放职工工资(现付803号)。
(12) 7日，以银行存款支付本月电费1 800元(银付807号)。
(13) 8日，销售产品一批，货款51 750元存入银行(银收803号)。
(14) 9日，用银行存款支付销售费用410元(银付808号)。
(15) 10日，用银行存款上交销售税金3 500元(银付809号)。

要求：登记银行存款日记账和现金日记账，并结出10日的累计余额。

3. 目的：练习错账更正方法。

资料：某企业2020年8月查账时发现下列错账。

(1) 从银行取现金3 500元，过账后，原记账凭证没错，账簿错将金额记为5 300元。

(2) 结转完工入库产品成本，价值为150 000元，记账凭证误编如下，并已登账。

借：库存商品　　　　　　　　150 000
　　贷：制造费用　　　　　　　　150 000

(3) 生产车间生产产品领用原材料，价值 86 000 元，记账凭证误编如下，并已登账。

借：生产成本　　　　　　　　68 000

　　贷：原材料　　　　　　　68 000

(4) 支付本月产品广告费 89 000 元，记账凭证误编如下，并已登账。

借：销售费用　　　　　　　　98 000

　　贷：银行存款　　　　　　98 000

要求：按正确的方法更正如上错账。

4.1 会计账簿及其分类.mp4

4.2.1 会计账簿启用及登记规则.mp4

4.2.2 日记账的设置与登记.mp4

4.2.3 总分类账和明细分类账的设置与登记.mp4

4.3.1 错账更正的方法--划线更正法和补充登记法.mp4

4.3.2 错账更正的方法--红字更正法.mp4

项目五 期末处理

【知识目标】

- 理解财产清查的概念、意义和种类。
- 掌握财产清查的方法和清查结果的处理。
- 识别账实不符的各种原因。

【技能目标】

- 能够理解财产物资的盘存制度。
- 能够根据未达账项编制银行存款余额调节表。
- 能够熟练对财产清查结果进行账务处理。
- 能够熟练掌握期末对账与结账。

案例引导

案例一：现金的管理

下面是关于现金方面的资料。

① 某公司部门经理李某为公司在某报刊上刊登广告，在开具发票时，李某要求广告公司在发票联上多开 5 000 元的广告费，但广告公司的存根联和记账联不反映多开的 5 000 元，多支付的 5 000 元广告费据为己有。

② 某公司出纳员赵某收到一笔提供劳务款 3 000 元，给对方开具了一张一式三联的内部收据，并将存根联和记账联一并撕毁，所收 3 000 元劳务费据为己有。

③ 某公司会计钱某对公司 11 月份的记账凭证进行汇总时，因粗心大意漏记了一笔收到现金的往来款项 8 000 元，虽然这笔业务被漏记并不影响科目汇总表的平衡，但致使现金总账和明细账出现了 8 000 元的差额。该公司的出纳员对这 8 000 元的差额没有进行核对，而是将其据为己有。

④ 某公司日常现金流动金额比较大，出纳员周某利用自己掌握的现金进行个人储蓄，月末结账时再将储蓄存款提出来存入公司的账户，从而赚取存款利息。

思考：
1. 上述行为是否正确，为什么？
2. 你认为这些公司应该如何处理？
3. 就现金管理的内控制度发表你的看法。

案例二：货币资金的核算

京通公司的出纳员张玉是刚刚参加工作的新人，2020 年 4 月师傅退休以后，就由他自己全面负责现金和银行存款的业务。

张玉在下班前都要进行例行的现金清查，曾经有两次分别发现现金短缺 10 元和现金溢余 5 元，他反复查找也没有找到原因。考虑到金额很小，现金短缺 10 元那一次，他用自己的钱垫上；现金溢余 5 元那一次，他先把钱收起来。这两次他都做了备查记录。

另外，银行每个月会送来一份银行对账单。张玉在编制银行存款余额调节表时，将对账单中银行已入账但公司尚未入账的款项登记到本公司的银行存款日记账上，而且据此确定本公司银行存款的实有数。

思考：
1. 上面涉及的两类业务，张玉的处理是否正确？
2. 你认为正确的做法是什么？

任务一 对 账

对账是指对账簿、账户记录所进行的核对工作。为了保证账簿记录的完整和正确，如实地反映和监督经济活动情况，为编制会计报表提供真实可靠的数据资料，会计部门应建立对账制度，切实做好对账工作，各单位应当定期对会计账簿记录的有关数字与库存实物、货币资金、有价证券、往来单位等进行相互核对，以保证账证相符、账账相符、账实相符。

对账的具体内容包括：账簿记录与会计凭证互相核对；总分类账记录与有关明细分类账记录、日记账记录互相核对；账簿记录与有关财产物资的实有数互相核对。账实核对不仅可以及时纠正差错，为企业在生产经营过程中提供正确、可靠的数据资料，还可及时地揭露营私舞弊和违法乱纪行为，保护企业财产物资的安全与完整。

一、账证核对

(一)账证核对的含义

账证核对是指各种账簿(总分类账、明细分类账以及现金日记账和银行存款日记账等)的记录与会计凭证(记账凭证及其所附的原始凭证)的核对。这种核对主要在日常编制凭证和记账过程中进行，做到随时发现错误，随时查明纠正。

(二)账证核对的方法

将原始凭证、记账凭证与日记账、分类账进行核对，查看会计凭证上所记录的每笔经济业务的内容、数量、金额以及会计分录与各种账簿中的这些记录是否相符。可以逐笔核对，也可抽查核对；发现差错时，应查原始依据，并依据原始依据，按正常的账务处理程序采用恰当的方法予以更正。

二、账账核对

(一)账账核对的含义

账账核对是指核对不同会计账簿之间的账簿记录是否相符。其核对的内容如下。

1. 总分类账簿记录的核对

按照"资产=负债+所有者权益"这一会计等式和"有借必有贷、借贷必相等"的记账规律可知，总分类账簿各账户的期初余额、本期发生额和期末余额之间存在对应的平衡关系，各账户的期末借方余额合计和贷方余额合计也存在平衡关系。通过这种等式和平衡关系，可以检查总分类账记录是否正确、完整。这项核对工作通常采用编制总分类账户本期发生额和余额对照表(简称试算平衡表)来完成。

2. 总分类账簿与所属明细分类账簿的核对

总分类账各账户的期末余额应与其所属的各明细分类账的期末余额之和核对相符。

3. 总分类账簿与序时账簿的核对

如前所述，我国企业、事业等单位必须设置现金日记账和银行存款日记账。现金日记账必须每天与库存现金核对相符，银行存款日记账也必须定期与银行对账。在此基础上，还应检查现金总账和银行存款总账的期末余额与现金日记账和银行存款日记账的期末余额是否相符。

4. 明细分类账簿之间的核对

例如，会计部门有关实物资产的明细账与财产物资保管部门或使用部门的明细账定期核对，以检查其余额是否相符。核对的方法一般是由财产物资保管部门或使用部门定期编制收发结存汇总表报会计部门核对。

(二)账账核对的方法

1. 总分类账记录的核对

采用借贷记账法时，按照借贷平衡原理，有关总分类账户的借、贷方发生额和余额应该相等。根据这个相等关系，可以通过编制总分类账户发生额及余额对照表，检查总分类账户的记录是否正确。对照表中，各个总分类账户借方发生额之和应该等于贷方发生额之和，账户借方余额之和应该等于贷方余额之和。若总分类账户发生额、余额借贷不平衡，则说明有问题，应查明原因，更正账簿记录。

2. 总分类账与明细分类账的核对

根据平行登记的原理，总分类账户的发生额和余额应该与所属的各个明细分类账户发生额之和及余额之和相等。此项工作可通过编制明细分类账户发生额及余额明细表进行。每一总分类账户的发生额及余额应该与其所属明细分类账户发生额及余额合计数一致。不编制明细表时，则可直接将总分类账户发生额及余额与其所属明细分类账户的发生额及余额合计数核对。若核对不符，应查明原因，予以更正。

3. 日记账与分类账的核对

采用根据日记账过入分类账的账务处理程序时，主要核对根据日记账过入分类账记录有无差错。首先应检查日记账中有无未作记账标记的会计分录；再检查日记账借、贷方发生额及余额与相应的分类账户借、贷方发生额及余额是否一致，普通日记账过入分类账时账户的名称、记账方向、金额是否正确，全部日记账的借、贷方发生额合计与全部分类账借、贷方发生额合计是否相等。核对时如果发现过重、过漏、过错的账目，应按日记账标注会计分录予以更正。

4. 会计账与业务账的核对

各单位所发生的经济业务，除会计部门进行核算时要在账簿中记录外，有关业务部门为自身业务工作需要，也往往相应设置账目进行记录。因此，为了保证会计账簿记录的正确性，会计账簿资料还应与业务记录的账、卡核对，包括会计部门的材料、产成品账与仓库保管部门的材料、产品账卡核对，会计部门的固定资产账与仓库及使用单位的固定资产账、卡核对，会计的现金、银行存款分类记录与出纳业务的现金、银行存款日记账核对。

以上几种账账核对的方法，各自都只能检查核对账簿记录的某一个方面或某几个方面的差错，因而不能互相取代。全面核对，应同时使用这几种账账核对的方法。

三、账实核对

(一)账实核对的含义

账实核对是指各项财产物资、债权债务等账面余额与实有数额之间的核对。账实核对的内容主要有以下四点。

(1) 现金日记账账面余额与库存现金数额是否相符。
(2) 银行存款日记账账面余额与银行对账单的余额是否相符。
(3) 各项财产物资明细账账面余额与财产物资的实有数额是否相符。
(4) 有关债权债务明细账账面余额与对方单位的账面记录是否相符等。

(二)账实核对的方法

核对账实的工作称为财产清查(具体将在下一任务中做详细介绍)。财产清查是查明账实是否相符的有效手段,是会计工作必不可少的环节。每个会计单位都应定期(通常是编制会计报表前)或不定期(根据需要)地进行该项工作,将固定资产、存货、生产成本、现金账户的账存资料分别与在库或在用的固定资产、库存材料和产成品、存放于生产场所的在制品以及出纳人员保管的库存现金核对。每一次财产清查的范围可以是以上的全部内容,即进行全面清查;也可以是以上的部分内容,即进行局部清查。

任务二 财 产 清 查

一、财产清查的概念和意义

(一)财产清查的概念

企业财产通常包括其所拥有的现金、银行存款、固定资产、原材料、在产品和产成品等各项货币资金和财产物资以及应收、应付款项。根据企业会计制度的要求,各单位应通过填制和审核会计凭证、登记会计账簿来记录和反映各项财产的增减变化及结存情况。同时,为了保证会计信息的真实性和准确性,各单位应加强会计凭证的日常审核,定期核对账簿记录,保证账证相符、账账相符。但是,在实际工作中,即使保证了凭证和账簿本身没有错误,也不能说明账面数额与财产物资的实存数额一定相符,这是因为有很多主客观原因会导致账实不符。根据经验,主要有以下两点。

1. 自然因素

(1) 发生自然灾害或意外损失。
(2) 财产物资保管过程中的自然损耗或升溢,如干耗、湿重、霉变等。

2. 人为因素

(1) 在收发财产物资时,由于计量和检验不够准确而发生的各种数量、质量上的差错。

(2) 在凭证和账面记录中,发生的漏记、错记或计算错误等。
(3) 由于管理不善或工作人员失误造成的财产损坏、变质或短缺。
(4) 由于营私舞弊、贪污盗窃而发生的缺损。

反映和监督财产的保管和使用情况,提高各项财产物资的使用效果,是会计核算的重要任务之一。财产清查作为会计核算的一项基本方法,对保证会计信息的真实性、可靠性显得尤为必要。

综上所述,财产清查是指通过对现金、银行存款、财产物资和往来款项的实地盘点或查对,确定其实际结存数,并查明账面结存数与实际结存数是否相符的一种专门的方法。

(二)财产清查的意义

财产清查是会计工作的一个重要环节,它对于正确组织会计核算、改善经营管理、维护财经纪律、保护社会主义财产等方面,都具有重要意义。

1. 保证会计资料客观、真实

通过财产清查,可以确定各项财产物资的实存数,将其与账存数进行核对,以查明是否相符,确定账实差异,及时调整账面数据,从而保证会计资料的客观、真实性。

2. 保护企业、单位财产安全、完整

通过财产清查,可以查明各项财产物资的保管情况,有无因管理不善造成财产物资损坏、丢失、霉烂变质等情况,有无因制度不健全造成不法分子营私舞弊、贪污盗窃等情况,以便针对存在的问题,采取相应措施,改善管理,建立健全各项管理制度,加强经济责任制,保护企业、单位财产物资的安全与完整。

3. 挖掘财产物资潜力,加速资金周转

通过财产清查,可以查明各项财产物资的储备和利用情况。对于储备过多、长期积压不用的物资,要按规定及时处理;对于不配套的物资,应及时补缺配套,形成生产能力,或者调剂给其他单位使用等,从而做到合理储备、物尽其用、减少资金占压、加速资金周转、提高资金使用等经济效益。

4. 维护财经纪律

通过财产清查,可以查明各企业、单位执行财经法令和遵守财经纪律的情况。例如,各项往来款项是否符合国家财政、信贷制度,有无不合法的债权、债务,货币资金的收付是否正常;物资供应渠道是否符合规定等,以便查明原因,分清责任,采取措施,及时改进,促进企业、单位严格遵守财经纪律。

5. 促进改善经营管理

通过财产清查所发现的问题,可以检查有关财产物资的收入、发出、保管、调拨、报废以及现金出纳账款结算等手续制度的贯彻执行情况,以便及时分析原因,采取措施,改进管理方法,建立健全相关的内部控制制度,提高管理水平。

由此可见,财产清查是加强会计监督、发挥会计作用的一种重要的核算方法。

二、财产清查的分类

(一)按清查范围的不同分类

财产清查按清查范围的不同,可以分为全面清查和局部清查。

1. 全面清查

全面清查是指对企业的全部财产物资,包括实物资产、货币资金以及各项债权债务进行全面彻底的盘点与核对。其特点是清查范围广、参与人员多、工作量大、耗费时间长,因此一般只在以下情况下进行全面清查。

(1) 年终编制决算会计报表前。
(2) 企业合并、撤销、改变隶属关系或采取新的经营方式时。
(3) 企业改制等需要进行资产评估时。
(4) 企业主要负责人调离工作时。

2. 局部清查

局部清查是指对企业的部分实物资产和债权债务进行盘点与核对。其特点是清查范围小、人力与时间耗费较少,但专业性强。一般在以下情况下进行局部清查。

(1) 对于现金,每日终了时应由出纳员自行清查核对,做到日清月结。
(2) 对于银行存款和银行借款,应由出纳员每月同银行核对一次。
(3) 对于材料、在产品、产成品,除年度清查外,还必须有计划地每月重点抽查,对于贵重的财产物资,应每月清查盘点一次,以防损失或破坏。
(4) 对于债权债务,每年应与有关单位核对至少一次或两次。

(二)按清查时间的不同分类

财产清查按清查时间的不同,可以分为定期清查和不定期清查。

1. 定期清查

定期清查是指按照预先计划安排好的时间,对企业财产物资和债权债务所进行的财产清查。这种清查一般是在月末、季末和年末结账时进行,这样可以在编制会计报表前发现账实不符的情况,据以调整有关账簿记录,使账实相符,从而保证会计报表资料的真实性。定期清查可以是全面清查,如年终决算前的清查;也可以是局部清查,如月末结账前对库存现金、银行存款以及一些贵重物资的清查。

2. 不定期清查

不定期清查是指预先未规定清查时间,而是根据实际需要临时进行的财产清查。不定期清查一般是局部清查,通常有以下几种情况。

(1) 更换财产物资保管人员和现金出纳员时。
(2) 财产物资发生自然灾害和意外损失时。
(3) 企业合并、改制、迁移和改变隶属关系时。

(4) 财政、税务、银行、审计等部门进行会计工作检查时。

无论是定期清查，还是不定期清查，都有可能根据实际需要进行全面或局部清查。

三、财产清查的方法

为了实施财产清查工作，应组成清查小组，制订好清查计划，准备好计量器具和各项登记表册等。会计人员要做好账簿登记工作，做到账证相符、账账相符。财产物资管理部门要做好财产物资的入账工作，整理、排放好各项财产物资，准备接受清查。不同的财产物资，其清查方法也有所不同。

(一)实物资产的清查方法

1. 财产物资的盘存制度

财产清查的重要环节是盘点财产的实存数量。为使盘点工作顺利进行，应建立一定的盘存制度。确定实物财产账面结存的盘存制度一般有实地盘存制和永续盘存制两种。

(1) 实地盘存制。实地盘存制也称以存计耗制，就是对企业的各项财产物资不进行连续的记录，平时只在账簿中登记其购进或收入等增加数，不登记其销售或耗用等减少数，期末根据实地盘点确定的结存数来倒挤出财产物资的减少数，并据以登记有关账簿的一种盘存制度。其计算公式如下。

期末结存金额=期末财产物资盘点数量×单价

期末减少金额=期初账面结存金额+本期增加金额-期末结存金额

实地盘存制简化了日常财产物资的核算，但由于平时不作财产物资的减少记录，发出手续不严密，不利于日常对财产物资的管理和控制；由于财产物资的减少数量是个倒挤数，就有可能掩盖了非正常原因减少的财产物资(如偷盗、浪费、遗失或盘点遗漏等造成的损失)，使会计资料失真；另外，由于每个会计期末对财产物资进行盘点和计价，要花费大量的人力、物力，加重了结账工作量，有时会影响会计工作的及时性。

由于存在上述问题，在实际工作中，实地盘存制一般只适用于规模较小的企业或者是价值很低、易于损耗、消耗频繁和计量确有困难的财产物资核算。

(2) 永续盘存制。永续盘存制也称账面盘存制，就是平时在财产物资的账簿记录中，对财产物资的收入数和发出数及其金额逐笔登记，并随时在账簿中结算出各项财产物资结存数的一种盘存制度。其计算公式如下。

本期减少金额=发出财产物资数量×单价

期末账面结存金额=期初账面结存金额+本期增加金额-本期减少金额

采用永续盘存制，可以随时掌握和了解各项财产物资的增减变动和结存情况，尽管日常的会计核算工作比较复杂，但有利于加强财产物资的管理。因此，一般情况下，各单位均应采用这种盘存制度。采用永续盘存制虽然能在账面上及时反映各项财产物资的结存数，但是，由于种种原因，仍然可能会发生账实不符的情况。因此，采用永续盘存制的单位，仍需要对各项财产物资进行定期或不定期的清查盘点，以便查明账实是否相符，对于账实不符的，要及时查明原因，按照有关规定进行处理，以达到账实相符的目的。

2. 实物资产清查的具体方法

实物资产的清查主要是对有形财产物资的清查，包括现金、原材料、在产品、库存商品、低值易耗品、固定资产等，清查的具体方法有实地盘点法和技术推算法两种。

(1) 实地盘点法。实地盘点法是指通过点数、过磅、量尺等方法，确定财产物资的实有数量。该方法适用范围较广且易于操作，大部分实物资产均可采用。

(2) 技术推算法。技术推算法是指通过技术推算(如量方、计尺等)测定财产物资实有数量的方法。该方法适用于大堆存放、物体笨重、价值低廉、不便逐一盘点的实物资产。从本质上讲，它是实地盘点法的一种补充方法。

对实物资产进行盘点时，实物保管人员必须在场，并与清查人员一起参与盘点，以明确经济责任。盘点时，有关人员要认真核实，及时记录，对清查中发现异常情况，如腐烂、破损、过期失效等，致使不能使用或销售的实物资产，应详细注明并提出处理意见。盘点结果应由有关人员如实填制盘存单，并由盘点人和实物保管人共同签字或盖章。

盘存单是用来记录实物盘点结果，反映实物资产实存数额的原始凭证。其格式如表 5-1 所示。

表 5-1　盘存单格式

盘　存　单

单位名称：　　　　　　　　　　存放地点：

财产类别：　　　　　　　　　　盘点时间：　　　　　　　　编号：

序号	名称	规格	计量单位	盘点数量	单价	金额	备注

盘点人：(签章)　　　　　　　　保管人：(签章)

为了查明各种实物资产的实存数与账存数是否一致，应根据盘存单和会计账簿记录，由会计人员编制实存账存对比表，以便确定各种账实不符资产的具体盈亏数额。

实存账存对比表是用来反映实物资产实存数与账存数之间的差异，并作为调整账簿记录的原始凭证。其格式如表 5-2 所示。

表 5-2　实存账存对比表格式

实存账存对比表

序号	名称	规格	计量单位	单价	实存		账存		盘盈		盘亏		备注
					数量	金额	数量	金额	数量	金额	数量	金额	

盘点人：(签章)　　　　　　　　保管人：(签章)

实存账存对比表又称盘点盈亏报告单。清查人员应以该表为基础核准各种资产的盈亏情况，分析查明账实不符的性质和原因，划清经济责任，按规定程序报请有关部门领导予以审批处理；并针对清查中发现的资产管理方面存在的问题，提出改进措施，以促使各项资产管理制度的健全和完善。

在清查实物资产时，对于委托外单位加工、保管的材料、商品以及在途的材料、商品等，可采用询证方法与有关单位核对查实。

(二)货币资金的清查方法

1. 现金的清查

现金的清查是通过实地盘点查明库存现金的实存数，再与现金日记账余额核对，检查账实是否相符。

现金清查注意事项如下。

(1) 清查前，出纳员须将现金收、付款凭证全部登记入账，并结出余额。

(2) 在进行现金清查盘点时，出纳员必须在场，以明确经济责任。

(3) 不得以任何借口以借条、收据等非现金物品抵充现金，并检查库存现金是否超额。

(4) 现金盘点后，应根据盘点结果与现金日记账核对的情况，及时填制库存现金盘点表，并由盘点人和出纳员签章。此表具有盘存单及实存账存对比表的双重作用，是重要的原始凭证。其格式一般如表 5-3 所示。

表 5-3 库存现金盘点表格式

库存现金盘点表

单位名称： 　　　　　　　　　　　年　月　日

实存余额	账存余额	实存与账存对比		备注
		盘盈	盘亏	

盘点人签章： 　　　　　　　　　　出纳员签章：

2. 银行存款的清查

银行存款的清查主要是将本单位的银行存款日记账与开户银行转来的对账单进行核对，以查明账实是否相符。

清查前，必须认真检查复核本单位的银行存款日记账，以确定账簿记录的准确、完整，再与银行的对账单逐笔核对，确定双方记账的准确性。核对结果，如果银行存款日记款的余额与对账单余额一致，说明双方记账无误；如果不一致，应当查明原因，立即进行错账更正。然而要注意的是，即使本单位与银行记账都无错误，也可能会出现银行存款日记账余额与银行对账单余额不一致的情况,这是因为本单位银行存款日记账上或开户银行的对账单上可能存在着未达账项。

所谓未达账项是指单位与银行之间一方已取得有关凭证登记入账,另一方由于未取得有关凭证尚未入账的款项。未达账项有以下四种情况。

(1) 企业已收款入账,银行却还未收款入账。例如,企业将收到的支票送存银行,并登入银行存款日记账作为款项已收,而银行尚未收款还未登记增加。

(2) 企业已付款入账、银行却还未付款入账。例如,企业支出了款项,作为银行存款减少已登记入账,但银行因未收到转账支票,还未登记银行存款减少。

(3) 银行已收款入账,企业却还未收款入账。例如,委托银行收取货款,银行收取了款项,并已登记入账,而企业因尚未收到银行转来的收款凭证而未入账。

(4) 银行已付款入账,企业却还未付款入账。例如,企业委托银行支付某种款项,银行支付款项后已登记入账,但企业尚未接到银行转来的付款凭证而未入账。

上述任何一种情况发生,都会使双方账面余额不一致。因此,在清查中,除了对发现的错账应按规定的程序报请更正外,对于已发现的未达账项也要通过编制银行存款余额调节表来检查调整后的账面余额是否相符。

银行存款余额调表的编制方法是:企业与银行双方都在各自的存款余额基础上,加上对方已收、本单位未收的款项,减去对方已付、本单位未付的款项。

通过编制银行存款余额调节表对未达账项进行调节,如果调节后的双方余额相等,说明双方记账相符;否则说明一方记账有误,或者余额调节表中的计算有错误,应及时纠正。

下面举例说明银行存款余额调节表的编制方法。

【例 5-1】 某企业 2020 年 8 月 31 日银行存款日记账的余额为 54 000 元,银行转来对账单的余额为 83 000 元。经逐笔核对,发现以下未达账项。

(1) 企业送存转账支票 60 000 元,并已登记银行存款增加,但银行尚未记账。

(2) 企业开出转账支票 45 000 元,但持票单位尚未到银行办理转账,银行尚未记账。

(3) 企业委托银行代收某公司购货款 48 000 元,银行已收妥并登记入账,但企业尚未收到收款通知,尚未记账。

(4) 银行代企业支付电话费 4 000 元,银行已登记企业银行存款减少,但企业未收到银行付款通知,尚未记账。

根据上述资料编制银行存款余额调节表,如表 5-4 所示。

表 5-4 银行存款余额调节表

银行存款余额调节表

单位:元

项　目	金　额	项　目	金　额
企业银行存款日记账余额	54 000	银行对账单余额	83 000
加:银行已收、企业未收款	48 000	加:企业已收、银行未收款	60 000
减:银行已付、企业未付款	4 000	减:企业已付、银行未付款	45 000
调节后的存款余额	98 000	调节后的存款余额	98 000

值得注意的是,由于未达账项不是错账、漏账,因此不能根据调节表(不是原始凭证)

做任何账务处理,双方账面仍保持原有的余额,待收到有关凭证之后(即由未达账项变成已达账项),再与正常业务一样进行处理。

(三)往来款项的清查方法

往来款项的清查是指对各项应收、应付、预收、预付、其他应收和其他应付款项的清查。

往来款项的清查一般通过发函与对方单位账目校对的方式进行,企业在进行往来款项清查之前,应当核查本单位往来账项的账户记录,企业在账户记录正确完整的基础上,再编制对账单,寄送至对方单位进行核对。对账单一般一式两份,其中一份作为回联单,对方单位接单后如果核对无误,应在回联单上盖章再退回;对方单位如果发现不符,应将不符情况在回联单上注明,或另抄对账单退回,以便进一步核对。对账单格式如表 5-5 所示。

表 5-5 对账单格式

往来款项对账单

_____单位:

你单位于 2020 年 5 月 17 日到我公司购买精密机床一台,货款 8 000 元,尚未支付。请核对后将回联单寄回。

清查单位:(签章)

2020 年 7 月 31 日

请沿线剪开,将以下回联寄回:

···

往来款项对账单(回联单)

_____清查单位:

你单位寄来的往来款项对账单已收到,经核对相符无误。

_____单位(盖章)

2020 年 8 月 3 日

往来款项清查结束后,应根据清查结果编制往来款项清查报告表,其格式如表 5-6 所示。

表 5-6　往来款项清查报告表格式

往来款项清查报告表

单位：　　　　　　　　　　　　　　　　年　月　日

明细账户名称	账面结存余额	清查结果		不符合原因分析					备注
		相符	不相符	未达账项	拖付款项	争执款项	无法收回款项	其他	

清查人员：　　　　　　　　　　　　　　管理人员：

经过对往来款项的清查，若发现记录上的错误，应按规定手续予以更正。对于双方有争议的款项和无法收回的款项等，应报请有关部门批准后另行处理，避免或减少坏账损失。在清查过程中，如发现未达账项，双方均应按照银行存款余额调节表的方法，核对往来款项是否正确。

对于单位内部各部门之间往来账项的清查，可以根据有关账簿记录直接进行核对；对于单位与内部职工个人之间往来账项的清查，可以采取定期张榜公布或直接与本人核对的方法进行核对清查。

四、财产清查结果的处理

(一)财产清查结果的处理内容

通过财产清查发现的有关财产管理和会计核算上的问题，必须以国家的有关政策、法令、制度和有关的规定为依据，进行严肃认真的处理。财产清查结果的处理工作，主要有以下四个方面。

1. 分析查明清查所发现的盘盈、盘亏的原因，确定处理方法

对于财产清查所发现的实际数与账存数的差异应表明原因，明确责任，并提出处理意见。依据有关法令、制度规定，按照审批权限和程序予以处理。

2. 总结经验教训，提出改进措施，建立健全财产管理制度

财产清查后，针对发现的问题和短缺，应当总结经验教训，提出改进措施，建立健全一些必要的管理和核算制度，做好财产管理工作。

3. 积极处理积压物资，认真清理长期不清的债权债务

对于财产清查中发现的积压多余物资，应根据不同情况分别处理。对于因盲目采购、盲目建造等原因造成的积压，应在报批后积极处理或加工改制待处理。对于物资储备不足和半成品不配套的情况，也要提请领导和有关部门注意改进。债权债务方面的问题，应指定专人负责查清，按照结算制度的要求进行处理。

4. 财产盘盈、盘亏的账务处理

对于财产清查所发现的各种财产物资的盘盈、盘亏，都应按规定报经有关部门批准后及时进行账务处理，做到账实相符。

账务处理分为两步：首先，应根据查实的财产物资盘盈、盘亏和损失数，编制记账凭证，记入有关账簿，使账实相符；然后，依据差异的性质和发生原因，按照一定的程序报批后，编制记账凭证，记入有关账簿。

为了正确地反映企业各项财产物资的盘盈、盘亏、毁损及其处理情况，企业需要设置一个特定的账户，即"待处理财产损溢"账户。该账户属于资产类账户，下设"待处理流动资产损溢"和"待处理固定资产损溢"两个明细分类账户，分别反映流动资产和固定资产的盈亏、毁损及其处理情况。其借方登记的发生额反映待处理的各项财产物资的盘亏及毁损数及已批准处理的盘盈财产物资的转销数；贷方登记的发生额则反映待处理的各项财产物资的盘盈数及已批准处理的盘亏及毁损财产物资的转销数。该账户的借方如有余额，则表示还有未批准处理的盘亏或毁损的财产；如贷方余额，则表示还有尚未批准处理的财产盘盈数，期末处理后本账户应无余额。"待处理财产损溢"账户的 T 型结构及其登记方式如图 5-1 所示。

借方	待处理财产损溢	贷方
(1)待处理的亏损财产数额 (2)转销已批准处理的盘盈财产数额		(1)待处理的盘盈财产数额 (2)转销已批准处理的亏损财产数额
期末处理后无余额		期末处理后无余额

图 5-1　待处理财产损溢

(二)财产清查结果的账务处理方法

1. 现金清查结果的处理

(1) 现金盘盈的账务处理。在财产清查中如发现现金实存数大于账面数，出现现金溢余，一般称其为现金长款。这种情况的处理方法是：先将现金长款记入"待处理财产损溢——待处理流动资产损溢"账户的贷方，待查明原因批准处理后再转销，同时记入"库存现金"账户的借方。如查明原因，经批准之后应支付有关单位或人员的，记入"其他应付款"账户的贷方；若无法查明原因，经批准后，记入"营业外收入"账户的贷方。

【例 5-2】 某企业某日进行现金清查，发现现金长款 100 元。编制会计分录如下。

借：库存现金　　　　　　　　　　　　　　　　　100
　　贷：待处理财产损溢——待处理流动资产损溢　　　　100

若经反复核查，未查明原因，报经批准作营业外收入处理。编制会计分录如下。

借：待处理财产损溢——待处理流动资产损溢　　　100
　　贷：营业外收入　　　　　　　　　　　　　　　　100

(2) 现金盘亏的账务处理。财产清查中，如发现现金短款，应记入"待处理财产损溢——待处理流动资产损溢"账户的借方。待查明原因后，应根据批准的处理意见，再作转账处理，如果应由责任人赔偿，应借记"其他应收款"账户；若无法查明原因，经批准后一般应借记"管理费用"账户。

【例 5-3】 某企业某日进行现金清查时发现现金短款 80 元。编制会计分录如下。

借：待处理财产损溢——待处理流动资产损溢　　　　　80
　　贷：库存现金　　　　　　　　　　　　　　　　　　　80

若经检查，属于出纳员的责任，应由其赔偿。编制会计分录如下。

借：其他应收款——出纳员　　　　　　　　　　　　　80
　　贷：待处理财产损溢——待处理流动资产损溢　　　　　80

2. 存货清查结果的处理

(1) 存货盘盈的账务处理。企业发生存货盘盈时，借记"原材料""库存商品"等账户，贷记"待处理财产损溢"账户。在按管理权限报经批准后，借记"待处理财产损溢"账户，贷记"管理费用"账户。

【例 5-4】 甲公司在财产清查中盘盈 J 材料 1 000 千克，实际单位成本 60 元，经查属于材料收发计量方面的错误。应编制会计分录如下。

批准处理前，

借：原材料——J 材料　　　　　　　　　　　　　　60 000
　　贷：待处理财产损溢——待处理流动资产损溢　　　　60 000

批准处理后，

借：待处理财产损溢——待处理流动资产损溢　　　　60 000
　　贷：管理费用　　　　　　　　　　　　　　　　　60 000

(2) 存货盘亏及毁损的账务处理。企业发生存货盘亏及毁损时，借记"待处理财产损溢"账户，贷记"原材料""库存商品"等账户。在按管理权限报经批准后应作如下会计处理：对于应由保险公司和过失人的赔款，记入"其他应收款"账户；扣除残料价值和应由保险公司、过失人赔款后的净损失，属于一般经营损失的部分，记入"管理费用"账户；属于非常损失的部分，记入"营业外支出"账户。

【例 5-5】 甲公司在财产清查中发现盘亏 K 材料 500 千克，实际单位成本 200 元，经查属于一般经营损失。应编制会计分录如下。

批准处理前，

借：待处理财产损溢——待处理流动资产损溢　　　　100 000
　　贷：原材料——K 材料　　　　　　　　　　　　　100 000

批准处理后，

借：管理费用　　　　　　　　　　　　　　　　　　100 000
　　贷：待处理财产损溢——待处理流动资产损溢　　　100 000

【例 5-6】 甲公司在财产清查中发现毁损 L 材料 300 千克，实际单位成本 100 元，经查属于材料保管员的过失造成的，按规定由其个人赔偿 20 000 元。残料已办理入库手续，价值 2 000 元。应编制会计分录如下。

批准处理前，

借：待处理财产损溢——待处理流动资产损溢　　　　30 000
　　贷：原材料——L 材料　　　　　　　　　　　　　30 000

批准处理后，由过失人赔款部分，
借：其他应收款——×× 20 000
　　贷：待处理财产损溢——待处理流动资产损溢 20 000
残料入库，
借：原材料——L材料 2 000
　　贷：待处理财产损溢——待处理流动资产损溢 2 000
材料毁损净损失，
借：管理费用 8 000
　　贷：待处理财产损溢——待处理流动资产损溢 8 000

【例5-7】 甲公司因台风造成一批库存材料毁损，实际成本70 000元。根据保险责任范围及保险合同规定，应由保险公司赔偿50 000元。应编制会计分录如下。

批准处理前，
借：待处理财产损溢——待处理流动资产损溢 70 000
　　贷：原材料——×材料 70 000
批准处理后，
借：其他应收款——保险公司 50 000
　　营业外支出——非常损失 20 000
　　贷：待处理财产损溢——待处理流动资产损溢 70 000

3. 固定资产清查结果的处理

企业应定期或者至少于每年年末对固定资产进行清查盘点，以保证固定资产核算的真实性，充分挖掘企业现有固定资产的潜力。在固定资产清查过程中，如果发现盘盈、盘亏的固定资产，应填制固定资产盘盈盘亏报告表。清查固定资产的损溢，应及时查明原因，并按照规定程序报批处理。

(1) 固定资产盘盈的账务处理。企业在财产清查中盘盈的固定资产，作为前期的差错处理。在按管理权限报经批准处理前应先通过"以前年度损益调整"科目核算。盘盈的固定资产，应按以下规定确定其入账价值：如果同类或类似固定资产存在活跃市场的，按同类或类似固定资产的市场价格，减去按该项资产的新旧程度估计的价值损耗后的余额，作为入账价值；如果同类或类似固定资产不存在活跃市场的，按该项固定资产的预计未来现金流量的现值，作为入账价值。之所以将固定资产盘盈作为前期差错进行会计处理，是因为这些资产尤其是固定资产出现由于企业无法控制的因素而造成盘盈的可能性极小甚至是不可能的为理论基础的。也就是说，这些资产如果出现盘盈，必定是企业自身"主观"原因所造成的，或者说是由以前会计期间少计或漏计这些资产等会计差错形成的，因此应当按照前期差错进行更正处理。同时也规避了企业通过财产盘盈盘亏的会计处理来人为调节利润的可能性。

【例5-8】 乙公司在财产清查过程中，发现一台未入账的设备，按同类或类似商品市场价格，减去按该项固定资产的新旧程度估计的价值损耗后的余额为30 000元。应编制会计分录如下。

盘盈固定资产时，
借：固定资产　　　　　　　　　　　　　　　　　30 000
　　贷：以前年度损益调整　　　　　　　　　　　　　30 000

(2) 固定资产盘亏的账务处理。

企业在财产清查中盘亏的固定资产，按盘亏固定资产的账面价值，借记"待处理财产损溢"账户，按已计提的累计折旧，借记"累计折旧"账户，按已计提的减值准备，借记"固定资产减值准备"账户，按固定资产的原价，贷记"固定资产"账户。按管理权限报经批准后处理时，按可收回的保险赔偿或过失人赔偿，借记"其他应收款"账户，按应计入营业外支出的金额，借记"营业外支出——盘亏损失"账户，贷记"待处理财产损溢"账户。

【例5-9】 乙公司进行财产清查时发现短缺一台笔记本电脑，原价为10 000元，已计提折旧7 000元。乙公司应编制会计分录如下。

盘亏固定资产时，
借：待处理财产损溢——待处理固定资产损溢　　　　3 000
　　累计折旧　　　　　　　　　　　　　　　　　　7 000
　　贷：固定资产　　　　　　　　　　　　　　　　10 000
报经批准转销时，
借：营业外支出——盘亏损失　　　　　　　　　　　3 000
　　贷：待处理财产损溢——待处理固定资产损溢　　3 000

4. 应收、应付款清查结果的处理

企业在财产清查中如发现某项账款因购货人拒付、破产、死亡等主客观原因无法收回，按规定程序审批后，冲减"坏账准备"，无法支付的应付款项，经批准作"营业外收入"处理。这些往来账项中发现的坏账的转销，不通过"待处理财产损溢"账户核算。

【例5-10】 长期无法收回的应收账款8 000元，按规定程序报经批准后，编制会计分录如下。
借：坏账准备　　　　　　　　　　　　　　　　　　8 000
　　贷：应收账款　　　　　　　　　　　　　　　　　8 000

【例5-11】 长期无法支付的应付账款3 000元，经查实对方单位已经解散，经批准做销账处理，编制会计分录如下。
借：应付账款　　　　　　　　　　　　　　　　　　3 000
　　贷：营业外收入　　　　　　　　　　　　　　　　3 000

任务三　结　账

一、结账的内容和程序

(一)结账的内容

结账是指按照规定把一定时期(月份、季度、年度)内所发生的经济业务全部登记入账，按照规定的方法对该期内的账簿记录进行小结，结算出本期发生额和余额，并将其余额结转下期或转入新账。

结账工作主要包括以下内容。

(1) 将本期发生的经济业务全部登记入账并保证其正确性。

(2) 按照权责发生制的要求，调整有关账项，合理确定本期应记的收入和应记的费用。

(3) 结算本期发生额及期末余额，做出结账标志。

注意：企业因撤销、合并和办理账务交接时，也需要办理结账。

(二)结账的程序

结账的程序如下。

(1) 结账前，必须将本期内所发生的经济业务全部记入有关账簿，既不能提前结账，也不能将本期发生的业务延至下期登记。

(2) 结账时，应当结出每个账户的期末余额。需要结出当月发生额的，应当在"摘要"栏内注明"本月合计"字样，并在下面通栏画单红线。需要结出本年累计发生额的，应当在"摘要"栏内注明"本年累计"字样，并在下面通栏画单红线；12 月末的"本年合计"就是全年累计发生额。全年累计发生额下面应当通栏画双红线。年度终了结账时，所有总账账户都应当结出全年发生额和年末余额。按照权责发生制调整和结转有关账项。本期内凡有转账业务的，应编制记账凭证记入有关账簿，以调整账簿记录。例如，待摊费用应按规定的比例将费用摊配于本期产品成本；预提费用应按规定的标准预先提取相关费用计入本期产品成本，对于共同性的制造费用则应按一定的标准分配结转记入"生产成本"账户；而完工产品的实际生产成本，应结转记入"库存商品"账户；本期实现的产品销售收入，应结转记入"本年利润"账户；财产物资通过盘点清查而发现的盘亏盘盈，也应按有关规定登记入账。

(3) 计算、登记本期发生额和期末余额。在本期全部经济业务登记入账的基础上，应当结算现金日记账、银行存款日记账以及总分类账和各明细分类账账户的本期发生额和期末余额，并结转下期。

(4) 年度终了，要把各账户的余额结转到下一会计年度，并在"摘要"栏注明"结转下年"字样；在下一会计年度新建有关会计账簿的第一行"余额"栏内填写上年结转的余额，并在"摘要"栏注明"上年结转"字样。

二、结账的方法

按结账期间不同，结账可分为月结、季结和年结。

(一)月结

(1) 对不须按月结计本期发生额的账户，如各项应收应付款明细账和各项财产物资明细账等，每次记账以后，都要随时结出余额，每月最后一笔余额即为月末余额。也就是说，月末余额就是本月最后一笔经济业务记录的同一行内余额。月末结账时，只需要在最后一笔经济业务记录之下通栏画单红线，不需要再结计一次余额。

(2) 库存现金、银行存款日记账和需要按月结计发生额的收入、费用等明细账，每月结账时，在最后一笔经济业务记录下面通栏画单红线，结出本月借方、贷方发生额合计和月末余额,并在"摘要"栏内注明"本月合计"字样,在本月合计下面通栏再画单红线。总账平时只需结出月末余额。

(3) 需要结计本年累计发生额的账户,每月结账时,应在"本月合计"行下结出自年初至本月末止的累计发生额,登记在月份发生额下面,在"摘要"栏内注明"本年累计"字样,并在下面通栏再画单红线。

(二)季结

在本季度最后一个月"月结"数字的红线下面一行,将本季度三个月的借、贷方发生额月结数加总,结出季末余额,并在"摘要"栏内注明"本季合计"字样,在季结数字下画单红线。

(三)年结

年终结账时,将所有总账账户结出全年发生额和年末余额,在"摘要"栏内注明"本年合计"字样,并在合计数下通栏画双红线。

年度终了结账后,有余额的账户,应将账户的年末余额结转下年,在账户的"摘要"栏内注明"结转下年"字样,不需要编制记账凭证。下一年度启用新账簿,在新建账户的第一行"余额"栏内填写上年结转的余额,并在"摘要"栏内注明"上年结转"字样。结账方法如表 5-7 所示。

表 5-7 现金日记账格式

现金日记账

第　　页

2020年		凭证		摘要	对方科目	借方	贷方	余额
月	日	字	号					
1	1			上年结转				100
	1	银付	1	提现金	银行存款	2 000		2 100
	1	现付	1	购买办公用品	管理费用		500	1 600
	2	现付	2	预付赵明差旅费	其他应收款		1 000	600
12	31			本月合计		19 500	19 100	1 000
	31			本季合计		54 000	53 600	1 000
	31			本年累计		871 000	870 100	1 000
				结转下年				

案例分析

案例一：

1. 属于贪污行为。应使用合同管理和采购授权等制度避免。
2. 同上。收据统一登记管理，号码连续登记，不得撕毁。
3. 渎职，贪污。不相容职务不得由一个人承担，应该由两人以上承担，这样总账和明细账核对结果不正确就需要两个人共同解决。

以上均属于公司的内部管理制度不够健全，执行和监督力度不够的表现，应该健全制度并监督执行。

案例二：

1. 两类业务张玉的处理都不对。
2. 正确的做法是：现金应该进行逐笔对账，查出差异的原因，确定解决办法。银行对账产生的未达账项不可以调整银行日记账，应待取得凭证后再记账。

项目小结

本项目学习了会计核算的专门方法之一——财产清查的概念、意义和分类以及财产物资的盘存制度、账产清查结果的处理方法。

财产清查是指通过对现金、银行存款、财产物资和往来款项的实地盘点或查对，确定其实际结存数，并查明账面结存数与实际结存数是否相符的一种专门的方法。

财产清查按清查的对象、范围和时间等不同标准可划分为全面清查和局部清查、定期清查和不定期清查，每种清查方式都有其特定的适用情况，都有其自身的优缺点。

财产清查的盘存制度也就是会计实务中财产物资的盘存制度，它是通过对实物的盘查、核对，确定财产物资的实际结存情况的一种制度。财产物资的盘存制度主要有两种，即永续盘存制和实地盘存制。永续盘存制是企业常用的一种财产盘存制度，实地盘存制一般适用于价值量小、数量多的低值易耗品。

财产清查结果的处理包括审批前的账务处理和审批后的账务处理，它是本项目学习的重点，应注意企业各项财产物资的盘盈、盘亏在批准前后的不同处理方式，掌握其常用的会计分录。此外，还应明确结账、对账等有关规定及方法。

项目强化训练

一、单项选择题

1. 永续盘存制的优点是（ ）。

   A. 省去了记录存货发出的经济业务

B. 在品种、规格多的企业存货明细记录工作量小
C. 简化了存货的日常核算工作
D. 有利于加强存货的日常管理

2. 在财产清查中发现的存货盘亏，若是属于自然损耗产生的定额内损耗，应于批准时列入( )。
   A. "管理费用"科目 B. "财务费用"科目
   C. "其他应收款"科目 D. "营业外支出"科目

3. 在财产清查中发现的存货盘盈，按规定的手续批准后冲减记入( )。
   A. "管理费用"科目 B. "财务费用"科目
   C. "销售费用"科目 D. "营业外收入"科目

4. 关于现金盘点报告表，下列说法中正确的是( )。
   A. 它只起到盘存单的作用
   B. 它既起到盘存单的作用，又起到实存账存对比表的作用
   C. 它只起到实存账存对比表的作用
   D. 以上说法都不对

5. 现金清查的方法是( )。
   A. 外调核对法 B. 与银行对账单相核对
   C. 技术测算法 D. 实地盘点法

6. 出纳员在每日业务终了时进行的清查工作属于( )。
   A. 全面清查和不定期清查 B. 局部清查和定期清查
   C. 全面清查和定期清查 D. 局部清查和不定期清查

7. 实地盘存制与永续盘存制的主要区别是( )。
   A. 盘点的工具不同 B. 盘亏结果处理不同
   C. 盘点的方法不同 D. 盘点的目标不同

8. 一般而言，单位撤销、合并时，要进行( )。
   A. 局部清查 B. 不定期清查
   C. 定期清查 D. 全面清查

9. 对于现金的清查，应将其结果及时填列( )。
   A. 现金盘点报告表 B. 对账单
   C. 盘存单 D. 实存账存对比表

10. 银行存款清查的方法是( )。
    A. 日记账和对账单核对 B. 总分类账和收付款凭证核对
    C. 日记账与总账核对 D. 日记账与收付款凭证核对

11. 对于大量成堆、难以清点的财产物资，应采用的清查方法是( )。
    A. 查询核对法 B. 技术推算盘点法
    C. 实地盘点法 D. 抽样盘点法

12. 在记账无误的情况下，造成银行对账单和银行存款日记账不一致的原因是( )。
    A. 未达账项 B. 外埠存款
    C. 应付账款 D. 应收账款

13. 对银行已经入账、企业尚未入账的未达账项，企业编制银行存款余额调节表后，一般应当( )。
    A. 根据银行存款余额调节表进行账务处理
    B. 根据银行对账单上的记录进行账务处理
    C. 根据对账单和调节表自制凭证进行账务处理
    D. 待结算凭证到达后再进行账务处理
14. 下列项目的清查应采用询证核对法的是( )。
    A. 固定资产   B. 银行存款
    C. 原材料   D. 应付账款
15. 实存账存对比表是调整账面记录的( )。
    A. 记账凭证   B. 转账凭证   C. 原始凭证   D. 累计凭证
16. 对财产物资的收发都有严密的手续，且在账簿中有连续的记载便于确定结存灵敏度的制度是( )。
    A. 永续盘存制   B. 收付实现制   C. 实地盘存制   D. 权责发生制
17. 某企业A材料期初结存2 000件，单价100元；本期购进5 000件，单价100元；期末盘点数为900件。采用实地盘存制时，本期发出材料的成本为( )元。
    A. 600 000   B. 610 000   C. 510 000   D. 500 000
18. 某企业银行存款日记账余额56 000元，银行已收企业未收款项10 000元，企业已付银行未付款项2 000元，银行已付企业未付款项8 000元。调节后的银行存款余额是( )元。
    A. 58 000   B. 54 000   C. 62 000   D. 56 000
19. 某企业财产物资账面期初余额10 000元，本期增加额5 000元，采用永续盘存制确定的本期减少额12 000元。如果该企业对财产物资采用实地盘存制度，期末确定的实存额为4 000元。两种方法确定的本期减少额之间相差( )元。
    A. 1 000   B. 3 000   C. 1 300   D. 1 100
20. 对于盘盈的固定资产的净值经批准后，应贷记的会计科目是( )。
    A. 以前年度损益调整   B. 营业外收入
    C. 管理费用   D. 待处理财产损溢
21. 在备抵法下，对于无法收回的应收账款，应借记的会计科目是( )。
    A. 待处理财产损溢   B. 坏账准备
    C. 财务费用   D. 营业外支出
22. 对于自然灾害造成的存货盘亏，按其净损失经批准后应借记的会计科目是( )。
    A. 待处理财产损溢   B. 销售费用
    C. 管理费用   D. 营业外支出
23. 对于债权债务的清查应采用的方法是( )。
    A. 询证核对法   B. 实地盘点法
    C. 技术推算盘点法   D. 抽样盘存法
24. 期末，根据账簿记录，计算并记录各账户的本期发生额和期末余额，在会计上称为( )。

A. 调账 B. 查账
C. 对账 D. 结账

25. 下列对账工作，属于账实核对的是( )。
    A. 总分类账与序时账核对
    B. 总分类账与所属明细分类账核对
    C. 会计部门存货明细账与存货保管部门明细账核对
    D. 财产物资明细账账面余额与财产物资实有数额核对

二、多项选择题

1. 使企业银行存款日记账余额大于银行对账单余额的未达账项是( )。
   A. 企业先收款记账而银行未收款未记账的款项
   B. 银行先付款记账而企业未付款未记账的款项
   C. 银行先收款记账而企业未收款未记账的款项
   D. 企业和银行同时收款的款项
   E. 企业先付款记账而银行未付款未记账的款项

2. 财产物资的盘存制度有( )。
   A. 实地盘存制 B. 岗位责任制 C. 收付实现制
   D. 权责发生制 E. 永续盘存制

3. 财产清查按照清查的时间可分为( )。
   A. 不定期清查 B. 内部清查 C. 全面清查
   D. 局部清查 E. 定期清查

4. 企业进行全部清查主要发生的情况有( )。
   A. 更换现金出纳时 B. 单位主要负责人调离时
   C. 年终决算后 D. 清产核资时 E. 关停并转时

5. 对银行存款的清查应根据( )进行。
   A. 银行存款实有数 B. 银行存款日记账
   C. 银行对账单 D. 未达账项

6. 在( )情况下，可以进行不定期清查。
   A. 会计主体发生改变或隶属关系变动时
   B. 财税部门对本单位进行会计检查时
   C. 更换财产和现金保管人员时
   D. 发生自然灾害和意外损失时
   E. 企业关停并转、清产核资、破产清算时

7. 下列可用作原始凭证调整账簿记录的有( )。
   A. 银行存款余额调节表 B. 结算款项核对登记表 C. 实存账存对比表
   D. 未达账项登记表 E. 现金盘点报告表

8. 核对账目法适用于( )。
   A. 固定资产的清查 B. 现金的清查 C. 银行存款的清查
   D. 短期借款的清查 E. 预付账款的清查

9. 银行存款余额调节表是( )。
   A. 银行存款清查的方法　　B. 调整账面记录的原始依据
   C. 原始凭证　　　　　　　D. 盘存表的表现形式　　E. 只起到对账作用
10. 按清查的范围不同,可将财产清查分为( )。
    A. 全面清查　　　　　　　B. 局部清查　　　　　　C. 定期清查
    D. 内部清查　　　　　　　E. 外部清查
11. 采用实地盘点法进行清查的项目有( )。
    A. 往来款项　　　　　　　B. 库存现金　　　　　　C. 固定资产
    D. 库存商品　　　　　　　E. 银行存款
12. 定期清查的时间一般是( )。
    A. 年末　　　　　　　　　B. 月末　　　　　　　　C. 中外合资时
    D. 季末　　　　　　　　　E. 单位合并
13. 实存账存对比表是( )。
    A. 调整账簿的原始凭证　　B. 资产负债表的附表之一
    C. 财产清查的重要报表　　D. 会计账簿的重要组成部分
    E. 分析盈亏原因,明确经济责任的重要依据
14. 全面清查的对象包括( )。
    A. 在途物资　　　　　　　B. 委托加工的物资　　　C. 货币资金
    D. 各种实物资产　　　　　E. 往来款项
15. 编制银行存款余额调节表时,计算调节后的余额可以企业银行存款日记账余额
( )。
    A. 加双方都未入账的收入款项
    B. 加企业未入账的支出款项
    C. 加企业未入账的收入款项
    D. 加银行未入账的收入款项
    E. 减企业未入账的支出款项
16. 对于盘亏的财产物资,经批准后进行会计处理,可能涉及的借方账户有( )。
    A. 其他应收款　　　　　　B. 待处理财产损益　　　C. 管理费用
    D. 营业外支出　　　　　　E. 营业外收入
17. 在会计工作中红色墨水可用于( )。
    A. 结账　　　　　　　　　B. 记账　　　　　　　　C. 对账
    D. 冲账　　　　　　　　　E. 算账
18. 在编制会计报表之前,对账的内容包括( )。
    A. 表表核对　　　　　　　B. 账账核对　　　　　　C. 账实核对
    D. 账证核对　　　　　　　E. 账表核对
19. 下列对账工作,属于企业账账核对的有( )。
    A. 总分类账与所属明细分类账核对
    B. 银行存款日记账与银行对账单核对
    C. 债权债务明细账与对方单位账面记录核对

D. 会计部门存货明细账与存货保管部门明细账核对
20. 下列各项属于对账内容的是(　　)。
　　A. 明细账与总账核对　　　　　　B. 库存商品账与实物核对
　　C. 往来账与业务合同核对　　　　D. 记账凭证与原始凭证核对
　　E. 库存现金与现金账核对
21. 下列需要画双红线的有(　　)。
　　A. 在"本月合计"的下面　　　　B. 在"本年累计"的下面
　　C. 在12月末的"本年累计"的下面　D. 在"本年合计"的下面
22. 以下财产物资清查结果要通过"待处理财产损溢"账户核算的有(　　)。
　　A. 原材料盘盈　　　　　B. 库存商品盘盈　　　　C. 固定资产盘盈
　　D. 固定资产盘亏　　　　E. 库存现金盘盈
23. 以下未达账项中，会导致企业银行存款日记账余额小于银行对账单余额的是(　　)。
　　A. 企业先收款记账而银行未收的款项
　　B. 银行先收款记账而企业未收的款项
　　C. 企业先付款记账而银行未付的款项
　　D. 银行先付款记账而企业未付的款项
　　E. 企业和银行同时收款的款项

三、判断题

1. 会计部门要在财产清查之前将所有的经济业务登记入账并结出余额，做到账账相符、账证相符，为财产清查提供可靠的依据。　　　　　　　　　　　　　　　　(　　)
2. 采用永续盘存制的企业，对财产物资一般不需要进行实地盘点。　　　　(　　)
3. 如果银行对账单与企业银行存款账面余额不相符，说明其中一方记账有误。(　　)
4. 全面清查是定期清查，局部清查是不定期清查。　　　　　　　　　　　(　　)
5. 未达账项是由于企业、事业单位的财务人员不及时登账所造成的。　　　(　　)
6. 银行存款清查，主要是将银行存款日记账与总账进行核对。　　　　　　(　　)
7. 在永续盘存制下，可以不进行实地盘点。　　　　　　　　　　　　　　(　　)
8. 造成账实不符的原因肯定是人为的。　　　　　　　　　　　　　　　　(　　)
9. 在永续盘存制下，财产清查的目的是确定本期发出数。　　　　　　　　(　　)
10. 对于现金的清查，一般采用实地盘点法。　　　　　　　　　　　　　　(　　)
11. 进行财产清查，如发现账存数小于实存数，即为盘亏。　　　　　　　　(　　)
12. 更换现金保管人员时的清查属于定期清查。　　　　　　　　　　　　　(　　)
13. 对于银行已登记入账，企业未登记入账的未达账项，应根据银行对账单登记银行日记账，以保证账实相符。　　　　　　　　　　　　　　　　　　　　　　　　(　　)
14. 永续盘存制下，凡未包含在期末实际结存数中的减少数均被视为销售或耗用，从而掩盖了财产物资的非正常损耗，因此不利于财产物资的安全、完整。　　　　(　　)
15. 由于实地盘存制不利于掌握存货实际情况和进行会计监督，因此只有那些品种多、价值低、收发交易比较频繁、数量不稳定、损耗大且难以控制的财产物资，才采用这种方法，如鲜活商品的核算。　　　　　　　　　　　　　　　　　　　　　　(　　)

四、名词解释

财产清查 全部清查 局部清查 定期清查 不定期清查 实地盘存制 永续盘存制 未达账项 实地盘点法 结账 对账

五、思考题

1. 财产清查有哪些种类？全部清查应在哪几种情况下进行？
2. 永续盘存制与实地盘存制有何不同？各自具有什么样的优缺点？
3. 财产清查的核算需要设置的主要账户有哪些？如何核算？
4. 如何进行财产清查结果的处理？
5. 财产清查有何意义？
6. 什么是对账？对账包括哪些内容？
7. 什么是结账？结账包括哪些内容？

六、业务题

1. 目的：掌握未达账项的基本概念，学会编制银行存款余额调节表。

资料：海王公司 2020 年 6 月 30 日银行存款日记账余额为 36 000 元，银行对账单上余额为 49 000 元，经查对发现有以下几笔未达账项。

(1) 企业于月末开出现金支票 1 600 元支付报纸杂志费，企业已入账，银行尚未入账。

(2) 银行已经接受企业委托向外单位收妥销货款 19 000 元，银行已入账，企业尚未入账。

(3) 企业于月末存入从外单位收到的销售款转账支票 3 600 元，企业已入账，银行尚未入账。

(4) 银行代企业支付的水电费 4 000 元，银行已入账，企业尚未收到付款通知未入账。

要求：根据以上有关内容，编制银行存款余额调节表(见表 5-8)，并分析调节后是否需要编制有关会计分录。

表 5-8 银行存款余额调节表

开户银行：　　　　　　　　　账号：　　　　　　　　　　2020 年 6 月 30 日止

项　目	金　额	项　目	金　额
企业银行存款日记账		银行对账单	
加：银行已收企业未收		加：企业已收银行未收	
减：银行已付企业未付		减：企业已付银行未付	
调整后存款余额		调整后存款余额	

2. 目的：掌握永续盘存制和实地盘存制的概念及运用。

资料：丁公司 12 月期初丙材料单位成本为 10 元，本月初实际库存和账面余额均为 600 千克。假设本月购入丙材料的单位成本均为 10 元，本月发生如下收发业务。

(1) 3 日，生产领用 500 千克。

(2) 9 日，购入 1 000 千克。

(3) 13日，生产领用800千克。

(4) 21日，购入600千克。

(5) 29日，生产领用300千克。

(6) 期末盘点实际库存为570千克。

要求：(1) 若丁公司采用永续盘存制，计算本月发出材料成本和期末账面库存成本。

(2) 若丁公司采用实地盘存制，计算本月发出材料成本和期末账面库存成本。

3. 目的：掌握财产清查结果的账务处理。

资料：(1) 星星公司2019年6月底，在对现金进行清查时，发现短缺360元，经查明其中200元属于出纳李娜保管疏忽的责任，由其个人赔偿，其余部分无法查明原因。

(2) 星星公司2019年12月底，在对现金进行清查时，发现溢余400元，经查明其中380元属于应支付给员工王欣的款项，其余部分无法查明原因。

(3) 星星公司2019年12月底，进行全面清查时，对存货盘点发现原材料中丙材料盘盈560元，经查明原因，为计量不准确造成的。

(4) 星星公司2019年12月底，进行全面清查时，发现10件甲产品盘亏，价值3 300元。经查明，其中8件甲产品共计2 640元是由于自然灾害造成，将由保险公司赔偿2 000元，残值已经变卖收回200元现金，剩余部分作为企业的非常损失。另外两件甲产品共计660元是由于保管员张三的责任造成的，由其赔偿。

要求：做出发现盘盈盘亏时及查明原因经批准后的两种会计处理。

5.1 对账.mp4

5.2.1 账产清查的意义和种类.mp4

5.2.2 账产清查的方法——实物资产的清查方法.mp4

5.2.3 账产清查的方法——货币资金和往来款项的清查.mp4

5.2.4 财产清查结果的处理.mp4

5.2.5 存货清查结果的账务处理.mp4

5.2.6 固定资产清查结果的账务处理.mp4

5.2.7 应收应付款清查结果的账务处理.mp4

5.3 结账.mp4

项目六 财务报告

【知识目标】

- 理解财务报告的概念、内容及编制要求。
- 理解资产负债表、利润表、现金流量表等主要报表的概念、作用和基本结构。
- 掌握资产负债表、利润表等主要会计报表的编制方法。

【技能目标】

- 掌握资产负债表、利润表等主要会计报表的结构、基本内容和数据来源,能够针对具体的经济业务编制资产负债表、利润表等主要会计报表。
- 能够熟练地运用所学知识对财务报表进行阅读和理解,获取有关企业的财务状况、经营业绩和现金流量等财务信息。

> **案例引导**
>
> **富得只有利润，没有现金！**
>
> 　　如果仅仅从利润表上看，某上市公司的经营业绩相当不错。虽然市场竞争激烈，产品价格下调，但是2019年的销售额仍然实现4.19亿元，增长9.69%；净利润实现4 736万元，增长41.13%；每股收益达到0.40元，市盈率不高，成长性也很好。仅从这点看，该公司确实是一家好企业。
>
> 　　从该公司对外公布的现金流量表可以看到：它在2018年的净利润是3 356万元，经营活动净现金流量为−3 585万元；2019年的净利润是4 736万元，经营活动的净现金流量为−4 410万元。以上信息说明这样一个问题：它只有利润，没有现金。也就是说，它没有能力把利润变成现金。
>
> 　　进一步加以分析可知，造成该公司现金连年入不敷出的最直接原因就是应收账款、存货等每年都在"高速增长"。其中，应收账款从2018年的25 254万元增加到了2019年年末的34 272万元，增长36%；存货从2018年年末的9 749万元增加到了2019年年末的14 073万元，增长44%。应收账款和存货的增长速度，在和净利润增长速度进行"比赛"的时候，取得了决定性的胜利。
>
> 　　那么，又是什么原因造成了应收账款、存货超过了净利润的增长速度呢？通过该公司的财务报表，无法找到答案。不但如此，该公司在2018年发行新股时筹集到的30 771万元资金，也不知到哪里去了。
>
> 　　自从2019年以来，一些投资机构纷纷从该公司大规模撤退。只有利润，没有现金的富翁，绝不是真正的富翁！
>
> 　　思考：是什么使该公司的真实财务状况现出了"原型"？它有什么作用？

任务一　财务报告概述

一、财务报告的概念

　　财务报告是指企业对外提供的反映企业某一特定日期的财务状况和某一会计期间的经营成果、现金流量等会计信息的文件。财务报告包括财务报表和其他应当在财务报告中披露的相关信息和资料。

二、财务报表的组成

　　财务报表是对企业财务状况、经营成果和现金流量的结构性表述。一套完整的财务报表至少应当包括资产负债表、利润表、现金流量表、所有者权益(或股东权益)变动表以及附注。

三、财务报表的种类

　　财务报表可以根据需要按不同的标志进行分类。

(一)按反映的经济内容的不同分类

财务报表按反映的经济内容的不同分类，可分为反映单位的财务状况、经营成果、现金流量和所有者权益(或股东权益)变动的报表，主要包括资产负债表、利润表、现金流量表和所有者权益(或股东权益)变动表。

(二)按反映的资金状态的不同分类

财务报表按反映的资金状态的不同分类，可分为静态报表和动态报表。

(1) 静态报表是指反映单位期末财务状况的报表，如资产负债表。静态报表的数据来自于有关账簿的期末余额。

(2) 动态报表是指反映单位一定时期经营成果、现金流量和所有者权益(或股东权益)变动的报表，如利润表、现金流量表和所有者权益(或股东权益)变动表。动态报表的数据来源于有关账簿的本期发生额。

(三)按报送对象的不同分类

财务报表按报送对象的不同分类，可分为对外报表和对内报表。

(1) 对外报表是指定期向企业投资者及外部潜在投资者或有关部门(如工商、税务、银行)等报送的会计报表，如资产负债表、利润表、现金流量表和所有者权益(或股东权益)变动表等。

(2) 对内报表是指为满足企业本身经营管理需要而编制的会计报表，如成本报表。

(四)按编报期间的不同分类

财务报表按编报期间的不同分类，可分为中期财务报表和年度财务报表。

(1) 中期财务报表是指以短于一个完整会计年度的报告期间为基础编制的财务报表，包括月报、季报和半年报。

(2) 年度财务报表是指按年编制的会计报表。

(五)按编报主体的不同分类

财务报表按编报主体的不同分类，可分为个别报表和合并报表。

(1) 个别报表是指反映企业自身财务状况、经营成果和现金流量情况的财务报表。

(2) 合并报表是指反映母公司和其全部子公司形成的企业集团整体财务状况、经营成果和现金流量的财务报表。

四、财务报表的编制要求

(一)编制质量要求

为了使财务报表能够最大限度地满足各有关方面的需要，实现编制财务报表的基本目的，充分发挥财务报表的作用，企业在编制财务报表时应当做到真实可靠、相关可比、全面完整、编报及时、便于理解。

1. 真实可靠

企业财务报表必须如实地反映企业的财务状况、经营成果和现金流量情况,使财务报表各项目的数据建立在真实可靠的基础上。因此,财务报表必须根据核实无误的账簿资料编制,不得以任何方式弄虚作假。如果财务报表所提供的资料不真实或者可靠性很差,则不仅不能发挥财务报表应有的作用,而且还会由于错误的信息,导致财务报表使用者对企业财务状况、经营成果和现金流量情况做出错误的评价与判断,致使财务报表使用者做出错误的决策。

2. 相关可比

企业财务报表所提供的财务会计信息必须与报告使用者进行决策所需要的信息相关,并且便于报告使用者在不同企业之间及同一企业前后各期之间进行比较。只有提供相关可比的信息,才能使报表使用者据此分析企业在整个社会特别是同行业中的地位,了解、判断企业过去、现在的情况,预测企业未来的发展趋势,进而为报表使用者的决策服务。

3. 全面完整

企业财务报表应当全面地披露企业的财务状况、经营成果和现金流量情况,完整地反映企业财务活动的过程和结果,以满足各有关方面对财务会计信息资料的需要。为了保证财务报表的全面完整,企业在编制财务报表时,应当按照有关准则、制度规定的格式和内容填写,特别是对于企业某些重要的事项,应当按照要求在财务报表附注中说明,不得漏编漏报。

4. 编报及时

企业财务报表所提供的资料,具有很强的时效性。只有及时编制和报送财务报表,才能为使用者提供决策所需的信息资料。否则,即使财务报表的编制非常真实可靠、全面完整且具有相关可比性,但由于编报不及时,也可能失去其应有的价值。

5. 便于理解

便于理解是指财务报表提供的信息可以为使用者所理解。企业对外提供的财务报表是为广大财务报表使用者提供企业过去、现在和未来的有关资料,为企业目前或潜在的投资者和债权人提供决策所需的会计信息,因此财务报表应清晰明了。如果提供的财务报表晦涩难懂,不可理解,使用者就不能据以做出准确的判断,所提供的财务报表也会毫无用处。当然,这一要求是建立在财务报表使用者具有一定的财务报表阅读能力的基础上的。

(二)编报的格式要求

(1) 对外提供会计报表应按国家统一规定格式报送。
(2) 按要求装订成册并签名盖章。

(三)编报的时间要求

(1) 月度中期财务报告应在月度终了后 6 天内(节假日顺延，下同)对外提供。
(2) 季度中期财务报告应于季度终了后 15 天内对外提供。
(3) 半年度中期财务报告应于年度中期结束后 60 天内(相当于两个连续的月份)对外提供。
(4) 年度财务报告应于年度终了后 4 个月内对外提供。

五、财务报表编制前的准备工作

为了保证财务报表所提供的信息能够满足报表使用者的要求，编制报表前，应做好下列准备工作。

(一)期末账项调整

按照权责发生制的要求，正确地划分各个会计期间的收入、费用，为正确地计算和结转本期经营成果提供有用的资料。

(二)全面清查资产、核实债务

清查资产、核实债务包括：结算款项是否存在，是否与债权债务单位的债权、债务金额一致；各项存货的实存数与账面数是否一致，是否有报废损失和积压物资等；各项投资是否存在，是否按照国家统一的会计制度进行确认、计量；各项固定资产的实存数与账面数是否一致；需要清查、核实的其他内容。

(三)对账

对账就是在有关经济业务入账以后，进行账簿记录的核对。对账工作一般分三步进行，一是账证核对，二是账账核对，三是账实核对。通过对账可以保证账证、账账、账实相符。

(四)结账

结账就是在会计期末计算并结转各账户的本期发生额和期末余额。
(1) 结账前，必须将本期内发生的各项经济业务和应由本期受益的收入、负担的费用全部记入账中。
(2) 结账时，应结出每个账户的期末余额。

任务二 资产负债表

一、资产负债表的概念和作用

(一)资产负债表的概念

资产负债表是指反映企业在某一特定日期(月末、季末、年末)财务状况的会计报表。它是根据"资产=负债+所有者权益"这一会计基本等式，按照一定的分类标准和顺序，把企业在特定日期的资产、负债和所有者权益各项目予以适当排列编制而成的。它全面揭示了企业在特定日期的资产、负债和所有者权益的构成及三者之间的关系。

(二)资产负债表的作用

资产负债表的作用主要包括如下四点。

(1) 通过资产负债表，可以反映某一日期资产的总额及其结构，表明企业拥有或控制的经济资源及其分布情况，即：有多少资源是流动资产，有多少资源是长期投资，有多少资源是固定资产等。

(2) 通过资产负债表，可以反映某一日期负债的总额及其结构，表明企业未来需要用多少资产或劳务清偿债务以及清偿时间，即：流动负债有多少，长期负债有多少，长期负债中有多少需要用当期流动资金进行偿还等。

(3) 通过资产负债表，可以反映所有者权益的情况，表明投资者在企业资产中所占的份额，了解所有者权益的构成情况，据以判断资本保值、增值的情况以及对负债的保障程度。

(4) 资产负债表还能够提供进行财务分析的基本资料，如通过资产负债表将流动资产与流动负债进行比较，将速动资产与流动负债进行比较，可以计算流动比率、速动比率等，以了解企业的短期偿债能力，从而有助于财务报表使用者做出经济决策。

二、资产负债表的结构

资产负债表的格式是依据会计基本公式"资产=负债+所有者权益"这一原理设计列示的账户式结构。其左边是资产，右边是负债及所有者权益，按照一定的标准和次序，把企业特定日期的资产、负债和所有者权益各要素进行项目分类。

其基本格式如表 6-1 所示。

表 6-1 资产负债表基本格式

资产负债表

资　　产	负债及所有者权益
一、流动资产 ……	一、流动负债 ……
二、非流动资产 ……	二、非流动负债 …… 三、所有者权益 ……
资产合计	负债及所有者权益合计

在表 6-1 中，各项目按如下规律排列。

(一)资产项目的排列顺序

资产项目按资产的流动性、变现能力先后顺序排列。流动性或变现能力越强的资产排列越靠前，流动性或变现能力越弱的资产排列顺序越靠后。流动性大的资产如"货币资金""交易性金融资产"等排在前面，流动性小的资产如"长期股权投资""固定资产"等排在后面。

(二)负债项目的排列顺序

负债项目按负债被要求偿还的期限先后顺序排列。偿还期限越短的项目排列顺序越靠前，偿还期限越长的项目排列顺序越靠后。"短期借款""应付票据""应付账款"等需要在一年以内(包括一年)或者长于一年的一个正常营业周期内偿还的流动负债排在前面，"长期借款""应付债券"和"长期应付款"等一年以上才需偿还的非流动负债排在后面。

(三)所有者权益项目的排列顺序

所有者权益项目按所有者权益的永久性程度或稳定性程度高低排列。永久性程度或稳定性程度越高的项目排列越靠前，永久性程度或稳定性程度越低的项目排列越靠后。其顺序依次是"实收资本(股本)""资本公积""其他综合收益""盈余公积"和"未分利润"。

根据以上排列顺序，结合表 6-1，可以列出资产负债表的具体结构，如表 6-2 所示。

表 6-2 资产负债表格式

资产负债表

会企 01 表

编制单位： 　　　　　　　　年 月 日 　　　　　　　　单位：元

资　产	期末余额	年初余额	负债和所有者权益	期末余额	年初余额
流动资产：			流动负债：		
货币资金			短期借款		
交易性金融资产			交易性金融负债		
衍生金融资产			衍生金融负债		
应收票据			应付票据		
应收账款			应付账款		
应收款项融资			预收款项		
预付款项			合同负债		
其他应收款			应付职工薪酬		
存货			应交税费		
合同资产			其他应付款		
持有待售资产			持有待售负债		
一年内到期的非流动资产			一年内到期的非流动负债		
其他流动资产			其他流动负债		
流动资产合计			流动负债合计		

续表

资　产	期末余额	年初余额	负债和所有者权益	期末余额	年初余额
非流动资产：			非流动负债：		
债权投资			长期借款		
其他债权投资			应付债券		
长期应收款			其中：优先股		
长期股权投资			永续债		
其他权益工具投资			租赁负债		
其他非流动金融资产			长期应付款		
投资性房地产			预计负债		
固定资产			递延收益		
在建工程			递延所得税负债		
生产性生物资产			其他非流动负债		
油气资产			非流动负债合计		
使用权资产			负债合计		
无形资产			所有者权益(或股东权益)		
开发支出			实收资本(或股本)		
商誉			其他权益工具		
长期待摊费用			其中：优先股		
递延所得税资产			永续债		
其他非流动资产			资本公积		
非流动资产合计			减：库存股		
			其他综合收益		
			专项储备		
			盈余公积		
			未分配利润		
			所有者权益(或股东权益)合计		
资产总计			负债和所有者权益(或股东权益)合计		

三、资产负债表的编制方法

资产负债表各项目均应分别填列年初余额和期末余额。其中，年初余额应根据上年年末(12月31日)该表的"期末余额"填列，期末余额大多根据相应的总账科目期末余额填列。

(一)"年初余额"栏的填列

资产负债表各项目的"年初余额"栏内的数字，应根据上年年末资产负债表"期末余额"栏内所列数字填列。若本年度资产负债表规定的各个项目名称和内容与上一年度不一致，应对上年年末资产负债表各项目的名称和数字按照本年度的规定进行调整，填入表中的"年初余额"。

(二)"期末余额"栏的填列

1) 资产类项目

(1) "货币资金"项目，应根据"库存现金""银行存款""其他货币资金"科目期末余额合计数填列。

(2) "交易性金融资产"项目，应根据"交易性金融资产"科目的相关明细科目期末余额填列。

(3) "衍生金融资产"项目，应根据"衍生金融资产"科目的期末余额填列。

(4) "应收票据"项目，应根据"应收票据"科目的期末余额，减去"坏账准备"科目中相关坏账准备后的金额分析填列。

(5) "应收账款"项目，应根据"应收账款""预收账款"科目所属各明细科目的期末借方余额合计，减去"坏账准备"科目中相关坏账准备期末余额后的金额填列。如"应收账款"科目所属明细科目期末有贷方余额的，应在本表"预收款项"项目内填列。

(6) "应收款项融资"项目，反映资产负债表可以公允价值计量且其变动计入其他综合收益的应收票据和应收账款等。

(7) "预付款项"项目，应根据"预付账款""应付账款"科目所属各明细科目的期末借方余额，减去"坏账准备"科目中相关坏账准备期末余额后的金额填列。

(8) "其他应收款"项目，应根据"应收利息""应收股利""其他应收款"科目的期末余额合计数，减去"坏账准备"科目中相关计提的坏账准备期末余额后的金额填列。

(9) "存货"项目，应根据"受托代销商品""在途物资""原材料""库存商品""发出商品""委托加工物资""周转材料""低值易耗品""生产成本"等科目的期末余额合计，减去"受托代销商品款""存货跌价准备"科目期末余额后的金额填列。

(10) "合同资产"项目，应根据"合同资产"科目的相关明细科目期末余额，减去"合同资产减值准备"科目中相关的期末余额后的金额填列。

(11) "持有待售资产"项目，应根据"持有待售资产"科目的期末余额，减去"持有待售资产减值准备"科目的期末余额后的金额填列。

(12) "一年内到期的非流动资产"项目，应根据下一年要到期的"长期应收款"减去相应的"未实现融资收益""坏账准备"填列。

(13) "其他流动资产"项目，应根据除以上流动资产之外的有关科目的期末余额填列。

(14) "债权投资"项目，应根据"债权投资"科目的相关明细科目期末余额，并减去"债权投资减值准备"科目中相关减值准备的期末余额后的金额填列。

(15) "其他债权投资"项目，应根据"其他债权投资"科目的相关明细科目期末余额，并减去"其他债权投资减值准备"后的余额填列。

(16) "长期应收款"项目，应根据下一年不到期的"长期应收款"减去相应的"未实现融资收益""坏账准备"后的金额填列。

(17) "长期股权投资"项目，应根据"长期股权投资"科目的期末余额，减去"长期股权投资减值准备"科目期末余额后的金额填列。

(18)"其他权益工具投资"项目,应根据"其他权益工具投资"科目的期末余额填列。

(19)"投资性房地产"项目,应根据"投资性房地产"科目的期末余额,减去"投资性房地产累计折旧(摊销)""投资性房地产减值准备"科目期末余额后的金额填列。

(20)"固定资产"项目,应根据"固定资产"科目的期末余额,减去"累计折旧""固定资产减值准备"科目的期末余额后的金额,以及"固定资产清理"科目的期末余额填列。

(21)"在建工程"项目,应根据"在建工程"科目期末余额,减去"在建工程减值准备"科目的期末余额后的金额,以及"工程物资"科目的期末余额,减去"工程物资减值准备"科目的期末余额后的金额填列。

(22)"使用权资产"项目,应根据"使用权资产"科目的期末余额,减去"使用权累计折旧""使用权资产准备"科目的期末余额后的金额填列。

(23)"无形资产"项目,应根据"无形资产"科目期末余额,减去"累计摊销""无形资产减值准备"科目期末余额后的金额填列。

(24)"开发支出"项目,应根据"研发支出"科目中所属的"资本化支出"明细科目期末余额填列。

(25)"商誉"项目,应根据"商誉"科目的期末余额填列。

(26)"长期待摊费用"项目,应根据"长期待摊费用"科目的期末余额,减去将于一年内(含一年)摊销的数额后的金额分析填列。

(27)"递延所得税资产"项目,应根据"递延所得税资产"科目的期末余额填列。

(28)"其他非流动资产"项目,应根据除以上资产以外的其他非流动资产有关科目的期末余额填列。

2) 负债类项目

(1)"短期借款"项目,应根据"短期借款"科目的期末余额填列。

(2)"交易性金融负债"项目,应根据"交易性金融负债"科目的相关明细科目的期末余额填列。

(3)"衍生金融负债"项目,应根据"衍生金融负债"科目的期末余额填列。

(4)"应付票据"项目,应根据"应付票据"科目的期末余额填列。

(5)"应付账款"项目,应根据"应付账款""预付账款"科目所属的相关明细科目的期末贷方余额的合计数填列。如"应付账款"科目所属明细科目期末有借方余额的,应在本表"预付款项"项目内填列。

(6)"预收款项"项目,应根据"预收账款""应收账款"科目所属各有关明细科目的期末贷方余额的合计数填列。如"预收账款"科目所属各明细科目期末有借方余额的,应在本表"应收账款"项目内填列。

(7)"合同负债"项目,应根据"合同负债"科目的相关明细科目期末余额分析填列。

(8)"应付职工薪酬"项目,应根据"应付职工薪酬"科目的期末余额填列。

(9)"应交税费"项目,应根据"应交税费"科目的期末贷方余额填列。如"应交税费"科目期末为借方余额,应以"-"号填列。

(10)"其他应付款"项目,应根据"其他应付款""应付利息""应付股利"科目的期末余额合计数填列。

(11)"持有待售负债"项目,应根据"持有待售负债"科目的期末余额填列。

(12) "一年内到期的非流动负债"项目,应根据一年内到期的"长期借款""长期应付款""应付债券"科目的余额填列。

(13) "其他流动负债"项目,应根据除以上流动负债之外的其他流动负债科目的期末余额填列。

(14) "长期借款"项目,应根据"长期借款"科目的期末余额减去一年内到期部分的金额填列。

(15) "应付债券"项目,应根据"应付债券"科目的期末余额减去一年内到期部分的金额填列。

(16) "租赁负债"项目,应根据"租赁负债"科目的期末余额填列。

(17) "长期应付款"项目,应根据"长期应付款"科目的期末余额减去相关的"未确认融资费用"科目的期末余额,再减去一年内到期部分的金额后的金额,以及"专项应付款"科目的期末余额填列。

(18) "预计负债"项目,应根据"预计负债"科目的期末余额填列。

(19) "递延收益"项目,应根据"递延收益"科目的期末余额填列。

(20) "递延所得税负债"项目,应根据"递延所得税负债"科目的期末余额填列。

(21) "其他非流动负债合计"项目,应根据除"长期借款""应付债券"等负债以外的其他非流动负债的期末余额之和填列。

3) 所有者权益类项目

(1) "实收资本(或股本)"项目,应根据"实收资本(或股本)"科目的期末余额填列。

(2) "其他权益工具"项目,应根据"其他权益工具"科目的期末余额填列。

(3) "资本公积"项目,应根据"资本公积"科目的期末余额填列。

(4) "库存股"项目,应根据"库存股"科目的期末余额填列。

(5) "其他综合收益"项目,应根据"其他综合收益"科目的期末余额填列。

(6) "专项储备"项目,应根据"专项储备"科目的期末余额填列。

(7) "盈余公积"项目,应根据"盈余公积"科目的期末余额填列。

(8) "未分配利润"项目,应根据"本年利润""利润分配"科目的期末余额计算填列。若为未弥补的亏损,在本项目内以"-"号填列。

四、资产负债表编制举例

【例6-1】 2020年8月,榕新有限责任公司科目余额表如表6-3所示。请按照编制资产负债表的方法,编制该公司2020年8月31日的资产负债表。

表6-3 科目余额表

2020年8月　　　　　　　　　　　　　　　　　　　　　　　　　　　　　单位:元

科目名称	期末余额	
	借方	贷方
库存现金	5 000	
银行存款	251 800	
应收账款	11 300	

续表

科目名称	期末余额	
	借方	贷方
坏账准备		500
其他应收款	1 500	
在途物资	98 000	
原材料	158 000	
生产成本	52 000	
库存商品	367 400	
固定资产	3 000 000	
累计折旧		278 200
在建工程	50 000	
短期借款		302 000
应付账款		152 000
应付职工薪酬		1 500
其他应付款		5 000
应交税费		36 000
应付利息		2 500
实收资本		3000 000
资本公积		150 000
盈余公积		41 000
未分配利润		26 300
合计	3 995 000	3 995 000

榕新有限责任公司编制的 2020 年 8 月 31 日的资产负债表如表 6-4 所示。

表 6-4　资产负债表格式　　　　　　　　　　　　　　　　会企 01 表

编制单位：榕新有限责任公司　　　　2020 年 8 月 31 日　　　　　　　单位：元

资产	期末余额	上年年末余额	负债和所有者权益	期末余额	上年年末余额
流动资产：		（略）	流动负债：		（略）
货币资金	256 800		短期借款	302 000	
交易性金融资产			交易性金融负债		
衍生金融资产			衍生金融负债		
应收票据			应付票据		
应收账款	10 800		应付账款	152 000	
应收款项融资			预收款项		
预付款项			合同负债		
其他应收款	1 500		应付职工薪酬	1 500	
存货	675 400		应交税费	36 000	

续表

资产	期末余额	上年年末余额	负债和所有者权益	期末余额	上年年末余额
合同资产			其他应付款	7 500	
持有待售资产			持有待售负债		
一年内到期的非流动资产			一年内到期的非流动负债		
其他流动资产			其他流动负债		
流动资产合计	944 500		流动负债合计	499 000	
非流动资产：			非流动负债：		
债权投资			长期借款		
其他债权投资			应付债券		
长期应收款			其中：优先股		
长期股权投资			永续债		
其他权益工具投资			租赁负债		
其他非流动金融资产			长期应付款		
投资性房地产			预计负债		
固定资产	2 721 800		递延收益		
在建工程	50 000		递延所得税负债		
生产性生物资产			其他非流动负债		
油气资产			非流动负债合计		
使用权资产			负债合计	499 000	
无形资产			所有者权益(或股东权益)		
开发支出			实收资本(或股本)	3 000 000	
商誉			其他权益工具		
长期待摊费用			其中：优先股		
递延所得税资产			永续债		
其他非流动资产			资本公积	150 000	
非流动资产合计	2 771 800		减：库存股		
			其他综合收益		
			专项储备		
			盈余公积	41 000	
			未分配利润	26 300	
			所有者权益(或股东权益)合计	3 217 300	
资产总计	3 716 300		负债和所有者权益(或股东权益)合计	3 716 300	

表6-4中相关项目数据计算如下：

"货币资金"项目期末余额=5 000+251 800=256 800(元)

"应收账款"项目期末余额=11 300-500==10 800(元)

"其他应收款"项目期末余额=1 500(元)
"存货"项目期末余额=98 000+158 000+52 000+367 400=675 400(元)
"固定资产"项目期末余额=3 000 000-278 200=2 721 800(元)
"在建工程"项目期末余额=50 000(元)
"短期借款"项目期末余额=302 000(元)
"应付账款"项目期末余额=152 000(元)
"应付职工薪酬"项目期末余额=1 500(元)
"其他应付款"项目期末余额=5 000+2 500=7 500(元)
"应交税费"项目期末余额=36 000(元)
"实收资本"项目期末余额=3 000 000(元)
"资本公积"项目期末余额=150 000(元)
"盈余公积"项目期末余额=41 000(元)
"未分配利润"项目期末余额=26 300(元)

任务三 利 润 表

一、利润表的概念和作用

(一)利润表的概念

利润表是反映企业在一定会计期间的经营成果的会计报表,即反映企业实现的收入、发生的费用和利润(或亏损)形成情况的会计报表。其编制的理论依据是"利润=收入-费用"这一会计等式。

(二)利润表的作用

利润表有如下作用。

(1) 通过利润表提供的收入、费用等数据,能够反映企业生产经营的收益和成本耗费情况,表明企业的生产经营成果。

(2) 用以分析企业利润的构成。

(3) 通过利润表提供的不同时期的比较数字(本月数、本年累计数、上年数),可以分析企业今后利润的发展趋势及获利能力,从而为其使用者做出经济决策提供依据。

二、利润表的结构

利润表一般包括表首、正表两部分。其中,表首概括说明报表名称、编制单位、编制日期、报表编号、货币名称、计量单位;正表是利润表的主体,反映形成经营成果的各个项目和计算过程。正表的格式一般有两种:单步式利润表和多步式利润表。单步式利润表是将当期所有的收入列在一起,然后将所有的费用列在一起,两者相减得出当期净损益。多步式利润表是通过对当期的收入、费用、支出项目按性质加以归类,按利润形成的主要环节列示一些中间性利润指标,如营业利润、利润总额、净利润,分步计算当期净损益。在我国,利润表一般采用多步式。其格式和内容如表6-5所示。

表6-5 利润表格式

利 润 表

会企02表

编制单位: 　　　　　　　　　　　　　年 月 　　　　　　　　　　　　　单位:元

项　目	本期金额	上期金额
一、营业收入		
减:营业成本		
税金及附加		
销售费用		
管理费用		
研发费用		
财务费用		
其中:利息费用		
利息收入		
加:其他收益		
投资收益(损失以"-"号填列)		
其中:对联营企业和合营企业的投资收益		
以摊余成本计量的金融资产终止确认收益(损失以"-"号填列)		
净敞口套期收益(损失以"-"号填列)		
公允价值变动收益(损失以"-"号填列)		
信用减值损失(损失以"-"号填列)		
资产减值损失(损失以"-"号填列)		
资产处置收益(损失以"-"号填列)		
二、营业利润(亏损以"-"号填列)		
加:营业外收入		
减:营业外支出		
三、利润总额(亏损总额以"-"号填列)		
减:所得税费用		
四、净利润(净亏损以"-"号填列)		
(一)持续经营净利润(净亏损以"-"号填列)		
(二)终止经营净利润(净亏损以"-"号填列)		
五、其他综合收益的税后净额		
(一)不能重分类进损益的其他综合收益		
1.重新计量设定受益计划变动额		
2.权益法下不能转损益的其他综合收益		

续表

项 目	本期金额	上期金额
3 其他权益工具投资公允价值变动		
4 企业自身信用风险公允价值变动		
……		
(二)将重分类进损益的其他综合收益		
1 权益法下可转损益的其他综合收益		
2 其他债权投资公允价值变动		
3 金融资产重分类计入其他综合收益的金额		
4 其他债权投资信用减值准备		
5 现金流量套期储备		
6 外币财务报表折算差额		
……		
六、综合收益总额		
七、每股收益:		
(一)基本每股收益		
(二)稀释每股收益		

三、利润表的编制方法

企业利润表中各项目的数据都列有"上期金额"和"本期金额"两栏。

(一)"上期金额"栏的填列

利润表中的"上期金额"栏反映项目的上期实际发生数,应根据上年该期利润表中的"本期金额"栏内所列数字填列。在编报利润表时,如果上期利润表与本期利润表的项目名称和内容不一致,应对上期利润表项目的名称和数字按本期的规定进行调整,填入本表的"上期金额"栏。

(二)"本期金额"栏的填列

"本期金额"栏内各项目数据,除"基本每股收益"和"稀释每股收益"项目外,应当根据相关科目的本期发生额进行分析、计算填列。其主要项目的填制方法如下。

(1) "营业收入"项目。

"营业收入"项目反映企业经营主要业务和其他业务所确认的收入总额。该项目应根据"主营业务收入""其他业务收入"科目的发生额分析计算填列。

(2) "营业成本"项目。

"营业成本"项目反映企业经营主要业务和其他业务发生的实际成本总额。该项目应根据"主营业务成本""其他业务成本"科目的发生额分析计算填列。

(3) "税金及附加"项目。

"税金及附加"项目反映企业经营业务应负担的消费税、城市维护建设税、资源税和教育费附加等。该项目应根据"税金及附加"科目的发生额分析填列。

(4) "销售费用"项目。

"销售费用"项目反映企业在销售商品过程中发生的包装费、广告费等费用和为销售本企业商品而专设的销售机构的职工薪酬、业务费等经营费用。该项目应根据"销售费用"科目的发生额分析填列。

(5) "管理费用"项目。

"管理费用"项目反映企业为组织和管理生产经营发生的管理费用。该项目应根据"管理费用"科目的发生额分析填列。

(6) "财务费用"项目。

"财务费用"项目反映企业筹集生产经营所需资金等而发生的筹资费用。该项目应根据"财务费用"科目的发生额分析填列。

(7) "投资收益"项目。

"投资收益"项目反映企业以各种方式对外投资所取得的收益。该项目应根据"投资收益"科目的发生额分析填列。该项目如为净损失,以"-"号填列。

(8) "营业外收入"项目。

"营业外收入"项目反映企业发生的与其经营活动无直接关系的各项收入。该项目应根据"营业外收入"科目的发生额分析填列。

(9) "营业外支出"项目。

"营业外支出"项目反映企业发生的与其经营活动无直接关系的各项支出。该项目应根据"营业外支出"科目的发生额分析填列。

(10) "利润总额"项目。

"利润总额"项目反映企业实现的利润总额。该项目如为亏损总额,以"-"号填列。

(11) "所得税费用"项目。

"所得税费用"项目反映企业应从当期利润总额中扣除的所得税费用。该项目应根据"所得税费用"科目的发生额分析填列。

(12) "净利润"项目。

"净利润"项目反映企业实现的净利润。该项目如为亏损,以"-"号填列。

四、利润表编制举例

【例6-2】 2020年8月,榕新有限责任公司损益类科目发生额如表6-6所示。请按照利润表的编制方法,编制该公司2020年8月的利润表。

表6-6 损益类科目发生额

2020年8月　　　　　　　　　　　　　　　　　　　　　　　　　　　　　单位:元

账户名称	本期发生额	
	借方	贷方
主营业务收入		802000
其他业务收入		51000

续表

账户名称	本期发生额	
	借方	贷方
营业外收入		3000
主营业务成本	561000	
其他业务成本	46000	
税金及附加	20000	
管理费用	49000	
销售费用	12000	
财务费用	8000	
其中：利息费用	8500	
利息收入		500
资产减值损失	2000	
投资收益		30000
营业外支出	1500	

榕新有限责任公司编制的 2020 年 8 月的利润表如表 6-7 所示。

表 6-7 利润表

利 润 表

会企 02 表

编制单位：榕新有限责任公司　　　　2020 年 8 月　　　　单位：元

项　目	本月金额	上期金额
一、营业收入	853000	(略)
减：营业成本	607000	
税金及附加	20000	
销售费用	12000	
管理费用	49000	
研发费用		
财务费用	8000	
其中：利息费用	8500	
利息收入	500	
加：其他收益		
投资收益(损失以"-"号填列)	30000	
其中：对联营企业和合营企业的投资收益		
以摊余成本计量的金融资产终止确认收益(损失以"-"号填列)		
净敞口套期收益(损失以"-"号填列)		
公允价值变动收益(损失以"-"号填列)		
信用减值损失(损失以"-"号填列)		

续表

项　　目	本月金额	上期金额
资产减值损失(损失以"-"号填列)	-2000	
资产处置收益(损失以"-"号填列)		
二、营业利润(亏损以"-"号填列)	185000	
加：营业外收入	3000	
减：营业外支出	1500	
三、利润总额(亏损总额以"-"号填列)	186500	
减：所得税费用	46625	
四、净利润(净亏损以"-"号填列)	139875	
(一)持续经营净利润(净亏损以"-"号填列)		
(二)终止经营净利润(净亏损以"-"号填列)		
五、其他综合收益的税后净额		
(一)不能重分类进损益的其他综合收益		
1.重新计量设定受益计划变动额		
2 权益法下不能转损益的其他综合收益		
3 其他权益工具投资公允价值变动		
4 企业自身信用风险公允价值变动		
……		
(二)将重分类进损益的其他综合收益		
1 权益法下可转损益的其他综合收益		
2 其他债权投资公允价值变动		
3 金融资产重分类计入其他综合收益的金额		
4 其他债权投资信用减值准备		
5 现金流量套期储备		
6 外币财务报表折算差额		
……		
六、综合收益总额		
七、每股收益：		
(一)基本每股收益		
(二)稀释每股收益		

表6-7中相关项目数据计算如下：

营业收入=802 000+51 000=853 000(元)
营业成本=561 000+46 000=607 000(元)
所得税费用=186 500×25%=46 625(元)

任务四　现金流量表

一、现金流量表概述

现金流量表是反映企业在一定会计期间现金和现金等价物流入和流出的报表。

现金流量是指一定会计期间内企业现金和现金等价物的流入和流出。企业从银行提取现金，用现金购买短期到期的国库券等现金和现金等价物之间的转换不属于现金流量。

现金是指企业库存现金以及可以随时用于支付的存款，包括库存现金、银行存款和其他货币资金(如外埠存款、银行汇票存款、银行本票存款等)等。不能随时用于支付的存款不属于现金。

现金等价物是指企业持有的期限短、流动性强、易于转换为已知金额现金、价值变动风险很小的投资。期限短，一般是指从购买起三个月内到期。现金等价物通常包括三个月内到期的债券投资等。

本书提及现金时，除非同时提及现金等价物，均包括现金和现金等价物。

企业产生的现金流量分为以下三类。

(一)经营活动产生的现金流量

经营活动是指企业投资活动和筹资活动以外的所有交易和事项。经营活动产生的现金流量主要包括销售商品、提供劳务、购买商品、接受劳务、支付工资和交纳税款等流入和流出的现金和现金等价物。

(二)投资活动产生的现金流量

投资活动是指企业长期资产的购建和不包括在现金等价物范围内的投资及其处置活动。投资活动产生的现金流量主要包括购建固定资产、处置子公司及其他营业单位等流入和流出的现金和现金等价物。

(三)筹资活动产生的现金流量

筹资活动是指导致企业资本及债务规模和构成发生变化的活动。筹资活动产生的现金流量主要包括吸收投资、发行股票、分配利润、发行债券、偿还债务等流入和流出的现金和现金等价物。偿付应付账款、应付票据等商业应付款等属于经营活动，不属于筹资活动。

二、现金流量表的结构

我国企业现金流量表采用报告式结构，分类反映经营活动产生的现金流量、投资活动产生的现金流量和筹资活动产生的现金流量，最后汇总反映企业某一期间现金及现金等价物的净增加额。

我国企业现金流量表的格式如表 6-8 所示。

表 6-8 现金流量表

现金流量表

会企 03 表

编制单位：＿＿＿＿＿年＿＿月　　　　　　　　　　　　　　　　　　　　单位：元

项　目	本期金额	上期金额
一、经营活动产生的现金流量		
销售商品、提供劳务收到的现金		
收到的税费返还		
收到的其他与经营活动有关的现金		
经营活动现金流入小计		
购买商品、接受劳务支付的现金		
支付给职工以及为职工支付的现金		
支付的各项税费		
支付的其他与经营活动有关的现金		
经营活动现金流出小计		
经营活动产生的现金流量净额		
二、投资活动产生的现金流量		
收回投资所收到的现金		
取得投资收益收到的现金		
处置固定资产、无形资产和其他长期资产所收回的现金净额		
处置子公司及其他营业单位收到的现金净额		
收到的其他与投资活动有关的现金		
投资活动现金流入小计		
购建固定资产、无形资产和其他长期资产支付的现金		
投资支付的现金		
取得子公司及其他营业单位支付的现金净额		
支付其他与投资活动有关的现金		
投资活动现金流出小计		
投资活动产生的现金流量净额		
三、筹资活动产生的现金流量		
吸收投资收到的现金		
取得借款收到的现金		
收到其他与筹资活动有关的现金		
筹资活动现金流入小计		
偿还债务支付的现金		

续表

项　目	本期金额	上期金额
分配股利、利润或偿付利息支付的现金		
支付其他与筹资活动有关的现金		
筹资活动现金流出小计		
筹资活动产生的现金流量净额		
四、汇率变动对现金及现金等价物的影响		
五、现金及现金等价物净增加额		
加：期初现金及现金等价物余额		
六、期末现金及现金等价物余额		

三、现金流量表的编制方法

企业应当采用直接法列示经营活动产生的现金流量。直接法是指通过现金收入和现金支出的主要类别列示经营活动的现金流量。采用直接法编制经营活动的现金流量时，一般以利润表中的营业收入为起算点，调整与经营活动有关的项目的增减变动，然后计算出经营活动的现金流量。采用直接法具体编制现金流量表时，可以采用工作底稿法或 T 型账户法，也可以根据有关科目记录分析填列。

关于现金流量表的详细内容，将在财务会计课程中加以介绍。

任务五　所有者权益变动表

一、所有者权益变动表的内容及结构

所有者权益变动表是指反映构成所有者权益各组成部分当期增减变动情况的报表。

通过所有者权益变动表，既可以为财务报表使用者提供所有者权益总量增减变动的信息，也能为其提供所有者权益增减变动的结构性信息，特别是能够让财务报表使用者理解所有者权益增减变动的根源。

在所有者权益变动表上，企业至少应当单独列示反映下列信息的项目：①综合收益总额；②会计政策变更和差错更正的累积影响金额；③所有者投入资本和向所有者分配利润等；④提取的盈余公积；⑤实收资本、其他权益工具、资本公积、其他综合收益、专项储备、盈余公积、未分配利润的期初和期末余额及其调节情况。

所有者权益变动表以矩阵的形式列示：一方面，列示导致所有者权益变动的交易或事项，即所有者权益变动的来源，对一定时期所有者权益的变动情况进行全面反映；另一方面，按照所有者权益各组成部分(即实收资本、其他权益工具、资本公积、库存股、其他综合收益、盈余公积、未分配利润)列示交易或事项对所有者权益各部分的影响。

我国一般企业所有者权益变动表的格式如表 6-9 所示。

项目六 财务报告

表 6-9 所有者权益变动表格式

所有者权益变动表

年度   企 04 表

编制单位：   单位：元

项 目	本年金额											上年金额										
	实收资本(或股本)	其他权益工具			资本公积	减：库存股	其他综合收益	专项储备	盈余公积	未分配利润	所有者权益合计	实收资本(或股本)	其他权益工具			资本公积	减：库存股	其他综合收益	专项储备	盈余公积	未分配利润	所有者权益合计
		优先股	永续债	其他									优先股	永续债	其他							
一、上年年末余额																						
加：会计政策变更																						
前期差错更正																						
其他																						
二、本年年初余额																						
三、本年增减变动金额(减少以"-"号填列)																						
(一)综合收益总额																						
(二)所有者投入和减少资本																						
1.所有者投入的普通股																						
2.其他权益工具持有者投入资本																						
3.股份支付计入所有者权益的金额																						
4.其他																						

续表

项目	本年金额										上年金额									
	实收资本(或股本)	其他权益工具			资本公积	减:库存股	其他综合收益	专项储备	盈余公积	未分配利润	所有者权益合计	实收资本(或股本)	其他权益工具			资本公积	减:库存股	其他综合收益	专项储备	盈余公积	未分配利润	所有者权益合计
		优先股	永续债	其他									优先股	永续债	其他							
(三)利润分配																						
1.提取盈余公积																						
2.对所有者(或股东)的分配																						
3.其他																						
(四)所有者权益内部结转																						
1.资本公积转增资本(或股本)																						
2.盈余公积转增资本(或股本)																						
3.盈余公积弥补亏损																						
4.设定受益计划变动额结转留存收益																						
5.其他综合收益结转留存收益																						
6.其他																						
四、本年末余额																						

二、所有者权益变动表的编制方法

(一)所有者权益变动表项目的填列方法

所有者权益变动表各项目均需填列"本年金额"和"上年金额"两栏。

所有者权益变动表"上年金额"栏内各项数字，应根据上年度所有者权益变动表"本年金额"栏内所列数字填列。上年度所有者权益变动表规定的各个项目的名称和内容同本年度不一致的，应对上年度所有者权益变动表各项目的名称和数字按照本年度的规定进行调整，填入所有者权益变动表的"上年金额"栏内。

所有者权益变动表"本年金额"栏内各项数字一般应根据"实收资本(或股本)""其他权益工具""资本公积""库存股""其他综合收益""专项储备""盈余公积""利润分配""以前年度损益调整"科目的发生额分析填列。

企业的净利润及其分配情况作为所有者权益变动的组成部分，不需要单独编制利润分配表列示。

(二)所有者权益变动表主要项目说明

(1)"上年年末余额"项目，反映企业上年资产负债表中实收资本(或股本)、其他权益工具、资本公积、库存股、其他综合收益、专项储备、盈余公积、未分配利润的年末余额。

(2)"会计政策变更""前期差错更正"项目，分别反映企业采用追溯调整法处理的会计政策变更的累积影响金额和采用追溯重述法处理的会计差错更正的累积影响金额。

(3)"本年增减变动金额"项目：

① "综合收益总额"项目，反映企业当年实现的净利润(或净亏损)和其他综合收益扣除所得税后的净额相加后的合计金额。

② "所有者投入和减少资本"项目，反映企业当年所有者投入的资本和减少的资本。

a."所有者投入的普通股"项目，反映企业接受投资者投入形成的实收资本(或股本)和资本溢价或股本溢价。

b."其他权益工具持有者投入资本"项目，反映企业发行在外的除普通股以外分类为权益工具的金融工具持有者投入资本的金额。

c."股份支付计入所有者权益的金额"项目，反映企业处于等待期中的权益结算的股份支付当年计入资本公积的金额。

③ "利润分配"项目，反映企业当年的利润分配金额。

④ "所有者权益内部结转"项目，反映企业构成所有者权益的组成部分之间当年的增减变动情况。

a."资本公积转增资本(或股本)"项目，反映企业当年以资本公积转增资本或股本的金额。

b."盈余公积转增资本(或股本)"项目，反映企业当年以盈余公积转增资本或股本的金额。

c."盈余公积弥补亏损"项目，反映企业当年以盈余公积弥补亏损的金额。

d."设定受益计划变动额结转留存收益"项目，反映企业因重新计量设定受益计划净负债或净资产所产生的变动计入其他综合收益，结转至留存收益的金额。

e. "其他综合收益结转留存收益"项目，主要反映：第一，企业指定为以公允价值计量且其变动计入其他综合收益的非交易性权益工具投资终止确认时，之前计入其他综合收益的累计利得或损失从其他综合收益中转入留存收益的金额；第二，企业指定为以公允价值计量且其变动计入当期损益的金融负债终止确认时，之前由企业自身信用风险变动引起而计入其他综合收益的累计利得或损失从其他综合收益中转入留存收益的金额等。

案例分析

> 是现金流量表使该公司的真实财务状况现出了"原型"。现金流量表是反映企业一定会计期间内有关经营活动、投资活动和筹资活动等方面属于现金和现金等价物的流入和流出信息的会计报表。它可以弥补资产负债表和利润表提供信息不足的缺点，可以帮助投资人、债权人及企业管理当局了解企业资金、资本的流动性，帮助信息使用者评价企业的实际支付能力、偿债能力和周转能力，评测企业未来产生现金流量的能力，正确地分析和评价企业的财务指标的质量、收益的质量。

项 目 小 结

编制财务报告是会计核算的主要组成部分和专门方法。财务报告的主要内容有资产负债表、利润表、现金流量表、所有者权益变动表和附注。通过学习本项目，应掌握有关的概念，各种报表的结构和编制方法，特别是资产负债表和利润表。

项目强化训练

一、单项选择题

1. 依照我国《企业会计准则》的规定，资产负债表采用的格式为(　　)。
   A. 账户式　　　　　　　　　　B. 混合式
   C. 单步报告式　　　　　　　　D. 多步报告式
2. 依照我国的《企业会计准则》，利润表采用的格式为(　　)。
   A. 账户式　　　　　　　　　　B. 混合式
   C. 单步报告式　　　　　　　　D. 多步报告式
3. "应收账款"账户所属明细账户若有贷方余额，应在资产负债表中的(　　)项目内反映。
   A. 预付账款　　　　　　　　　B. 预收账款
   C. 应收账款　　　　　　　　　D. 应付账款
4. 某企业 2020 年 8 月主营业务收入为 100 万元，主营业务成本为 80 万元，管理费用为 5 万元，资产减值损失为 2 万元，投资收益为 10 万元。假定不考虑其他因素，该企业当月的营业利润为( )万元。

　　A. 13　　　　B. 15　　　　C. 18　　　　D. 23

5. 通过资产负债表不能了解( )。
　　A. 企业固定资产的新旧程度　　B. 企业的财务成果及其形成过程
　　C. 企业的经济资源及分布情况　　D. 企业资金的来源渠道和构成

6. 资产负债表中资产的排列顺序是( )。
　　A. 项目收益性　　B. 项目重要性
　　C. 项目流动性　　D. 项目时间性

7. 按照经济业务内容分类，利润表属于( )。
　　A. 财务状况报表　　B. 财务成果报表
　　C. 费用成本报表　　D. 对外报表

8. 累计折旧账户余额在贷方，在资产负债表中应该列在( )项目内反映。
　　A. 负债　　B. 资产　　C. 所有者权益　　D. 费用

9. 资产负债表是反映企业( )财务状况的会计报表。
　　A. 某一时点　　B. 一定时期内
　　C. 某一年份内　　D. 某一月份内

10. 下列会计报表中，属于反映企业静态报表的是( )。
　　A. 现金流量表　　B. 资产负债表
　　C. 利润表　　D. 所有者权益增减变动表

11. "应付账款"科目所属明细科目如有借方余额，应在资产负债表( )项目中反映。
　　A. 应收账款　　B. 应付账款
　　C. 预收账款　　D. 预付账款

12. 编制会计报表时，以"资产=负债+所有者权益"等式作为编制依据的报表是( )。
　　A. 资产负债表　　B. 现金流量表
　　C. 利润表　　D. 所有者权益增减变动表

13. 以"收入－费用=利润"这一会计等式作为编制依据的会计报表是( )。
　　A. 资产负债表　　B. 现金流量表
　　C. 利润表　　D. 所有者权益增减变动表

14. 在编制资产负债表时，资产类备抵调整账户应列示在( )。
　　A. 借方　　B. 贷方
　　C. 权益方　　D. 资产方

15. 某企业"应付账款"明细账期末余额情况如下：W企业贷方余额为200 000元，Y企业借方余额为180 000元，Z企业贷方余额为300 000元。假如该企业"预付账款"明细账均为借方余额，则根据以上数据计算的反映在资产负债表上应付账款项目的数额为( )元。

　　A. 680 000　　B. 320 000　　C. 80 000　　D. 500 000

16. 某企业"应收账款"明细账借方余额合计为280 000元，贷方余额合计为73 000元，坏账准备贷方余额为680元,则资产负债表的"应收账款净额"项目为( )元。

A. 207 000 B. 279 320
C. 606 320 D. 280 000

17. 填列资产负债表"期末数"栏各个项目时,下列说法正确的是( )。

A. 大多数项目根据有关账户的期末余额记录填列,少数项目则根据有关账户的本期发生额记录填列

B. 主要是根据有关账户的期末余额记录填列

C. 主要是根据有关账户的本期发生额记录填列

D. 少数项目根据有关账户的期末余额记录填列,大多数项目则根据有关账户的本期发生额记录填列

18. 通过现金流量表可以了解到的会计信息是( )。

A. 企业所掌握的经济资源及其分布情况

B. 企业固定资产的新旧程度

C. 企业资金的来源渠道和构成

D. 企业在一定期间内现金的流入和流出的信息及其现金增减变动的原因

19. 按照会计报表反映的经济内容分类,资产负债表属于( )。

A. 对外报表 B. 月报
C. 财务状况报表 D. 经营成果表

20. 资产负债表的下列项目中,根据总账账户与其备抵账户抵消后的净额填列的是( )。

A. 固定资产 B. 应付票据
C. 应付职工薪酬 D. 短期借款

21. 资产负债表中的"存货"项目,应根据( )。

A. "存货"账户的期末借方余额直接填列

B. "原材料"账户的期末借方余额直接填列

C. "原材料""在产品"和"库存商品"等账户的期末借方余额之和填列

D. "原材料""生产成本"和"库存商品"等账户的期末借方余额之和填列

22. 资产负债表的下列项目中需要根据几个总账账户汇总填列的是( )。

A. 应收利息 B. 货币资金
C. 应交税费 D. 其他应付款

23. 资产负债表中负债项目的顺序是按( )排列。

A. 项目的重要性程度 B. 项目的金额大小
C. 项目的支付性大小 D. 清偿债务的先后

24. 某公司本会计期间的主营业务收入为1 700万元,主营业务成本为1 190万元,税金及附加为170万元,销售费用为110万元,管理费用为100万元,财务费用为19万元,营业外收入为16万元,营业外支出为25万元,其他业务收入为200万元,其他业务成本100万元,应交所得税按利润总额25%计算。其营业利润、利润总额、企业净利润分别为( )

万元。

    A. 111、232、174   B. 211、202、151.5

    C. 356、232、74   D. 111、202、151.5

25. 某日，大华公司的负债为7 455万元，非流动资产合计为4 899万元，所有者权益合计为3 000万元，则当日该公司的流动资产合计应当为(　　)万元。

    A. 2 556   B. 4 455   C. 1 899   D. 5 556

二、多项选择题

1. 企业的下列报表中，属于对外报表的有(　　)。

    A. 资产负债表   B. 所有者权益增减变动表

    C. 利润表   D. 现金流量表

    E. 主要产品单位成本表

2. 通过资产负债表可以了解到(　　)。

    A. 企业所掌握的经济资源及其构成   B. 企业资金的来源渠道及构成

    C. 企业短期偿债能力   D. 企业的财务成果及其形成过程

3. 借助于资产负债表提供的会计信息，可以帮助管理者(　　)。

    A. 分析企业资产的结构及其状况   B. 分析企业目前与未来需要支付的债务数额

    C. 分析企业的债务偿还能力   D. 分析企业的现金流量情况

4. 资产负债表中的"存货"项目反映的内容包括(　　)。

    A. 原材料   B. 委托代销商品   C. 委托加工物资

    D. 生产成本   E. 库存商品

5. 资产负债表中的"货币资金"项目，应根据(　　)科目期末余额的合计数填列。

    A. 备用金   B. 库存现金   C. 银行存款

    D. 其他货币资金   E. 短期投资

6. 资产负债表中，流动资产包括的项目有(　　)。

    A. 无形资产   B. 交易性金融资产   C. 预付账款

    D. 固定资产   E. 库存现金

7. 资产负债表中的"存货"项目根据下列(　　)账户的期末余额的代数和进行填列。

    A. 材料成本差异   B. 材料采购   C. 销售费用

    D. 生产成本   E. 工程物资

8. 在利润表中，应列入"税金及附加"项目中的税费有(　　)。

    A. 城市维护建设税   B. 资源税   C. 教育费附加

    D. 增值税   E. 消费税

9. 利润表提供的信息包括(　　)。

    A. 实现的营业收入   B. 发生的营业成本   C. 营业利润

    D. 利润或亏损总额   E. 企业的财务状况

10. 下列账户的期末余额在资产负债表中反映时，应考虑已计提的减值或损失准备的项目有( )。
    A. 应收账款   B. 在建工程   C. 无形资产
    D. 长期股权投资   E. 应付账款

11. 企业的下列报表中，属于对内的会计报表的有( )。
    A. 资产负债表   B. 利润表   C. 所有者权益增减变动表
    D. 生产成本明细表   E. 销售费用明细表

12. 会计报表的使用者包括( )。
    A. 投资者   B. 潜在的投资者   C. 国家政府部门
    D. 债权人   E. 企业内部管理层

13. 根据《企业会计准则》的规定，企业财务报告包括( )。
    A. 财务报表   B. 附注
    C. 其他应在财务报告中披露的信息   D. 利润预测报告
    E. 审计报告

14. 资产负债表中的"资产"项目主要包括( )。
    A. 流动资产   B. 长期投资
    C. 固定资产   D. 无形资产及其他资产

15. 下列各项中，影响营业利润的账户有( )。
    A. 主营业务收入   B. 其他业务成本
    C. 营业外支出   D. 税金及附加

三、判断题

1. 资产负债表是反映企业在一定时期内的资产、负债和所有者权益情况的报表。( )
2. 会计报表按其反映的内容，可以分为动态会计报表和静态会计报表；按照会计报表的编制单位，可以分为内部报表和外部报表。( )
3. 利润表是反映企业月末、季末或年末取得的利润或发生的亏损情况的报表。( )
4. 目前，国际上使用比较普遍的利润表格式主要有多步式和单步式两种。为简便明晰起见，我国企业采用的是单步式利润表格式。( )
5. 资产负债表的"期末余额"栏各项目主要是根据总账或有关明细账期末贷方余额直接填列的。( )
6. 资产负债表中"货币资金"项目反映企业库存现金、银行结算户存款、外埠存款、银行汇票存款和银行本票存款等货币资金的合计数。因此，本项目应根据"库存现金""银行存款"账户的期末余额合计数填列。( )
7. 资产负债表中的"应收账款"项目，应根据"应收账款"账户所属各明细账户的期末借方余额合计填列。如果"预付账款"账户所属有关明细账户有借方余额的，也应包括在本项目内。如果"应收账款"账户所属明细账户有贷方余额，应包括在"预付账款"项目内填列。( )
8. 利润表中的"营业成本"项目，用于反映企业销售产品和提供劳务等主要经营业务

的各项销售费用和实际成本。( )
9. 资产负债表左方反映资产，右方反映负债，左右两边的金额应相等。( )
10. 资产负债表中的"非流动负债"部分列示的是企业报告期末全部长期负债余额，因而"非流动负债合计"项目的金额等于报告期末"长期借款""应付债券""长期应付款"等所有非流动负债类科目余额之和。( )
11. 利润表中的"收入类"项目大多是根据收入类账户期末结转前借方发生额减去贷方发生额后的差额填列，若差额为负数，以"–"号填列。( )
12. 净利润是指营业利润减去所得税费用后的金额。( )
13. 资产负债表中的资产类至少包括流动资产项目、长期投资项目和固定资产项目。( )
14. 利润表是反映企业在一定会计期间经营成果的报表，属于静态报表。( )
15. 资产负债表中的"固定资产"项目应根据"固定资产"账户余额直接填列。( )

四、名词解释

财务报告　财务报表　资产负债表　利润表　现金流量表　静态会计报表　动态会计报表　个别会计报表　合并会计报表

五、思考题

1. 为什么要编制财务报表？财务报表的作用是什么？
2. 资产负债表项目的填列方法有哪几种？试举例说明。
3. 财务报表的编制要求有哪些？
4. 财务报表的种类是如何划分的？

六、业务题

1. 目的：练习财务报表的编制。

资料：A公司2019年12月31日有关账户的余额如下。

应收账款——甲　25 000元(借方)　　应付账款——A　35 000元(贷方)
预收账款——丙　20 000元(贷方)　　预付账款——C　10 000元(借方)
预收账款——丁　13 000元(借方)　　预付账款——D　18 000元(贷方)

要求：计算资产负债表中下列项目的金额(列示计算过程)。

(1) "应收账款"项目。
(2) "应付账款"项目。
(3) "预收账款"项目。
(4) "预付账款"项目。

2. 目的：练习财务报表的编制。

资料：某企业2020年6月有关账户余额如表6-10所示。

表 6-10　某企业有关账户余额

账户名称	总账余额	所属明细账	账户名称	总账余额	所属明细账
库存现金	6 000		短期借款	150 000	
银行存款	186 000		应付票据	150 000	
其他货币资金	36 000		应付账款	104 400	
交易性金融资产	121 200		其中：贷方余额合计		108 000
应收票据	90 000		借方余额合计		3 600
应收账款	304 200		预收账款	14 400	
其中：借方余额合计		361 200	其中：贷方余额合计		22 200
贷方余额合计		57 000	借方余额合计		7 800
坏账准备	-21 000		应付职工薪酬	129 600	
预付账款	21 600		应交税费	90 000	
其中：借方余额合计		24 000	应付股利	51 600	
贷方余额合计		2 400	其他应付款	4 800	
其他应收款	4 800		长期借款	960 000	
在途物资	30 000		其中：将于一年内到期	120 000	
原材料	90 000		实收资本	2 400 000	
库存商品	48 000		资本公积	180 000	
生产成本	85 200		盈余公积	168 000	
长期股权投资	240 000		未分配利润	277 200	
固定资产	3 888 000				
累计折旧	-1 296 000				
在建工程	720 000				
无形资产	70 800				
长期待摊费用	55 200				
其中：将于一年内摊销	1 200				
合　　计	4 680 000		合　　计	4 680 000	

要求：根据上表资料，编制资产负债表。

3. 目的：练习财务报表的编制。

资料：某企业所得税税率为25%，本期实现的利润等于应纳税所得额。2020年6月损益类账户的发生额如表6-11所示。

表 6-11　某企业损益类账户的发生额

账户名称	借方发生额	贷方发生额
主营业务收入		460 000
其他业务收入		100 000

续表

账户名称	借方发生额	贷方发生额
主营业务成本	200 000	
其他业务成本	70 000	
税金及附加	90 000	
销售费用	30 000	
管理费用	20 000	
财务费用	10 000	
投资收益		46 000
营业外收入		16 000
营业外支出	8 000	

要求：(1) 结转各项收入到"本年利润"账户。

(2) 结转各项成本、费用、支出到"本年利润"账户。

(3) 计算本月所得税费用，并作出相应的账务处理。

(4) 计算净利润，并编制利润表。

6.1 财务报告概述.mp4

6.2.1 认识资产负债表.mp4

6.2.2 资产负债表的编制方法.mp4

6.3 利润表.mp4

6.4 现金流量表.mp4

6.5 所有者权益变动表.mp4

项目七 账务处理程序

【知识目标】

- 理解账务处理程序的意义。
- 理解各种账务处理程序的基本内容、核算步骤和适用范围。
- 掌握科目汇总表账务处理程序。

【技能目标】

- 能够正确针对不同经营规模和业务量的单位选择恰当的账务处理程序。
- 掌握记账凭证账务处理程序和科目汇总表账务处理程序。

> **案例引导**
>
> 龙江公司是一家有限责任公司，其经营范围是数控机床生产。原来企业规模小，会计工作一直按记账凭证会计工作流程开展，前不久公司扩大了生产规模和销售额，职工人数增加到1 000人，预计年销售额近1亿元，资产达到了2亿元，会计工作量明显加大。公司财务科长针对企业的具体情况，决定选用科目汇总表会计工作流程进行会计工作。决定一经宣布，大多数财务人员都认为这样做好，表示同意。但王芳有些不理解，认为原来做得很顺手，为什么非要变换工作流程？变换后该怎么做？
>
> 思考：如果你是财务科长，该如何解答王芳的问题呢？

任务一　账务处理程序概述

一、账务处理程序的概念和意义

账务处理程序也称会计核算组织程序或会计核算形式，是指会计凭证、会计账簿、会计报表相结合的方式，包括会计凭证和账簿的种类、格式，会计凭证与账簿之间的联系方法，由原始凭证到编制记账凭证、登记明细分类账和总分类账、编制财务报表的工作程序和方法等。

会计凭证、会计账簿、财务报表之间的结合方式不同，就形成了不同的账务处理程序，不同的账务处理程序又有不同的方法、特点和适用范围。科学、合理地选择适用于本单位的账务处理程序，对于有效地组织会计核算具有以下重要意义。

(1) 有利于会计工作程序的规范化，确定合理的凭证、账簿与报表之间的联系方式，保证会计信息加工过程的严密性，提高会计信息的质量。

(2) 有利于保证会计记录的完整性、正确性，通过凭证、账簿及报表之间的牵制作用，增强会计信息的可靠性。

(3) 有利于减少不必要的会计核算环节，通过井然有序的账务处理程序，提高会计工作效率，保证会计信息的及时性。

二、账务处理程序的基本要求

账务处理程序的基本要求如下。

(1) 必须满足经营管理的需要。整个账务处理程序的建立，从填制会计凭证开始，经过登记账簿，到编制财务报表止，均应按照经营管理的需要设计，提供必要的会计核算信息。

(2) 必须符合本单位的实际情况。选择的账务处理程序，要同本单位经济业务的特点、经营规模、业务繁简及会计部门技术力量相适应。经营业务单一、企业规模较小、会计部门技术力量比较薄弱的企业，可以采用比较简单的账务处理程序；反之，可以采用较复杂的账务处理程序。

(3) 在保证账务处理工作质量的前提下,力求简化处理手续,尽可能地提高会计工作的效率,节约账务处理费用。

三、账务处理程序的种类

目前,我国各企业单位一般采用以下账务处理程序。
(1) 记账凭证账务处理程序。
(2) 科目汇总表账务处理程序。
(3) 汇总记账凭证账务处理程序。
(4) 多栏式日记账账务处理程序。
(5) 日记总账账务处理程序。
(6) 通用日记账账务处理程序。

常用的账务处理程序主要有记账凭证账务处理程序、科目汇总表账务处理程序和汇总记账凭证账务处理程序。后面几个任务将学习这三种账务处理程序的相关内容。

任务二 记账凭证账务处理程序

一、记账凭证账务处理程序的概念

记账凭证账务处理程序是指对发生的经济业务事项,都要根据原始凭证或汇总原始凭证编制记账凭证,然后直接根据记账凭证逐笔登记总分类账的一种账务处理程序。它是最基本的一种账务处理程序,其他账务处理程序都是在记账凭证账务处理程序的基础上发展而来的。

二、记账凭证账务处理程序的特点及凭证、账簿的设置

记账凭证账务处理程序的特点是直接根据记账凭证逐笔登记总分类账。在这一程序中,记账凭证可以是通用记账凭证,也可以分设收款凭证、付款凭证和转账凭证,需要设置现金日记账、银行存款日记账、明细分类账和总分类账。其中,现金日记账、银行存款日记账和总分类账一般采用三栏式,明细分类账根据需要采用三栏式、多栏式和数量金额式。

三、记账凭证账务处理程序的工作步骤

记账凭证账务处理程序的工作步骤如下。
(1) 根据原始凭证编制汇总原始凭证。
(2) 根据原始凭证或汇总原始凭证,编制记账凭证。
(3) 根据收款凭证、付款凭证逐笔登记现金日记账和银行存款日记账。
(4) 根据原始凭证、汇总原始凭证和记账凭证,登记各种明细分类账。
(5) 根据记账凭证逐笔登记总分类账。

(6) 期末，现金日记账、银行存款日记账和明细分类账的余额同有关总分类账的余额核对相符。

(7) 期末，根据总分类账和明细分类账的记录，编制财务报表。

记账凭证账务处理程序如图 7-1 所示。

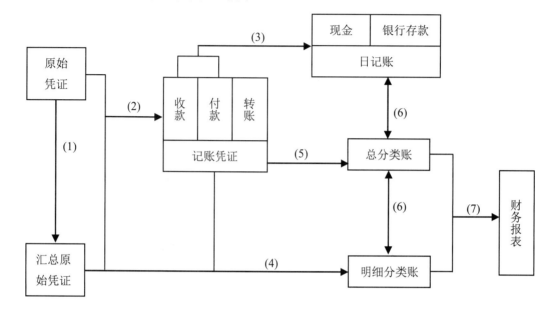

图 7-1　记账凭证账务处理程序

现以工业企业为例说明。

【例 7-1】　榕达工厂 2020 年 8 月份发生下列经济业务。

(1) 1 日，收到 A 企业归还前欠货款 10 000 元，存入银行。

(2) 8 日，购入甲材料，货款 40 000 元，增值税税率 13%，以商业汇票支付，材料已入库。

(3) 11 日，从银行提取现金 55 000 元。

(4) 12 日，以现金发放工资 55 000 元。

(5) 12 日，销售甲产品，计 30 000 元，增值税税率 13%，收取款项交存银行。

(6) 13 日，车间领用甲材料，价值 20 000 元，用以生产甲产品。

(7) 14 日，管理人员李某出差报销差旅费 2 320 元，交回现金 180 元。

(8) 15 日，用银行存款支付水费 1 500 元，支付电费 3 000 元。

(9) 15 日，销售给 A 企业产品，价值 20 000 元，增值税税率 13%，已办理托收手续。

以会计分录代替有关凭证如下。

(1) 借：银行存款　　　　　　　　　　　　　　　10 000
　　　贷：应收账款　　　　　　　　　　　　　　　　　　10 000

(2) 借：原材料　　　　　　　　　　　　　　　　40 000
　　　　应交税费——应交增值税(进项税额)　　　 5 200
　　　贷：应付票据　　　　　　　　　　　　　　　　　　45 200

(3) 借：库存现金　　　　　　　　　　　　55 000
　　　贷：银行存款　　　　　　　　　　　　　55 000
(4) 借：应付职工薪酬　　　　　　　　　　55 000
　　　贷：库存现金　　　　　　　　　　　　　55 000
(5) 借：银行存款　　　　　　　　　　　　33 900
　　　贷：主营业务收入　　　　　　　　　　　30 000
　　　　　应交税费——应交增值税(销项税额)　3 900
(6) 借：生产成本　　　　　　　　　　　　20 000
　　　贷：原材料　　　　　　　　　　　　　　20 000
(7) 借：管理费用　　　　　　　　　　　　　2 320
　　　　库存现金　　　　　　　　　　　　　　 180
　　　贷：其他应收款　　　　　　　　　　　　 2 500
(8) 借：管理费用　　　　　　　　　　　　　4 500
　　　贷：银行存款　　　　　　　　　　　　　 4 500
(9) 借：应收账款　　　　　　　　　　　　22 600
　　　贷：主营业务收入　　　　　　　　　　　20 000
　　　　　应交税费——应交增值税(销项税额)　2 600

登记总账如表 7-1 至表 7-11 所示。

表 7-1　库存现金总账

会计科目：库存现金

2020年		凭证		摘　要	借　方	贷　方	借或贷	余　额
月	日	字	号					
8	1	(略)	(略)	期初余额			借	2 000
	11			提取现金	55 000			
	12			发放工资		55 000		
	14			报销差旅费	180			

表 7-2　银行存款总账

会计科目：银行存款

2020年		凭证		摘　要	借　方	贷　方	借或贷	余　额
月	日	字	号					
8	1	(略)	(略)	期初余额			借	55 200
	1			收回欠款	10 000			
	11			提取现金		5 5000		
	12			销售产品	33 900			
	15			支付水电费		4 500		

表 7-3 应收账款总账

会计科目：应收账款

2020年		凭证		摘要	借方	贷方	借或贷	余额
月	日	字	号					
8	1	(略)	(略)	期初余额			借	10 000
	1			收回欠款		10 000		
	15			销售商品	22 600			

表 7-4 管理费用总账

会计科目：管理费用

2020年		凭证		摘要	借方	贷方	借或贷	余额
月	日	字	号					
8	14	(略)	(略)	报销差旅费	2 320			
	15			支付水电费	4 500			

表 7-5 应交税费总账

会计科目：应交税费

2020年		凭证		摘要	借方	贷方	借或贷	余额
月	日	字	号					
8	8	(略)	(略)	购入材料	5 200			
	12			销售产品		3900		
	15			销售产品		2600		

表 7-6 原材料总账

会计科目：原材料

2020年		凭证		摘要	借方	贷方	借或贷	余额
月	日	字	号					
8	1	(略)	(略)	期初余额			借	18 300
	8			购入材料	40 000			
	13			领用材料		20 000		

表 7-7 主营业务收入总账

会计科目：主营业务收入

2020年		凭证		摘 要	借 方	贷 方	借或贷	余 额
月	日	字	号					
8	12	(略)	(略)	销售商品		30 000		
	15			销售商品		20 000		

表 7-8 其他应收款总账

会计科目：其他应收款

2020年		凭证		摘 要	借 方	贷 方	借或贷	余 额
月	日	字	号					
8	1	(略)	(略)	期初余额			借	2 500
	14			报销差旅费		2 500		

表 7-9 生产成本总账

会计科目：生产成本

2020年		凭证		摘 要	借 方	贷 方	借或贷	余 额
月	日	字	号					
8	13	(略)	(略)	领用材料	20 000			

表 7-10 应付票据总账

会计科目：应付票据

2020年		凭证		摘 要	借 方	贷 方	借或贷	余 额
月	日	字	号					
8	8	(略)	(略)	购入材料		45 200		

表 7-11 应付职工薪酬总账

会计科目：应付职工薪酬

2020年		凭证		摘 要	借 方	贷 方	借或贷	余 额
月	日	字	号					
8	1	(略)	(略)	期初余额			贷	55 000
	12			发放工资	55 000			

四、记账凭证账务处理程序的优缺点及适用范围

1. 记账凭证账务处理程序的优点

总分类账户能够比较详细地反映经济业务的发生和完成情况，便于查账，记账程序简单明了。

2. 记账凭证账务处理程序的缺点

由于直接根据记账凭证登记总分类账，因此对于凭证数量多的企业来说，登记总账的工作量大。

3. 记账凭证账务处理程序的适用范围

记账凭证账务处理程序主要适用于经营规模不大，经济业务较少，记账凭证数量不多的企业。

任务三 科目汇总表账务处理程序

一、科目汇总表账务处理程序的概念

科目汇总表账务处理程序又称记账凭证汇总表账务处理程序，是指根据记账凭证先定期编制科目汇总表，然后根据科目汇总表登记总分类账的一种账务处理程序。

二、科目汇总表账务处理程序的特点及凭证、账簿的设置

科目汇总表账务处理程序的主要特点是：定期地(或月末一次)根据记账凭证汇总编制科目汇总表，然后根据科目汇总表登记总账。

采用科目汇总表账务处理程序时，记账凭证一般采用专用记账凭证(收款凭证、付款凭证和转账凭证三种)或通用记账凭证。与其他核算形式相比，其独特之处在于需要设置科目汇总表，科目汇总表又称记账凭证汇总表，是将一定时期内的全部记账凭证，按会计科目进行归类，计算出每一总账科目的本期借方、贷方发生额，并进行试算平衡所编制的汇总表。总账和日记账的格式一般采用借、贷、余三栏式；明细分类账可根据管理的需要按明细科目设置，采用三栏式、多栏式或数量金额式等。

三、科目汇总表账务处理程序的工作步骤

科目汇总表账务处理程序的工作步骤如下。
(1) 根据原始凭证编制汇总原始凭证。
(2) 根据原始凭证或汇总原始凭证编制记账凭证。
(3) 根据收款凭证、付款凭证逐笔登记现金日记账和银行存款日记账。
(4) 根据原始凭证、汇总原始凭证和记账凭证登记各种明细分类账。

(5) 根据各种记账凭证编制科目汇总表。
(6) 根据科目汇总表登记总分类账。
(7) 期末,现金日记账、银行存款日记账和明细分类账的余额同有关总分类账的余额核对相符。
(8) 期末,根据总分类账和明细分类账的记录,编制财务报表。

科目汇总表账务处理程序如图 7-2 所示。

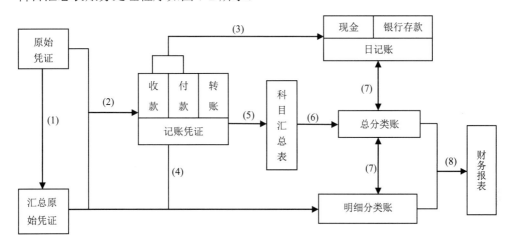

图 7-2　科目汇总表账务处理程序

四、科目汇总表的编制方法

科目汇总表是根据一定时期内(如 10 天或 1 个月)的全部记账凭证,按相同科目进行归类编制的。科目汇总表如果按旬(10 天)汇总填列一次,每月编制一张,其具体步骤如下。

(1) 将 10 天内的全部记账凭证,按相同科目归类汇总(可借助于 T 型账户)。
(2) 计算出每一会计科目的借方本期发生额和贷方本期发生额。
(3) 将计算结果填入科目汇总表相应科目的本期发生额栏内。

科目汇总表按旬(10 天)编制的格式如表 7-12 所示。

表 7-12　科目汇总表(一)格式

科目汇总表(一)

2020 年×月

会计科目	1—10 日 发生额		11—20 日 发生额		21—31 日 发生额		发生额 合计		总账页数
	借方	贷方	借方	贷方	借方	贷方	借方	贷方	
合计									

科目汇总表也可以每月汇总一次,步骤和按旬编制相似。其格式如表 7-13 所示。

表 7-13 科目汇总表(二)格式

科目汇总表(二)

2020 年×月

会计科目	本期发生额		总账页数
	借　方	贷　方	
合　计			

通常,经济业务较多时采用按旬填列科目汇总表,但业务相对较少时则按月汇总编制科目汇总表。

下面举例说明科目汇总表的编制方法以及总账的登记。

【例 7-2】 根据某公司记账凭证编制科目汇总表。

为了正确编制科目汇总表,应首先根据记账凭证登记 T 型账户,对每一账户发生额合计数进行汇总,即编制科目汇总表的工作底稿,如图 7-3 所示。

```
            银行存款                                 主营业务收入
(1)339 000   │ (11)20 000                            │ (1)300 000
(2) 32 000   │                                       │ (6)100 000
(3) 10 000   │                                       │
(6)113 000   │                                       │    400 000
(7) 10 000   │                                       │
─────────────│─────────                              │
   504 000   │   20 000

            应交税费                                  应收账款
(5) 2 600   │ (1)39 000                  (2)32 000   │
(9)10 400   │ (6)13 000                  (7)10 000   │
(10) 6 500  │                                        │
            │                              42 000    │
─────────────│─────────
   19 500   │   52 000
```

图 7-3 科目汇总表的工作底稿

库存现金

	(3) 10 000
	(4) 1 000
	(8) 2 000
	13 000

管理费用

(4) 1 000	
(8) 2 000	
3 000	

原材料

(5) 10 000	
(9) 80 000	
90 000	

应付账款

(11) 20 000	(5) 12 600
	(9) 90 400
	(10) 36 500
20 000	139 500

在途物资

(10) 30 000	
30 000	

图 7-3 科目汇总表的工作底稿(续)

将每一账户发生额合计填列在科目汇总表上，最后计算出所有会计科目的借方发生额合计与贷方发生额合计，并进行试算平衡。科目汇总表的编制如表 7-14 所示。

表 7-14 科目汇总表

科目汇总表

科汇 1　　单位：元

会计科目	借　方	贷　方
银行存款	504 000	20 000
主营业务收入		400 000
应交税费	19 500	52 000
应收账款		42 000
库存现金		13 000
管理费用	3 000	
原材料	90 000	
应付账款	20 000	139 500
在途物资	30 000	
合　计	666 500	666 500

根据科目汇总表登记"银行存款"总账、"应付账款"总账，其余账户从略，如表 7-15 和表 7-16 所示。

表 7-15　银行存款总账

银行存款总账

账户名称：银行存款

2020 年		凭证字号	摘　要	借　方	贷　方	借或贷	余　额
月	日						
8	1		期初余额			借	200 632
	31	科汇 1	本月合计	504 000	20 000	借	684 632

表 7-16　应付账款总账

应付账款总账

账户名称：应付账款

2020 年		凭证字号	摘　要	借　方	贷　方	借或贷	余　额
月	日						
8	1		期初余额			贷	30 000
	31	科汇 1	本月合计	20 000	139 500	贷	149 500

五、科目汇总表账务处理程序的优缺点及适用范围

1. 科目汇总表账务处理程序的优点

由于这种核算形式是根据科目汇总表在期末一次登记总分类账，因此大大简化了总账的登记工作。编制的科目汇总表本期借方发生额应要与本期贷方发生额相等，这可以及时发现错误，保证总账质量。

2. 科目汇总表账务处理程序的缺点

科目汇总表和总账都不能反映账户之间的对应关系，不便于通过总账了解经济业务的来龙去脉，也不便于查对账目。

3. 科目汇总表账务处理程序的适用范围

科目汇总表核算形式一般适用于经营规模较大、经济业务量较多、记账凭证数量较多的企业。

任务四　汇总记账凭证账务处理程序

一、汇总记账凭证账务处理程序的概念

汇总记账凭证账务处理程序是指根据原始凭证或原始凭证汇总表编制记账凭证，再根据记账凭证定期汇总编制汇总记账凭证，根据汇总记账凭证登记总分类账的一种账务处理程序。

二、汇总记账凭证账务处理程序的特点及凭证、账簿的设置

汇总记账凭证账务处理程序的特点是定期将记账凭证汇总编制成汇总记账凭证，然后再根据汇总记账凭证登记总分类账。

采用汇总记账凭证账务处理程序时，记账凭证一般采用专用记账凭证(收款凭证、付款凭证和转账凭证三种)，与其他核算形式相比，其独特之处在于需要设置汇总记账凭证，汇总记账凭证也属于记账凭证的一种，包括汇总收款凭证、汇总付款凭证和汇总转账凭证。总账和日记账的格式一般采用借、贷、余三栏式；明细分类账可根据管理的需要按明细科目设置，采用三栏式、多栏式或数量金额式等。

三、汇总记账凭证账务处理程序的工作步骤

汇总记账凭证账务处理程序的工作步骤如下。
(1) 根据原始凭证编制汇总原始凭证。
(2) 根据原始凭证或汇总原始凭证，编制记账凭证。
(3) 根据收款凭证、付款凭证逐笔登记现金日记账和银行存款日记账。
(4) 根据原始凭证、汇总原始凭证和记账凭证，登记各种明细分类账。
(5) 根据各种记账凭证编制有关汇总记账凭证。
(6) 根据各种汇总记账凭证登记总分类账。
(7) 期末，现金日记账、银行存款日记账和明细分类账的余额同有关总分类账的余额核对相符。
(8) 期末，根据总分类账和明细分类账的记录，编制财务报表。

汇总记账凭证账务处理程序如图 7-4 所示。

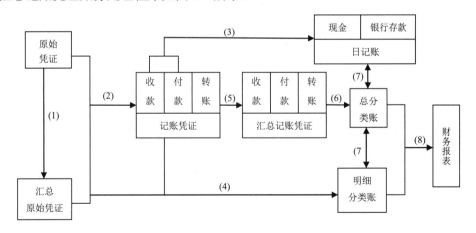

图 7-4　汇总记账凭证账务处理程序

四、汇总记账凭证的编制方法

汇总记账凭证是在填制各种专用记账凭证的基础上，按照一定的方法进行汇总编制而成的。汇总记账凭证的种类不同，其编制方法也有所不同。

1. 汇总收款凭证

汇总收款凭证是指根据现金收款凭证和银行存款收款凭证，分别按"库存现金""银行存款"科目的借方设置的一种汇总记账凭证。它汇总了一定时期内现金和银行存款的收款业务。在实务中通常按 5 天或 10 天汇总填列一次，每月编制一张。月末时根据每个贷方科目合计数登记总分类账。

现以"库存现金"科目为例进行介绍，其汇总收款凭证的格式如表 7-17 所示。

表 7-17 汇总收款凭证格式

汇总收款凭证

借方科目：库存现金　　　　　　　　　年　　月　　　　　　　　　第　　号

贷方科目	金　额				总账页数	
	1—10 日 现收凭证第　号 至第　号	11—20 日 现收凭证 第　号至第　号	21—31 日 现收凭证 第　号至第　号	合计	借方	贷方
合　计						

2. 汇总付款凭证

汇总付款凭证是指根据现金付款凭证和银行存款付款凭证，分别按"库存现金""银行存款"科目的贷方设置的一种汇总记账凭证。它汇总了一定时期内现金和银行存款的付款业务。在实务中通常按 5 天或 10 天汇总填列一次，每月编制一张。月末时根据每个借方科目合计数登记总分类账。

现以"银行存款"科目为例进行介绍，汇总付款凭证的格式如表 7-18 所示。

表 7-18 汇总付款凭证格式

汇总付款凭证

贷方科目：银行存款　　　　　　　　　年　　月　　　　　　　　　第　　号

借方科目	金　额				总账页数	
	1—10 日 银付凭证 第　号至第　号	11—20 日 银付凭证 第　号至第　号	21—31 日 银付凭证 第　号至第　号	合计	借方	贷方
合　计						

3. 汇总转账凭证

汇总转账凭证是指根据转账凭证的贷方科目设置的，用来汇总一定时期内的转账业务的一种汇总记账凭证。在实务中通常按 5 天或 10 天汇总填列一次，每月编制一张。月末时根据汇总凭证中的借方科目合计数登记总分类账。由于是按照转账凭证的贷方科目设置汇总转账凭证的,因此为了方便汇总,平时编制记账凭证时,应编制一借一贷或多借一贷的转账凭证,而不宜编制一借多贷和多借多贷的转账凭证。常见的汇总转账凭证的格式如表7-19 所示。

表 7-19　汇总转账凭证格式

汇总转账凭证

贷方科目：　　　　　　　　　　　　年　　月　　　　　　　　　　　　　第　号

借方科目	金额			合计	总账页数	
	1—10日 转账凭证 第　号至第　号	11—20日 转账凭证 第　号至第　号	21—31日 转账凭证 第　号至第　号		借方	贷方
合　计						

五、汇总记账凭证账务处理程序的优缺点及适用范围

1. 汇总记账凭证账务处理程序的优点

便于通过有关科目之间的对应关系,了解经济业务的来龙去脉,这一点克服了科目汇总表账务处理程序的缺点。在汇总记账凭证账务处理程序下,总分类账根据汇总记账凭证,于月终时一次登记入账,减少了登记总分类账的工作量,这一点克服了记账凭证账务处理程序的缺点。

2. 汇总记账凭证账务处理程序的缺点

汇总转账凭证是按每一贷方科目,而不是按经济业务的性质归类、汇总的,因而不利于会计核算工作的分工,当转账凭证数量较多时,编制汇总转账凭证的工作量较大。

3. 汇总记账凭证账务处理程序的适用范围

汇总记账凭证账务处理程序主要适用于经营规模大、经济业务较多的企业。

案例分析

变换工作流程的原因是企业选择账务处理程序,要同本单位经济业务的特点、经营规模、业务繁简等相适应。记账凭证账务处理程序主要适用于经营规模不大、经济业务较少、记账凭证数量不多的企业。科目汇总表账务处理程序一般适用于经营规模较大、经济业务量较多、记账凭证数量较多的企业。

记账凭证账务处理程序的特点是直接根据记账凭证逐笔登记总分类账。科目汇总表账务处理程序的主要特点是:定期地(或月末一次)根据记账凭证汇总编制科目汇总表,然后根据科目汇总表登记总分类账。

科目汇总表账务处理程序的优点：由于总分类账是根据定期编制的科目汇总表登记的，大大减少了登记总分类账的工作量。

变换的具体做法是：可以按旬根据记账凭证汇总编制科目汇总表，然后根据科目汇总表登记总分类账，其他的与变换前相同。

项 目 小 结

账务处理程序是指在会计核算工作中，以账簿组织为中心，将账簿组织、记账程序和记账方法有机结合的一种方式。其中，账簿组织是指账簿的种类、账页格式和各种账簿之间的关系。记账程序和记账方法是指凭证的编制传递，根据凭证登记账簿、编制报表的顺序和方法。目前，我国会计工作中应用较为广泛的是以下三种账务处理程序：记账凭证账务处理程序，科目汇总表账务处理程序，汇总记账凭证账务处理程序。各种账务处理程序的核算程序基本相同，所不同的是登记总账的依据和方法不同。每种账务处理程序都有其优缺点和适用范围。

项目强化训练

一、单项选择题

1. 记账凭证核算组织程序下登记总分类账的根据是(　　)。
   A. 科目汇总表　　　　　　　　B. 原始凭证
   C. 记账凭证　　　　　　　　　D. 汇总记账凭证
2. 在下列核算组织程序中，被称为最基本的会计核算组织程序的是(　　)。
   A. 科目汇总表核算组织程序　　B. 日记总账核算组织程序
   C. 记账凭证核算组织程序　　　D. 汇总记账凭证核算组织程序
3. 汇总收款凭证是按(　　)。
   A. 付款凭证上的借方科目设置的　　B. 付款凭证上的贷方科目设置的
   C. 收款凭证上的借方科目设置的　　D. 收款凭证上的贷方科目设置的
4. 汇总付款凭证是按(　　)的。
   A. 付款凭证上的借方科目定期汇总　　B. 付款凭证上的贷方科目定期汇总
   C. 收款凭证上的借方科目定期汇总　　D. 收款凭证上的贷方科目定期汇总
5. 汇总转账凭证是按(　　)的。
   A. 转账凭证上的贷方科目设置　　B. 转账凭证上的借方科目设置
   C. 收款凭证上的贷方科目设置　　D. 付款凭证上的贷方科目设置
6. 汇总记账凭证核算组织程序的特点是(　　)。
   A. 根据各种汇总记账凭证直接登记明细分类账

B. 根据各种记账凭证直接登记总分类账
C. 根据各种汇总记账凭证直接登记总分类账
D. 根据各种汇总记账凭证直接登记日记账

7. 科目汇总表的基本编制方法是( )。
   A. 按照借方会计科目进行归类定期汇总
   B. 按照贷方会计科目进行归类定期汇总
   C. 按照不同会计科目进行归类定期汇总
   D. 按照相同会计科目进行归类定期汇总

8. 科目汇总表核算组织程序的特点是( )。
   A. 根据科目汇总表登记明细分类账 B. 根据各种记账凭证直接登记总分类账
   C. 根据科目汇总表登记总分类账   D. 根据汇总记账凭证登记总分类账

9. 记账凭证账务处理程序、汇总记账凭证账务处理程序和科目汇总表账务处理程序的主要不同点是( )。
   A. 登记总分类账的依据不同   B. 编制汇总记账凭证的依据不同
   C. 登记日记账的依据不同   D. 编制记账凭证的依据不同

10. 科目汇总表汇总的是( )。
    A. 全部科目的借方发生额   B. 全部科目的贷方发生额
    C. 全部科目的借贷方余额   D. 全部科目的借贷方发生额

11. 汇总记账凭证账务处理程序的优点：一是可以减少登记总账的工作量，二是( )。
    A. 简单明了，易于理解   B. 便于了解账户间的对应关系
    C. 简明易懂   D. 可以做到试算平衡

12. 下列不是科目汇总表账务处理程序的优点的是( )。
    A. 减轻了登记总账的登记工作   B. 可以对发生额进行试算平衡
    C. 简明易懂，方便易学   D. 反映账户之间的对应关系，便于查对账目

13. 常见的三种账务处理程序中，会计报表是根据( )资料编制的。
    A. 日记账、总分类账和明细账   B. 日记账和明细分类账
    C. 明细账和总分类账   D. 日记账和总分类账

14. 在各种不同的账务处理程序中，不能作为登记总分类账依据的是( )。
    A. 记账凭证   B. 汇总记账凭证
    C. 汇总原始凭证 D. 科目汇总表

15. 关于记账凭证账务处理程序，下列说法不正确的是( )。
    A. 根据记账凭证逐笔登记总分类账，是最基本的账务处理程序
    B. 简单明了，易于理解，总分类账可以较详细地反映经济业务的发生情况
    C. 登记总分类账的工作量较大
    D. 适用于规模较大、经济业务量较多的单位

二、多项选择题

1. 记账凭证核算组织程序的优点有( )。
   A. 在记账凭证上能够清晰地反映账户之间的对应关系

B. 可以减轻总分类账登记的工作量
C. 账页耗用较少
D. 在总分类账上能够比较详细地反映经济业务的发生情况
E. 总分类账登记方法易于掌握

2. 为便于编制汇总收款凭证，日常编制收款凭证时，分录形式最好是(　　)。
   A. 多借多贷　　　　　　　　　B. 多借两贷　　　　　　　　　C. 一借一贷
   D. 一借多贷　　　　　　　　　E. 多借一贷

3. 为便于汇总转账凭证的编制，日常编制转账凭证时，分录形式最好是(　　)。
   A. 多借多贷　　　　　　　　　B. 一借两贷　　　　　　　　　C. 一借一贷
   D. 一贷多借　　　　　　　　　E. 一借多贷

4. 科目汇总表核算组织程序的优点有(　　)。
   A. 能够保证总分类账登记的正确性　　　　B. 适用性比较强
   C. 可以进行账户发生额的试算平衡　　　　D. 可减轻登记总分类账的工作量
   E. 可清晰地反映账户之间的对应关系

5. 科目汇总表的作用有(　　)。
   A. 减少总分类账的记账工作量
   B. 进行登记总分类账前的试算平衡
   C. 反映账户的对应关系
   D. 汇总有关账户的本期借、贷方发生额

6. 科目汇总表核算形式下，月末应与总分类账核对的内容有(　　)。
   A. 现金日记账　　　　　　　　B. 银行存款日记账
   C. 科目汇总表　　　　　　　　D. 明细账

7. 在采用汇总记账凭证核算程序时，编制记账凭证的要求是(　　)。
   A. 收款、付款、转账凭证均可一借一贷
   B. 转账凭证可一借多贷
   C. 转账凭证可一贷多借
   D. 收款凭证可一借多贷

8. 汇总记账凭证账务处理程序与科目汇总表账务处理程序的共同点有(　　)。
   A. 减少登记总分类账的工作量
   B. 总分类账可以比较详细地反映经济业务的发生情况
   C. 有利于查账
   D. 均适用于经济业务较多的单位

9. 记账凭证账务处理程序与汇总记账凭证账务处理程序的相同之处在于(　　)。
   A. 根据原始凭证或汇总原始凭证编制记账凭证
   B. 根据收、付款凭证逐笔登记现金日记账和银行存款日记账
   C. 根据各种记账凭证和有关原始凭证或原始凭证汇总表登记明细账
   D. 根据记账凭证逐笔登记总分类账

10. 各种会计账务处理程序下，登记明细账的依据可能有(　　)。
    A. 原始凭证　　　　　　　　　B. 汇总原始凭证

C. 记账凭证　　　　　　　　　　D. 汇总记账凭证

三、判断题

1. 会计循环一般都是在一个特定的会计期间内完成的。（　）
2. 记账凭证核算组织程序是一种最基本的会计核算组织程序。（　）
3. 汇总记账凭证是根据各种专用记账凭证汇总而成的。（　）
4. 汇总收款凭证、汇总付款凭证和汇总转账凭证应每月分别编制一张。（　）
5. 多借多贷的会计分录会使账户之间的对应关系变得模糊不清。（　）
6. 编制汇总记账凭证的作用是可以对总分类账进行汇总登记。（　）
7. 科目汇总表也是一种具有汇总性质的记账凭证。（　）
8. 可以根据科目汇总表的汇总数字登记相应的总分类账。（　）
9. 科目汇总表的汇总结果体现了所有账户发生额的平衡相等关系。（　）
10. 各种核算组织程序下采用的总分类账均为借、贷、余三栏式。（　）
11. 各单位必须使用统一的会计账务处理程序。（　）
12. 使用记账凭证账务处理程序不能将原始凭证汇总成原始凭证汇总表。（　）
13. 记账凭证账务处理程序、汇总记账凭证账务处理程序、科目汇总表账务处理程序的不同之处在于登记总分类账的依据和程序不同。（　）
14. 科目汇总表账务处理程序不能反映各科目的对应关系，不便于查对账目，但汇总记账凭证账务处理程序可以克服科目汇总表账务处理程序的这个缺点。（　）
15. 库存现金日记账和银行存款日记账不论在何种账务处理程序下，都是根据收款凭证和付款凭证逐日、逐笔顺序登记的。（　）

四、名词解释

账务处理程序　记账凭证账务处理程序　科目汇总表账务处理程序　汇总记账凭证账务处理程序

五、思考题

1. 会计核算形式有哪几种？它们的根本区别是什么？
2. 阐述记账凭证、科目汇总表及汇总记账凭证三种会计核算形式的特点及各自账务处理程序的不同之处。
3. 阐述记账凭证、科目汇总表及汇总记账凭证三种会计核算形式的优缺点及适用范围。
4. 如何编制科目汇总表？
5. 如何编制汇总记账凭证？

六、业务题

目的：掌握科目汇总表账务处理程序。

资料：某公司2020年1月末各个账户余额及2月份发生的交易事项如下。

各账户1月末余额如表7-20所示。

表 7-20 某公司 2020 年 1 月末各个账户余额

账户名称	明细账户名称	期末数	账户名称	明细账户名称	期末数
库存现金		3 000	短期借款		262 000
银行存款		60 000	应付账款	万得福公司	18 000
应收票据	西宝公司	22 000	应付职工薪酬	福利费	8 000
应收账款	乐宝公司	10 000	应交税费	增值税	3 06
应收账款	福佳公司	6 000	应交税费	城建税	0
预付账款	秋立公司	26 000	应交税费	教育费附加	214.2
库存商品	A 产品	30 000	应交税费	房产税	91.8
库存商品	B 产品	20 000	应交税费	土地使用税	600
原材料	甲材料	24 000	实收资本	A 投资商	200
原材料	乙材料	12 000	实收资本	B 投资商	300 000
固定资产	生产设备	400 000	资本公积		150 000
固定资产	轿车	200 000	利润分配		31 800
累计折旧	生产设备	20 000(贷方)	本年利润		8 016
累计折旧	轿车	8 000(贷方)			3 018
合　　计		785 000	合　　计		785 000

其中，"库存商品"包括：A 产品 200 件，单价 150 元(本资料中所指单价均不含增值税，本公司适用税率为 13%)，计 30 000 元；B 产品 200 件，单价 100 元，计 20 000 元。

"原材料"包括：甲材料 200 吨，单价 120 元，计 24 000 元；乙材料 200 千克，单价 60 元，计 12 000 元。

2 月份发生如下交易事项。

(1) 1 日，向万得福公司购入甲材料 100 吨，单价 120 元，计 12 000 元，增值税进项税额为 1560 元，款项未付，材料已入库。

(2) 5 日，财务科杨科长出差借款 500 元，以现金支付。

(3) 6 日，用银行存款缴纳增值税 3 060 元，城市维护建设税 214.20 元，教育费附加 91.80 元，房产税 600 元，土地使用税 2 00 元，转账手续费为 3 元。

(4) 6 日，西宝公司的应收票据 22 000 元到期，已通过银行收款。

(5) 7 日，从万方材料厂购入乙材料 100 千克，单价为 60 元，计 6 000 元，增值税进项税额为 780 元，价款以银行存款支付，材料已入库。

(6) 8 日，销售给乐宝公司 A 产品 100 件，单价为 200 元，计 20 000 元，销项税额为 2600 元，款项未收。

(7) 9 日，收到福佳公司前欠货款 6 000 元，已存入银行。

(8) 9 日，以银行存款偿还万得福公司账款 18 000 元。

(9) 12 日，杨科长出差回来，报销差旅费 350 元，交回余款 150 元。

(10) 12 日，以现金支付行政部门办公用品费 900 元。

(11) 13 日，从银行提取现金 500 元备用。

(12) 14 日，接银行收款通知，收到乐宝公司偿还前欠货款 5 000 元。

(13) 23 日，秋立公司发来甲材料 100 吨，单价 120 元，价款 12 000 元，增值税进项税为 1560 元，材料已验收入库，材料款已预付。

(14) 29 日，分配本月工资 22 500 元，其中：A 产品工人工资 9 800 元，B 产品工人工资 6200 元，车间管理人员工资 3 000 元，行政管理人员工资 3 500 元。

(15) 29 日，提取本月固定资产折旧费 4 800 元，其中：生产设备折旧费 4 000 元，轿车折旧费 800 元。

(16) 29 日，按照生产 A、B 产品的工人工资分配本月制造费用。

(17) 29 日，从银行提取现金 22 500 元备发工资，并且实际发放。

(18) 29 日，计算本月应交房产税 600 元，土地使用税 200 元。

(19) 29 日，结转已销 A 产品销售成本 15 000 元。

(20) 29 日，结转本月损益类科目。

要求：根据以上资料用科目汇总表账务处理程序进行操作。

7.1 账务处理程序概述.mp4

7.2 记账凭证账务处理程序.mp4

7.3 科目汇总表账务处理程序.mp4

7.4 汇总记账凭证账务处理程序.mp4

项目八 会计凭证的装订及会计档案管理

【知识目标】

- 熟悉会计凭证的装订程序,掌握会计凭证的装订方法。
- 熟悉会计资料归档保管的规定。

【技能目标】

- 能够熟练地装订会计凭证。
- 能够正确保管会计资料。

> **案例引导**
>
> 2019年12月31日,烟台市唯美食品厂的实习会计员张立看到财务科的同事都在忙,想帮着做点力所能及的事情,于是会计主管让她把分散在各个同事手里的会计凭证收回来装订成册。
>
> 思考:如果你是会计员张立,你该如何做?

任务一 会计凭证的装订与保管

一、会计凭证的装订

(一)会计凭证装订前的准备

会计凭证装订前的准备是指对会计凭证进行排序、粘贴和折叠。因为原始凭证的纸张面积与记账凭证的纸张面积不可能全部一样,有时前者大于后者,有时前者小于后者,这就需要会计人员在制作会计凭证时对原始凭证加以适当整理,以便下一步装订成册。对于纸张面积大于记账凭证的原始凭证,可按记账凭证的面积尺寸,先自右向后,再自下向后两次折叠。注意应把凭证的左上角或左侧面让出来,以便装订后,还可以展开查阅。

对于纸张面积过小的原始凭证,一般不能直接装订,可先按一定次序和类别排列,再黏在一张同记账凭证大小相同的白纸上,粘贴时宜用胶水。票据应分张排列,同类、同金额的单据尽量黏在一起;同时,在一旁注明张数和合计金额。对于纸张面积略小于记账凭证的原始凭证,可先用回形针或大头针别在记账凭证后面,待装订时再抽去回形针或大头针。有的原始凭证不仅面积大,而且数量多,可以单独装订,如工资单、材料单等,但在记账凭证上应注明保管地点。

原始凭证附在记账凭证后面的顺序应与记账凭证所记载的内容顺序一致,不应按原始凭证的面积大小来排序。会计凭证经过上述的加工整理之后,就可以装订了。

(二)会计凭证的装订方法

会计凭证的装订是指把定期整理完毕的会计凭证按照编号顺序,外加封面、封底,装订成册,并在装订线上加贴封签。在封面上,应写明单位名称、年度、月份、记账凭证的种类、起讫日期、起讫号数,以及记账凭证和原始凭证的张数,并在封签处加盖会计主管的骑缝图章。如果采用单式记账凭证,在整理装订凭证时,必须保持会计分录的完整。为此,应按凭证号码顺序还原装订成册,不得按科目归类装订。对各种重要的原始单据,以及各种需要随时查阅和退回的单据,应另编目录,单独登记保管,并在有关的记账凭证和原始凭证上相互注明日期和编号。汇总装订后的会计凭证封面如图8-1所示。

会计凭证装订的要求是既美观大方又便于翻阅,因此在装订时要先设计好装订册数及每册的厚度。一般来说,一本凭证的厚度以1.5~2.0cm为宜,太厚了不便于翻阅核查,太薄了又不利于戳立放置。凭证装订册数可根据凭证多少来定,原则上以月份为单位装订,每月订成一册或若干册。有些单位业务量小,凭证不多,可以把若干个月份的凭证合并订

项目八 会计凭证的装订及会计档案管理

成一册，只要在凭证封面注明本册所含的凭证月份即可。

```
                          会计凭证封面
单位名称：_____ 凭证种类：_____ 年度
本月共_____册之第_____册
本册号数：自_____号起至_____号
本册日期：自____月____日起至____月____日止
会计主管：_____ 会计：_____ 装订：____
```

图 8-1 会计凭证封面

为了使装订成册的会计凭证外形美观，在装订时要考虑到凭证的整齐均匀，特别是装订线的位置。如果太薄，可用纸折一些三角形纸条，均匀地垫在此处，以保证它的厚度与凭证中间的厚度一致。

在装订会计凭证时还可以采用角订法，装订起来简单易行。其具体操作步骤如下。

(1) 将凭证封面和封底裁开，分别附在凭证前面和后面，再拿一张质地相同的纸(可以再找一张凭证封皮，裁下一半用，另一半为订下一本凭证备用)放在封面上角，做护角线。

(2) 在凭证的左上角画一边长为 5cm 的等腰三角形，用夹子夹住，用装订机在底线上分布均匀地打两个眼儿。

(3) 用大针引线绳穿过两个眼儿。如果没有针，可以将回型别针顺直，然后将两端折向同一个方向，将线绳从中间穿过并夹紧，即可把线引过来，因为一般装订机打出的眼儿是可以穿过的。

(4) 在凭证的背面打线结。线绳最好在凭证中端系上。

(5) 将护角向左上侧折，并将一侧剪开至凭证的左上角，然后抹上胶水。

(6) 向后折叠，并将侧面和背面的线绳扣黏死。

(7) 待晾干后，在凭证本的脊背上面写上"某年某月第几册共几册"字样。装订人在装订线封签处签名或者盖章。现金凭证、银行凭证和转账凭证最好依次顺序编号，一个月从头编一次序号，如果单位的凭证少，可以全年顺序编号。

二、会计凭证的保管

会计凭证的保管是指会计凭证记账后的整理、装订、归档和存查工作。会计凭证是重要的会计档案和经济资料，会计部门在记账完成以后应该妥善进行保管。对会计凭证的保管，既要保证凭证完整无缺，又要便于平时查阅，主要有下列要求。

(1) 会计凭证应定期装订成册，防止散失。在记账完成以后，各种记账凭证应该按照编号顺序连同所附原始凭证或者原始凭证汇总表，定期归类，装订成册。原始凭证较多时可单独装订，但应在凭证封面注明所属记账凭证的日期、编号和种类，同时在所属的记账凭证上注明"附件另订"字样及原始凭证的名称和编号，以便查阅。

(2) 会计凭证应加具封面，封面应注明单位名称、凭证种类、凭证张数、起止号数、年度、月份、会计主管人员、装订人员等有关事项，会计主管人员和保管人员应在封面上签章。

(3) 会计凭证应加贴封条，防止抽换凭证。原始凭证不得外借，其他单位如有特殊原因确实需要使用时，经本单位会计机构负责人、会计主管人员批准，可以复制。向外单位提供的原始凭证复制件，应在专设的登记簿上登记，并由提供人员和收取人员共同签名、盖章。

(4) 对于装订成册的会计凭证，应指定专门人员来保管，年末移交至财会档案室登记归档。当需要对归档的会计凭证进行查阅时，要经得会计主管人员的同意。

(5) 各类会计凭证按照规定的期限进行保管。每年装订成册的会计凭证在年度终了时可暂由单位会计机构保管一年，期满后应当移交本单位档案机构统一保管。在保管期限内的凭证，任何人不得任意销毁。对于达到保管期限要进行销毁的会计凭证，应该开列清单，在相关人员的监督下，对其进行销毁。

任务二　会计档案管理

一、会计档案概述

会计档案是指单位在进行会计核算等过程中接收或形成的，记录和反映单位经济业务事项的，具有保存价值的文字、图表等各种形式的会计资料，包括通过计算机等电子设备形成、传输和存储的电子会计档案。

会计档案具体包括以下内容。

(1) 会计凭证，包括原始凭证、记账凭证。

(2) 会计账簿，包括总账、明细账、日记账、固定资产卡片及其他辅助性账簿。

(3) 财务会计报告，包括月度、季度、半年度、年度财务会计报告。

(4) 其他会计资料，包括银行存款余额调节表、银行对账单、纳税申报表、会计档案移交清册、会计档案保管清册、会计档案销毁清册、会计档案鉴定意见书及其他具有保存价值的会计资料。

二、会计档案的归档、保管和查阅

(一)会计档案的归档

各单位每年形成的会计档案，应当由会计机构按照归档要求，整理立卷，装订成册，编制会计档案保管清册。需要整理归档的会计资料如下。

1. 会计凭证的整理归档

会计凭证一般按月整理，并装订成册。月末，首先将所有需要归档的会计凭证收集齐全，并根据记账凭证的种类进行分类。例如，采用专用凭证，可按收、付、转分为三类，每一类按顺序号整理排列。每类记账凭证按适当厚度分成若干册，每册厚度应尽可能保持一致。如果单位采用汇总记账凭证或科目汇总表账务处理程序，在凭证分册时应考虑记账凭证的汇总范围，将汇总记账凭证或科目汇总表附在各册记账凭证之前。然后给每一册凭证加具封面，封面上要注明单位及凭证名称、日期、起止号码、本月共几册、本册为第几册等内容。最后由会计主管人员和装订人员签章，且加盖公章。如果原始凭证过多。例如，收料单、领料单和路桥费用票据等，可以单独装订成册保管，在封面上注明记账凭证日期、编号、种类，同时在记账凭证"摘要"栏注明"附件另订"字样和原始凭证名称及编号。

2. 会计账簿的整理归档

年度终了，各种账簿在结转下年、建立新账之后，要统一整理归档。对活页式账簿，首先要将其中的空白账页取出，然后对各明细分类账户按"第×页"顺序排列，再对整本活页账簿中的账页不分账户只按其在账簿中的排列顺序编号，填入各账页上端"总×页"处。编码完毕后，将账页总数填入账簿扉页的账簿启用表中，并填写账簿目录表。

3. 会计报表的整理归档

会计报表一般在年度终了后，由专人统一收集、整理、装订并归档。整理时，将全年的会计报表按时间顺序排列并装订成册，加具封面，并在封面中注明报表的名称、页数、归档日期等，经财务负责人审核、盖章后归档。

(二)会计档案的保管

1. 当年形成会计档案的保管

当年形成的会计档案，在会计年度终了后，可由单位会计管理机构临时保管一年，再移交单位档案管理机构保管。因工作需要确需推迟移交的，应当经得单位档案管理机构同意。

单位会计管理机构临时保管会计档案最长不超过三年。临时保管期间，会计档案的保管应当符合国家档案管理的有关规定，且出纳人员不得兼管会计档案。

2. 会计档案移交档案机构后的保管

单位会计管理机构在办理会计档案移交时，应当编制会计档案移交清册，并按照国家档案管理的有关规定办理移交手续。

纸质会计档案移交时，应当保持原卷的封装。电子会计档案移交时应当将电子会计档案及其元数据一并移交，且文件格式应当符合国家档案管理的有关规定。特殊格式的电子会计档案应当与其读取平台一并移交。

单位档案管理机构接收电子会计档案时，应当对电子会计档案的准确性、完整性、可用性、安全性进行检测，符合要求的才能接收。

会计档案的保管期限分为永久、定期两类。定期保管期限一般分为 10 年和 30 年。

各类会计档案的具体保管期限如表 8-1 所示。会计档案的保管期限从会计年度终了后的第一天算起。各类会计档案的保管期限原则上应当按照附表执行，本规定的会计档案保管期限为最低保管期限。

表 8-1　企业和其他组织会计档案保管期限表

企业和其他组织会计档案保管期限表

序　号	档案名称	保管期限	备　注
一	会计凭证		
1	原始凭证	30 年	
2	记账凭证	30 年	
二	会计账簿		
3	总账	30 年	
4	明细账	30 年	
5	日记账	30 年	
6	固定资产卡片		固定资产报废清理后保管 5 年
7	其他辅助性账簿	30 年	
三	财务会计报告		
8	月度、季度、半年度财务会计报告	10 年	
9	年度财务会计报告	永久	
四	其他会计资料		
10	银行存款余额调节表	10 年	
11	银行对账单	10 年	
12	纳税申报表	10 年	
13	会计档案移交清册	30 年	
14	会计档案保管清册	永久	
15	会计档案销毁清册	永久	
16	会计档案鉴定意见书	永久	

(三)会计档案的查阅

单位应当严格按照相关制度利用会计档案，在进行会计档案查阅、复制、借出时，履行登记手续，严禁篡改和损坏。

单位保存的会计档案一般不得对外借出。确因工作需要且根据国家有关规定必须借出的，应当严格按照规定办理相关手续。

会计档案借用单位应当妥善保管和利用借入的会计档案，确保借入的会计档案安全完整，并在规定时间内归还。

三、会计档案销毁

单位应当定期对已到保管期限的会计档案进行鉴定，并形成会计档案鉴定意见书。经鉴定，仍需继续保存的会计档案，应当重新划定保管期限；对保管期满，确无保存价值的会计档案，可以销毁。

会计档案鉴定工作应当由单位档案管理机构组织单位会计、审计、纪检监察等机构或人员共同进行。

经鉴定可以销毁的会计档案，应当按照以下程序销毁。

(1) 单位档案管理机构编制会计档案销毁清册，列明拟销毁会计档案的名称、卷号、册数、起止年度、档案编号、应保管期限、已保管期限和销毁时间等内容。

(2) 单位负责人、档案管理机构负责人、会计管理机构负责人、档案管理机构经办人、会计管理机构经办人在会计档案销毁清册上签署意见。

(3) 单位档案管理机构负责组织会计档案销毁工作，并与会计管理机构共同派员监销。监销人在会计档案销毁前，应当按照会计档案销毁清册所列内容进行清点核对；在会计档案销毁后，应当在会计档案销毁清册上签名或盖章。

电子会计档案的销毁还应当符合国家有关电子档案的规定，并由单位档案管理机构、会计管理机构和信息系统管理机构共同派员监销。

保管期满但未结清的债权债务会计凭证和涉及其他未了事项的会计凭证不得销毁，纸质会计档案应当单独抽出立卷，电子会计档案单独转存，保管到未了事项完结时为止。

单独抽出立卷或转存的会计档案，应当在会计档案鉴定意见书、会计档案销毁清册和会计档案保管清册中列明。

单位因撤销、解散、破产或其他原因而终止的，在终止或办理注销登记手续之前形成的会计档案，按照国家档案管理的有关规定处置。

案例分析

会计员张立应将收集的 2019 年 12 月 1 日至 31 日的所有记账凭证，连同所附原始凭证，分类(按照业务量多少分收款凭证、付款凭证和转账凭证三类，或者"现收""现付""银收""银付"和"转"字五类凭证)按顺序编号，装订成册，并加具封面、封底，注明单位名称、凭证种类、所属月份和起讫日期、起讫号码、凭证张数等。装订处贴上封签，加盖骑缝章。

项 目 小 结

会计档案是指单位在进行会计核算等过程中接收或形成的，记录和反映单位经济业务事项的，具有保存价值的文字、图表等各种形式的会计资料。会计凭证作为重要的会计档案，应按照会计制度的规定，对其进行整理装订并妥善保管。其他会计档案也应按照国家档案管理的有关规定处理。

项目强化训练

一、单项选择题

1. 会计凭证登账后的整理、装订和归档存查称为(　　)。

A. 会计凭证的编制 B. 会计凭证的销毁
C. 会计凭证的传递 D. 会计凭证的保管

2. 关于会计凭证的传递和保管，下列说法不正确的是( )。
   A. 保证会计凭证在传递的过程中安全、及时、准确和完整
   B. 即使某些记账凭证所附原始凭证数量过多，也不可以单独装订保管。
   C. 会计凭证记账完毕后，应当按分类和编号装订成册
   D. 要建立会计凭证交接的签收手续

3. 会计档案不包括( )。
   A. 会计账簿类 B. 会计凭证类
   C. 财务报告类 D. 财务计划、预算和制度
   E. 银行存款余额调节表

4. 下列会计档案属于永久保管的有( )。
   A. 会计档案移交清册 B. 年度财务报告
   C. 银行存款日记账 D. 现金日记账
   E. 总分类账

二、多项选择题

1. 会计凭证的保管应做到( )。
   A. 由企业自行销毁 B. 保证会计凭证的安全、完整
   C. 定期归档以便查阅 D. 查阅会计凭证要有手续
   E. 办理相关手续后方可销毁

2. 会计凭证的保管应该做到( )。
   A. 要定期归档
   B. 要保证会计凭证的安全
   C. 任何人无权自行随意销毁
   D. 必须严格执行《会计法》和《会计档案管理办法》的规定
   E. 由企业随意销毁

3. 会计档案定期保存的期限分别为( )。
   A. 3 年 B. 5 年 C. 10 年
   D. 15 年 E. 30 年

4. 下列会计档案属于永久保管的有( )。
   A. 会计档案保管清册 B. 月、季财务报告
   C. 会计档案销毁清册 D. 总分类账和日记账
   E. 年度财务会计报告

5. 下列属于会计档案中其他类的有( )。
   A. 会计档案移交清册 B. 固定资产卡片
   C. 银行存款余额调节表 D. 会计档案保管清册
   E. 银行对账单

三、判断题

1. 根据会计凭证登账后，会计凭证的整理、装订和归档 2 年后可销毁。（ ）
2. 会计档案就是会计凭证。（ ）
3. 所有的会计档案都需要永久保存。（ ）
4. 会计档案到期由财务部门负责销毁。（ ）
5. 在企业现金和银行存款收付业务不多时，可由出纳员兼管会计档案的保管。（ ）
6. 银行对账单不能用于调整账目，因而就不属于会计档案。（ ）
7. 《会计档案管理办法》规定，企业的年度决算报表应永久保存。（ ）
8. 会计档案保管期满，档案保管人员即可自行将其销毁。（ ）

四、名词解释

会计凭证的保管　会计档案

五、思考题

1. 如何进行会计凭证的整理、装订与保管？
2. 如何整理和保管会计档案？
3. 简述会计档案销毁程序。

8.1 会计凭证的装订与保管.mp4

8.2 会计档案管理.mp4

项目九 会计工作组织

【知识目标】

- 掌握会计机构内部的岗位设置。
- 掌握会计人员应遵守的职业道德。

【技能目标】

- 掌握现阶段我国会计法规体系的相关构成。

案例引导

案例一：会计职业道德

某国有企业集团总会计师李军参加了财政部门组织的会计职业道德培训班后，认识到会计诚信教育事关重大，随即组织了本集团会计人员职业道德培训。培训结束后进行了考试，试题中有一案例，要求学员进行分析，案例如下。

晓东电子公司会计赵丽因努力钻研业务，积极提出合理化建议，多次被公司评为先进会计工作者。赵丽的丈夫在一家私有电子企业任总经理，在其丈夫的多次请求下，赵丽将在工作中接触到的公司新产品研发计划及相关会计资料复印件提供给丈夫，给公司带来一定的损失。公司认为赵丽不宜继续担任会计工作。

思考：

赵丽违反了哪些会计职业道德要求？

案例二：会计法律、法规、制度的规定

万民公司是一家国有大型企业。2014年12月，公司总经理针对公司效益下滑，面临亏损的情况，电话请示正在外地出差的董事长，董事长指示把财务会计报告做得"漂亮"些。于是总经理把这项工作交给公司总会计师，要求按董事长意见办理。总会计师按领导指示，对当年度的财务会计报告进行了技术处理，虚拟了若干笔无交易的销售收入，从而使公司的财务报表由亏变盈。经诚信会计师事务所审计后，公司财务会计报告对外报出。2015年4月，在《会计法》执行情况检查中，当地财政部门发现该公司存在重大会计作假行为，依据《会计法》及相关法律，分别下达了行政处罚告知书。万民公司相关人员接到行政处罚告知书后，均要求举行听证会。在听证会上，有关当事人作了如下陈述。

公司董事长称："我前一段时间出差在外，对公司情况不太了解，虽然在财务会计报告上签名并盖章，但只是履行会计手续，我不能负任何责任。具体情况可由公司总经理予以说明。" 公司总经理称："我是搞技术出身的，主要抓公司的生产经营，对会计我是外行，我虽在财务会计报告上签名并盖章，那也只是履行程序而已，以前也是这样做的，我不应承担责任，有关财务会计报告情况应由公司总会计师解释。"

公司总会计师称："公司对外报出的财务会计报告是经过诚信会计师事务所审计的，他们出具了无保留意见的审计报告。诚信会计师事务所应对本公司财务会计报告的真实性、完整性负责，承担由此带来的一切责任。"

思考：根据我国会计法律、法规、制度规定，分析公司董事长、总经理、总会计师在听证会上的陈述是否正确，并分别说明理由。

任务一　会计工作组织的基本内容

一、会计工作组织的意义

会计工作组织是指如何安排、协调和管理好企业的会计工作。会计机构和会计人员是会计工作系统运行的必要条件，而会计法规是保证会计工作系统正常运行的必要的约束机制。

组织会计工作，主要包括会计机构、会计人员的配备，会计法规和制度的制定及执行等内容。

会计是一项复杂而又细致的综合性经济管理活动，科学地组织会计工作，对完成会计任务，保证实现会计的目标，充分发挥会计的作用，促进国民经济发展等方面具有重要的意义。

1. 科学地组织会计工作，有利于保证会计工作的质量和提高会计工作的效率

会计工作是对再生产过程的经济活动和财务收支进行核算和监督，为管理者以及社会各界提供准确、可靠的会计信息。会计面对着频繁发生的经济活动和财务收支，要通过从凭证到账簿、从账簿到报表，进行连续的记录、计算、分类、汇总和分析检查，都需要一系列的程序和手续，各程序之间、各手续之间、各数字之间一环扣一环，联系密切。在任何一个环节上如果出现差错或脱节，都会影响整个核算工作的质量和效率。如果没有专职机构和办事人员，没有一套工作制度和办事程序，就不能把会计工作科学地组织起来，就不能很好地完成会计所肩负的责任。

2. 科学地组织会计工作，有利于同其他经济管理工作协调一致，提高企业管理水平

会计工作是企业单位经济管理工作的重要组成部分。会计工作既独立于其他管理工作，又同它们存在着十分密切的联系。它们之间既有区别，又相互制约、相互促进，从不同的角度对企业的经济活动进行管理。因此，会计工作一方面能够促进其他经济管理工作；另一方面也需要其他经济管理工作密切配合，相互协调。例如，会计工作与计划、统计工作之间，必须口径一致、相互协调一致。因此，只有按照一定的要求科学地组织会计工作，才能处理好会计工作与其他经济管理工作的分工协作关系，才能相互促进、充分发挥会计的作用，共同完成经济管理任务，实现其目标。

3. 科学地组织会计工作，有利于加强各单位的内部经济责任制

经济责任制是各单位实行内部经济管理的重要手段，实行内部经济责任制离不开会计。科学地组织会计工作，可以促使各单位内部及有关部门，管理好经济资源，增收节支，提高经济管理水平；讲求经济效益、取得最佳的经营成果，从而加强各单位内部的经济责任。

4. 科学地组织会计工作，有利于保证企业单位正确地执行党和国家的方针政策、法规制度，维护财经纪律，保护企业财产安全与完整

企业单位的经济活动和财务收支，都必须遵守国家法律、法规的规定。会计既要如实反映企业单位的经济活动和财务收支情况，同时还要以国家的方针、政策、法律、制度为标准，对企业单位的经济活动进行有效的监督。为此，科学地组织会计工作，可促进企业单位守法经营，保护企业单位的财产安全与完整。

二、会计工作组织的原则

为完成会计任务和实现会计目标，科学地组织会计工作，应遵循以下原则。

1. 统一性原则

统一性原则是指会计工作应遵循国家对会计工作的统一要求和《企业会计准则》的要求。会计所提供的信息，既要反映企业单位遵循国家方针、政策和预算、计划的情况和结果，同时又是国家确定方针、政策，编制计划和预算的主要依据之一。因此，只有按照统一的要求组织会计工作，才能贯彻国家的方针政策，进行会计核算，实施会计监督，才能发挥会计工作在维护社会主义市场经济秩序、加强经营管理、提高经济效益方面的作用。

2. 适应性原则

适应性原则是指组织会计工作，必须适应本单位经营管理的特点。各企业单位在遵守国家统一的会计准则的前提下，可根据本单位的生产经营特点和规模等具体情况，制订实施会计准则等法规的具体办法或相关规定。应采用不同的账簿组织、记账方法和记账程序、成本核算方法等，以适应企业自身的特点。

3. 效益性原则

效益性原则是指组织会计工作时，在保证核算质量的前提下，应讲求工作效率及效益，节约时间及费用。对会计管理程序的规定，会计机构的设置，会计凭证、账簿、报告的设计，以及会计人员的配备与分工等，必须本着力求精简合理的原则，尽可能地节约会计工作时间和费用。

4. 内部控制原则

所谓内部控制，是指企业为完成或达到生产经营目标，所制定的规章制度的总和。其控制程序的设计，具体包括：交易授权、职责划分、凭证记录与控制、资产接触与记录控制、独立稽核等，在进行会计制度设计时，必须充分考虑不相容职务的分离。

5. 责任制原则

组织会计工作，应在保证贯彻整个企业单位责任制的同时，建立和完善会计工作本身的责任制度，合理地进行分工，建立会计岗位、手续和程序，每个岗位上的会计人员都应认真履行本岗位的职责，同时各岗位之间应相互配合，共同做好本单位的会计工作。

任务二 会 计 机 构

一、会计机构的设置

会计机构是组织领导和直接从事会计工作的职能部门。建立和健全会计机构是保证会计工作正常进行,充分发挥会计管理作用的重要条件。

1. 中央和地方各级主管部门会计机构的设置

《会计法》第七条规定:"国务院财政部门主管全国的会计工作。县级以上地方人民政府的财政部门负责管理本行政区域内的会计工作。"

按照《会计法》的这一规定,国家财政部设置会计司,主管全国的会计工作,是全国会计工作的最高领导机构。其主要职责是:在财政部的领导下,制定和颁发全国性的会计法规、准则和制度;研究制订改进会计工作的措施与会计规划;制定全国会计人员的培训规划;管理全国会计人员的技术职称工作;管理、监督注册会计师事务所的业务,组织全国注册会计师资格考试,批准注册会计师,颁发注册会计师证等。

地方财政部门和企业主管部门设置会计处、科,主管本地区、本系统企业的会计工作。其主要职责是:组织实施财政部制订、颁发的会计法规、准则和制度;组织、领导和监督所属企业的会计工作;编制本地区、本系统的汇总会计报表;负责组织本地区、本系统会计人员的业务培训等。各企业主管部门在会计业务上,接受同级财政部门的指导和监督。

2. 基层企业、行政和事业单位会计机构的设置

基层企业、行政和事业等单位,可以根据各自规模的大小、业务的繁简,分别设置能适应本单位需要的会计处、科等会计机构,负责办理本单位的会计工作。规模较小、业务较少的单位不具备设置条件的,应当委托经批准设立从事会计代理记账业务的中介机构代理记账。其主要任务是:对本单位日常发生的经济业务进行会计核算;对单位各项经济业务的合理性、合法性和有效性进行会计监督;定期向会计信息需求者提供会计报表;通过对会计信息的利用,参与本单位的经营管理等。基层单位的会计部门在本单位负责人、总会计师或有关行政领导人的领导下进行工作,并同时接受上级会计部门的指导和监督。

二、会计机构内部的岗位设置

会计工作岗位是在会计机构内部按照会计工作需要进行的合理分工,以明确责权,各司其职。各单位应根据自身管理的需要、内部控制要求、会计工作手段、成本效益原则来合理确定具体的会计工作岗位。一般来说,可以设置的会计工作岗位有:会计机构负责人或会计主管人员、出纳、稽核、资本基金核算、财产物资核算、收入支出核算、债权债务核算、工资核算、成本费用核算、财务成果核算、总账报表、会计档案管理等。采用会计电算化核算的单位,除了可以设置这些基本岗位之外,还应该设立会计电算化核算岗位。

这些岗位可以一岗一人或一岗多人,也可以一人多岗,但是必须符合内部控制制度的

要求,实行会计稽核制度和内部牵制制度,做到不相容职务相分离,出纳人员不得兼任稽核、会计档案保管和收入、费用、债权债务的账目登记等工作。只有科学、合理地设置会计工作岗位,才能使会计机构有效运转,保证会计核算质量,发挥会计监督职能。

对于会计档案管理岗位,在会计档案正式移交之前,属于会计岗位,正式移交档案管理部门之后,就不再属于会计岗位。档案管理部门的人员管理会计档案,不属于会计岗位。医院门诊收费员、住院处收费员、药房收费员、药品库房记账员、商场收银员所从事的工作均不属于会计岗位的工作。单位内部审计、社会审计、政府审计工作也不属于会计岗位。

三、企业会计工作的组织形式

一般情况下,企业在会计核算工作中可采用集中核算与非集中核算两种形式。

1. 集中核算

集中核算是指把整个单位的会计核算工作都集中在单位会计部门进行。在这种核算体制下,单位内部的各职能部门、生产车间不单独核算,只对本部门发生的经济业务负责填制或取得原始凭证,定期送交单位会计部门;单位会计部门根据各职能部门、生产车间送来的原始凭证,在审核无误后填制记账凭证,登记账簿,编制会计报表。实行集中核算可以减少核算层次,精简会计人员。集中核算形式一般适用于规模小、经济业务不多的单位。

2. 非集中核算

非集中核算又称分散核算,是指单位内部各职能部门、生产车间作为内部独立核算单位,对本部门、本生产车间所发生的经济业务负责办理编制记账凭证、登记账簿和编制会计报表,进行完整的会计核算;单位会计部门日常只处理单位管理部门范围内发生的会计事项和对内部核算单位的核算工作进行业务指导和检查,期末则根据内部各核算单位报来的资料,加以调整汇总,编制整个单位的会计报表。实行非集中核算,有利于单位内部各职能部门、生产车间及时地利用会计核算资料进行日常的考核和分析,有针对性地解决管理上存在的问题。非集中核算形式一般适用于实行内部经济核算制的单位。

一个单位是实行集中核算,还是实行非集中核算,主要取决于经营管理上的需要。在一个单位内部,对各职能部门、生产车间可以根据经营管理上的要求,分别采取集中核算和非集中核算,即采取集中核算和非集中核算相结合的形式。但是,无论采取哪一种核算形式,单位对外的现金收支、银行存款转账,应收、应付款的结算,都应由单位会计部门集中办理。

任务三 会 计 人 员

会计人员是单位专门从事财务会计工作的人员。每一个会计机构都应根据会计业务的需要,配备一定数量合格的会计人员。合理配备会计人员是提高会计工作效率和会计信息质量的重要保证。

一、会计人员的职责和权限

(一)会计人员的职责

会计人员的主要职责,概括起来就是及时提供真实可靠的会计信息,认真贯彻执行和维护国家财经制度和财经纪律,积极参与经营管理,提高经济效益。

会计人员的主要职责包括:进行会计核算,实行会计监督,拟定本单位的会计工作实施办法,编制预算、财务计划,并考核、分析其执行情况等。具体有以下几项。

1. 进行会计核算

会计人员要以实际发生的经济业务事项进行会计核算,填制会计凭证,登记会计账簿,编制财务会计报告。进行会计核算,及时提供真实可靠、能满足有关各方需要的会计信息,是会计人员最基本的职责,也是做好会计工作最起码的要求。

2. 实行会计监督

各单位的会计机构、会计人员对本单位实行会计监督。监督的主要内容有以下几项。
(1) 对原始凭证进行审核和监督。
(2) 对实物、款项进行监督,督促建立并严格执行财产清查制度。
(3) 对指使、指令编造、篡改财务报告的行为进行制止和纠正。
(4) 对财务收支进行监督。
(5) 对违反单位内部会计管理制度的经济活动,应当制止和纠正。
(6) 对单位制定的预算、财务计划、经济计划、业务计划的执行情况进行监督。各单位必须接受审计机关、财政机关和税务机关依照法律和国家有关规定进行的监督,如实提供会计凭证、会计账簿、会计报表和其他会计资料以及有关情况,不得拒绝、隐匿、谎报。

3. 拟定本单位办理会计事务的具体办法

各单位要依据国家颁布的会计法规,结合本单位的特点和需要,建立健全本单位内部使用的会计事项处理办法。

4. 办理其他会计事务

随着社会经济的不断发展,人们对经济管理的要求也不断提高。作为经济管理的重要组成部分,会计业务也将会不断地丰富。

(二)会计人员的权限

会计人员的权限有以下三项。
(1) 有权要求本单位有关部门、人员认真执行国家批准的计划、预算,遵守国家法律及财经纪律和财务会计制度。如有违反法律、法规的情况,会计人员必须拒绝执行,并向本单位领导人或上级机关执法部门报告。
(2) 有权参与本单位编制计划,制定定额,签订经济合同,参加有关的生产、经营管理会议。领导人和有关部门对会计人员提出的财务开支和经济效益方面的问题和意见,要认真考虑，合理的意见要加以采纳。

(3) 有权监督、检查本单位有关部门的财务收支，资金使用和财产保管、收发、计量、检验等情况，保证财产真实、收支合法、合理。

二、会计人员的职业道德

会计职业道德是指一定的社会经济条件下，对会计职业行为及职业活动的系统要求或明文规定，它是社会道德体系的一个重要组成部分，是职业道德在会计职业行为和会计职业活动中的具体体现。根据我国会计工作和会计人员的实际情况，结合国际上会计职业道德的一般要求，会计人员职业道德的内容可以概括为以下几点。

(1) 爱岗敬业。

爱岗敬业要求会计人员热爱会计工作，安心本职岗位，忠于职守，尽心尽力，尽职尽责。

(2) 诚实守信。

诚实守信要求会计人员做老实人，说老实话，办老实事，执业谨慎，信誉至上，不为利益所诱惑，不弄虚作假，不泄露秘密。

(3) 廉洁自律。

廉洁自律要求会计人员公私分明，不贪不占，遵纪守法，清正廉洁。

(4) 客观公正。

客观公正要求会计人员端正态度，依法办事，实事求是，不偏不倚，保持应有的独立性。

(5) 坚持准则。

坚持准则要求会计人员熟悉国家法律、法规和国家统一的会计制度，始终坚持按法律、法规和国家统一的会计制度的要求进行会计核算，实施会计监督。

(6) 提高技能。

提高技能要求会计人员增强提高专业技能的自觉性和紧迫感，勤学苦练，刻苦钻研，不断进取，提高业务水平。

(7) 参与管理。

参与管理要求会计人员在做好本职工作的同时，努力钻研相关业务，全面熟悉本单位的经营活动和业务流程，主动提出合理化建议，协助领导决策，积极参与管理。

(8) 强化服务。

强化服务要求会计人员树立服务意识，提高服务质量，努力维护和提升会计职业的良好社会形象。

在明确会计人员职业道德规范的基础上，财政部门、业务主管部门和各单位还要加强对会计人员职业道德的监督和检查工作，通过正反典型案例的宣传，帮助会计人员提高职业道德水平，逐步树立遵守职业道德的良好风尚。

三、会计人员的工作交接

会计人员的工作交接是指会计人员工作调动或因故离职时，与接替人员办理交接手续的一种工作程序。办理好会计工作交接，有利于分清移交人员和接管人员的责任，可以使会计工作前后衔接，保证会计工作顺利进行。《会计法》规定，会计人员调动工作或者离职，必须与接管人员办清交接手续。

(一)交接前的准备工作

会计人员工作调动或因故离职，必须将本人所经管的会计工作全部移交接管人员。没有办清交接手续的不得调动或者离职。根据《会计基础工作规范》的规定，会计人员在办理交接之前必须做好如下准备工作。

(1) 已经受理的经济业务尚未填制会计凭证的，应当填制完毕。

(2) 尚未登记账目的，应当登记完毕，结出余额，并在最后一笔余额后加盖经办人员印章。

(3) 整理应该移交的各项资料，对未了事项和遗留问题要写出书面说明材料。

(4) 编制移交清册，列明移交凭证、账簿、会计报表、公章、现金、有价证券、支票簿、发票、文件、其他会计资料和物品等内容；实行会计电算化的单位，从事该项工作的移交人员应在移交清册上列明会计软件及密码、会计软件数据盘、磁带等内容。

(5) 会计机构负责人、会计主管人员移交时，应将财务会计工作、重大财务收支问题和会计人员的情况等向接替人员介绍清楚。

(二)交接的基本程序

1. 移交点收

移交人员在离职前必须将经管的会计工作，在规定的期限内，全部向接替人员移交清楚。接替人员应认真按照移交清册逐项点收。具体要求如下。

(1) 现金要根据会计账簿记录余额进行当面点交，不得短缺。接替人员发现不一致或者"白条顶库"现象时，移交人员在规定期限内负责查清处理。

(2) 有价证券的数量要与会计账簿记录一致。有价证券的面额与发行价不一致时，按照会计账簿余额交接。

(3) 会计凭证、账簿、报表和其他会计资料必须完整无缺，不得遗漏。发现有短缺，必须查明原因，并在移交清册上注明，由移交人员负责。

(4) 银行存款账户余额要与银行对账单核对一致，如有未达账项，应编制银行存款余额调节表调节相符；各种财产物资和债权债务的明细账户余额要与总账有关账户余额核对相符；对重要实物要实地盘点，对余额较大的往来账户要与往来单位、个人核对。

(5) 公章、收据、空白支票、发票、科目印章以及其他物品等必须交接清楚。

(6) 实行会计电算化的单位，交接双方应在电子计算机上对有关数据进行实际操作，确认有关数字正确无误后，方可交接。

2. 专人负责监交

会计人员在办理交接手续时，必须有人监交，以起到督促作用。对监交的具体要求如下。

(1) 一般会计人员办理交接手续时，由单位的会计机构负责人、会计主管人员负责监交。

(2) 会计机构负责人、会计主管人员办理交接手续时，由单位领导人负责监交，必要时，主管单位可以派人会同监交。当出现下列情况时，由上级主管部门派人会同监交。

① 所属单位领导人不能监交，需要由上级主管单位派人代表主管单位监交，如因单位撤并而办理交接手续等。

② 所属单位领导人不能尽快监交，需要由上级主管单位派人督促监交，如由上级主管单位责成所属单位撤换不合格的会计机构负责人、会计主管人员，所属单位领导人以种种借口拖延不办理交接手续时。

③ 不宜由单位领导人单独监交，需要上级主管单位会同监交，如所属单位领导人与办理交接手续的会计机构负责人、会计主管人员有矛盾，交接时需要上级主管单位派人会同监交。

④ 上级主管单位认为存在某些问题需要派人会同监交的，也可以派人会同监交。

3. 交接后的有关事宜

交接后的有关事宜如下。

(1) 会计工作交接完毕后，交接双方和监交人要在移交清册上签名盖章，并在移交清册上注明：单位名称，交接日期，交接双方和监交人的职务、姓名，移交清册页数及需要说明的问题和意见等。

(2) 接管人员应继续使用移交前的账簿，不得擅自另立账簿，以保证会计记录前后衔接，内容完整。

(3) 移交清册填制一式三份，交接双方各持一份，存档一份。

(三) 会计工作临时交接

会计工作临时交接是指会计人员临时离职或者因病暂时不能工作，需要有人临时接替或者代理工作时所办理的工作交接手续。根据《会计基础工作规范》规定，会计人员临时离职或者因其他原因暂时不能工作的，都要办理交接手续。

(1) 临时离职或因病不能工作需要接替或代理的，会计机构负责人、会计主管人员或单位领导人必须指定专人接替或者代理，并办理会计工作交接手续。临时离职或因病不能工作的会计人员恢复工作时，应当与接替人员或代理人员办理交接手续。

(2) 移交人员因病或其他特殊原因不能亲自办理移交手续的，经单位领导人批准，可由移交人委托他人代办交接，但委托人应当对所移交的会计凭证、会计账簿、会计报表和其他有关资料的合法性、真实性承担法律责任。

(四) 会计资料移交后的责任界定

根据《会计基础工作规范》规定，移交人员对移交的会计凭证、会计账簿、会计报表和其他会计资料的合法性、真实性承担法律责任。移交人员所移交的会计资料是在其经办会计工作期间内所发生的，应当对这些会计资料的合法性、真实性负责。即便接替人员在交接时因疏忽没有发现所接收会计资料在合法性、真实性、完整性方面存在的问题，如事后发现，仍应由原移交人员负责，原移交人员不应以会计资料已移交而推脱责任。接管人员不对移交过来的会计资料的合法性、真实性和完整性负法律上的责任。

任务四 会 计 法 规

一、会计法规体系

会计法规是我国经济法规的一个重要组成部分。它是由国家和地方立法机关及中央、地方各级政府和行政部门制定颁发的有关会计方面的法律、法规、制度、办法和规定。我国的会计法规，就其实质上来讲，是规范会计核算和会计监督行为的法律法规制度体系，是以《会计法》为核心的，包括会计准则、会计制度等诸多法律、法规、政策和制度的组合。

我国的会计法规体系大致可以分为三个层次：一是由全国人民代表大会统一制定的会计法律，如《会计法》，它是一部规范我国会计活动的基本规范；二是由国务院(或财政部)制定的会计行政法律，如《企业会计准则》，它是按照基本会计法规的要求制定的专项会计法规，是企业制定具体会计制度的依据；三是企业根据《会计法》和《企业会计准则》的规定和要求，结合其具体经济环境和生产情况制定的会计核算办法。

二、会计法

《会计法》起草于1980年8月，自1985年5月1日起开始实行。1993年12月29日，第八届全国人大常委会第五次会议通过《关于修改〈中华人民共和国会计法〉的决定》。由于经济发展对会计工作提出新的要求，1999年10月31日，全国人大常委会第十二次会议表决并通过了经修订的《会计法》，同日，时任国家主席江泽民发布第二十四号令，公布修订后的《会计法》自2000年7月1日起执行。纵观《会计法》的修订历程，可以看出其制定的目的就是规范会计核算和会计监督，以保证会计资料和会计信息的真实性、完整性，便于企业加强经济管理和财务管理职能，提高经济效益。它是会计法律体系中层次最高的法律规范，是制定其他会计法律法规的依据，是指导会计工作的最高准则。

三、企业会计准则

企业会计准则也称企业会计原则，是企业会计确认、计量和报告行为的规范，是制定会计制度的依据，也是保证会计信息质量的标准。一般来说，各经济发达国家一般都针对本国具体的经济环境制定了各自的会计准则，有的由政府机关制定(如法国、德国等)，有的由民间执业团体制定(如美国)。我国过去一直没有统一的会计准则，企业一直执行按不同行业和不同所有制性质制定的企业会计制度，这是根据当时我国经济的具体发展状况制定的，在历史上曾起到过积极的作用。

为了适应社会主义市场经济和对外开放的需要，经国务院批准，财政部于1992年11月发布了《企业会计准则》，并自1993年7月1日起施行，此后又颁布了多项具体准则并不断地进行修改和完善。目前，新的会计准则体系包括《企业会计准则——基本准则》《企业会计准则第1号——存货》等42项具体准则和应用指南三个部分。这三个部分是一个有机整体,基本准则是纲,在整个准则体系中起统驭作用;具体准则是目,是依据基本准则原则要求对有关业务或报告做出的具体规定;应用指南是补充,是对具体准则的操作指引。

(一)基本准则处于会计准则体系的第一个层次

基本准则是整个会计工作和整个会计准则体系的指导思想和指导原则,对 42 个具体准则起统驭和指导作用,各具体准则的基本原则均来自基本准则,不得违反基本准则的精神。基本准则是"准则的准则",其作用不仅体现在具体准则的制定上,而且对实际工作也有指导作用。这是因为,现行的 42 个具体准则基本上涵盖了现阶段各类企业经济业务的一般情况。但是随着经济发展,还可能会出现新的经济业务,这些业务暂时没有具体准则来规范。在这种情况下,会计人员可以根据基本准则的精神对经济业务进行判断和处理。新修订的《企业会计准则——基本准则》的主要内容包括六个方面:基础、会计核算的基本前提、会计信息质量要求、会计要素、会计计量、财务会计报告。

(二)具体准则处于会计准则体系的第二层次

具体准则是根据基本准则制定的,用来指导企业各类经济业务确认、计量、记录和报告的规范。具体准则共有 42 项:《企业会计准则第 1 号——存货》《企业会计准则第 2 号——长期股权投资》《企业会计准则第 3 号——投资性房地产》《企业会计准则第 4 号——固定资产》《企业会计准则第 5 号——生物资产》《企业会计准则第 6 号——无形资产》《企业会计准则第 7 号——非货币资产交易》《企业会计准则第 8 号——资产减值》《企业会计准则第 9 号——职工薪酬》《企业会计准则第 10 号——企业年金基金》《企业会计准则第 11 号——股份支付》《企业会计准则第 12 号——债务重组》《企业会计准则第 13 号——或有事项》《企业会计准则第 14 号——收入》《企业会计准则第 15 号——建造合同》《企业会计准则第 16 号——政府补助》《企业会计准则第 17 号——借款费用》《企业会计准则第 18 号——所得税》《企业会计准则第 19 号——外币折算》《企业会计准则第 20 号——企业合并》《企业会计准则第 21 号——租赁》《企业会计准则第 22 号——金融工具确认和计量》《企业会计准则第 23 号——金融资产转移》《企业会计准则第 24 号——套期保值》《企业会计准则第 25 号——原保险合同》《企业会计准则第 26 号——再保险合同》《企业会计准则第 27 号——石油天然气开采》《企业会计准则第 28 号——会计政策会计估计变更和会计差错更正》《企业会计准则第 29 号——资产负债表日后事项》《企业会计准则第 30 号——财务报表列报》《企业会计准则第 31 号——现金流量表》《企业会计准则第 32 号——中期财务报告》《企业会计准则第 33 号——合并财务报表》《企业会计准则第 34 号——每股收益》《企业会计准则第 35 号——分部报告》《企业会计准则第 36 号——关联方披露》《企业会计准则第 37 号——金融工具列报》《企业会计准则第 38 号——首次执行企业会计准则》《企业会计准则第 39 号——公允价值计量》《企业会计准则第 40 号——合营安排》《企业会计准则第 41 号——在其他主体中权益的披露》《企业会计准则第 42 号——持有待售的非流动资产、处置组和终止经营》。这 42 条准则基本涵盖了各类企业的主要经济业务。

(三)应用指南处于会计准则体系的第三个层次

应用指南是根据基本准则和具体准则制定的,是指导会计实务的操作性指南。《企业会计准则应用指南》主要解决在运用准则处理经济业务时所涉及的会计科目、账务处理、会计报表及其格式。

四、企业会计制度

会计制度是根据会计法和会计准则制定的具体的规章、方法、程序等。会计制度主要包括:会计工作的基本规则;会计凭证的填制和审核;会计科目的设置及其核算内容;账簿组织和记账方法;会计事务处理方法程序;成本计算方法;财产清查方法;会计报表的格式、内容及其编报和审批程序;会计资料的分析和利用;会计检查的方法和程序;会计监督的形式和方法;会计档案的管理;会计工作的组织和管理;会计人员的职责权限等。

会计制度按制定单位的不同可分为:由财政部制定发布的国家统一会计制度和由基层单位自行制定或委托社会会计服务机构制定的基层单位内部会计制度。

制定企业会计制度应遵循以下基本原则。

(1) 制定会计制度要以会计准则为依据。会计准则只对会计核算的一般原则、会计要素原则、会计报表原则进行原则性的定义和说明,不具有操作性。为了贯彻执行会计准则,规范会计核算,还需要制定会计制度。但会计制度必须依据会计准则所规定的原则进行设计,会计政策、会计方法必须符合会计准则的规定,会计名词的定义、概念、内涵、外延都必须和会计准则相一致。具体说,会计制度的内容要符合会计准则规定的一般原则的要求,会计要素确认、计量的规定和会计报表种类、格式、内容的规定等。

(2) 制定会计制度要注意同有关法规相协调。会计制度中规定的会计政策、会计方法要符合财务、税收等国家法规的要求,使会计制度与财务制度、税收制度的内容相协调。因此,我国会计准则和会计制度的制定,既要保证会计的科学性和会计体系的完整性,以保证会计目标的实现,又要尽可能与财务和税收制度等有关法规相协调。

(3) 制定会计制度,在总结我国会计核算经验的基础上,要借鉴国际会计惯例。随着对外开放的不断扩大,对外经济交流与合作日益增多,我国经济逐渐与国际经济融为一体,在会计上需要与国际惯例接轨。因此,在会计政策的规定、会计方法的选择、会计报表体系的构成上,要充分借鉴国际会计惯例,注意与国际会计准则相协调,以适应开放型经济环境的需要。

(4) 为了保证会计信息的可比性,凡能统一、规范的尽量做到统一、规范,并要保持相对稳定。尽量使会计科目的设置、分类、使用和会计报表的设置、内容、报表项目的排列和编制说明等相一致,以保持制度的科学性。

在会计制度的执行过程中,还要检查、监督制度的执行情况,要重点检查会计人员是否按照会计制度的规定进行会计核算,是否手续完备、内容真实;是否数字准确、账目清楚、日清月结、按期报账;是否按照会计制度的规定,妥善保管会计凭证、账簿、报表等会计档案,以发挥会计工作的职能作用。

企业会计制度的制定和执行,使规范会计行为、保证会计信息质量、提高会计工作效率得以强化和实现。

案例分析

案例一：

赵丽违反了诚实守信、廉洁自律等会计职业道德要求。

案例二：

1. 董事长的陈述不符合会计法律、法规、制度的规定。

《会计法》规定，单位负责人对本单位的会计工作和会计资料的真实性、完整性负责，是本单位会计行为的责任主体。因此，董事长作为单位负责人和法定代表人，应对本单位会计资料的真实性、完整性负责。虽然临时出差在外，但他仍然是单位的负责人和法定代表人，仍然要在公司财务会计报告上签名盖章并对本公司的财务会计报表的真实性、完整性负责。对单位负责人会计责任的规定，不因单位负责人当时是否在场而改变，更何况该公司的会计造假行为实际上是由董事长授意指使的。

2. 总经理的陈述不符合会计法律、法规、制度的规定。

《会计法》规定，财务会计报告应当由单位负责人和主管会计工作的负责人、会计机构负责人签名盖章。总经理负责单位日常经营管理活动，许多财务活动和经济业务事项是在其指挥下进行的，也是财务会计报告的责任人，因此其应当承担相应的法律责任，不能以不懂会计业务来推脱。事实上，该公司总经理也参与了会计造假。

3. 总会计师的陈述不符合会计法律、法规、制度的规定。

会计责任与审计责任不能相互替代、减轻和免除。总会计师应对财务会计报告的真实性、完整性负责；同时也应指出，会计师事务所也应当承担相应的审计责任。

项 目 小 结

本项目主要阐述了企业会计实务中涉及的会计工作组织、会计机构设置以及会计法规体系构成等诸多方面的知识。通过学习本项目，要求明确会计工作的组织原则、会计机构的设置，掌握会计人员的职权范围和会计法规体系的构成等方面的知识。

项目强化训练

一、单项选择题

1. 会计人员的职责中不包括(   )。
   A. 进行会计核算　　　　　　B. 实行会计监督
   C. 编制预算　　　　　　　　D. 决定经营方针

2. 总会计师由具有（　　）以上专业技术资格的人员担任。
   A. 会计员　　　　　　　　　　B. 助理会计师
   C. 会计师　　　　　　　　　　D. 高级会计师
3. 下列各项中，不属于会计工作组织的是（　　）。
   A. 会计人员的配备　　　　　　B. 会计机构的设置
   C. 董事会组织　　　　　　　　D. 会计档案的保管
4. 《中华人民共和国会计法》规定主管全国会计工作的政府部门是（　　）。
   A. 国务院　　　　　　　　　　B. 中国注册会计师协会
   C. 全国人大　　　　　　　　　D. 财政部
5. 我国会计法规体系的第一层次是（　　）。
   A. 《会计法》　　　　　　　　B. 《企业财务会计报告条例》
   C. 《企业会计准则》　　　　　D. 《企业会计制度》

二、多项选择题

1. 一个单位是否单独设置会计机构，往往取决于以下几个因素（　　）。
   A. 单位规模的大小　　　　　　B. 经济业务和财务收支的简繁
   C. 注册会计师的意见　　　　　D. 经营管理的要求
2. 一般情况下，应单独设置会计机构的单位（　　）。
   A. 规模较小　　　　　　　　　B. 经济业务繁多
   C. 核算要求简单　　　　　　　D. 财务收支数额较大
   E. 规模较大
3. 会计核算工作组织形式包括（　　）。
   A. 专业核算　　　　　　　　　B. 非全面核算
   C. 非集中核算　　　　　　　　D. 非专业核算
   E. 集中核算
4. 我国《企业会计准则——基本准则》主要包括（　　）。
   A. 关于会计核算基本前提的规定　　B. 关于会计信息质量要求的规定
   C. 关于会计要素准则的规定　　　　D. 关于财务报告体系的规定
   E. 关于会计人员职责的规定

三、判断题

1. 会计机构的设置原则，既要考虑"精兵简政"，又要满足经济管理的要求，机构设置要合理，人员分工要严密。（　　）
2. 不具备设置会计机构条件的单位，应由代理记账业务的机构完成其会计工作。（　　）
3. 会计岗位可以是一人一岗或一人多岗，因此稽核岗位可以由出纳人员兼任。
   （　　）
4. 在《企业会计准则》中，对会计机构负责人和会计主管人员的任免，都做了若干特殊的规定。（　　）

四、名词解释

集中核算　非集中核算

五、思考题

1. 基层企业、事业单位应如何设置会计机构？
2. 会计人员应履行哪些职责？
3. 简要说明我国现行会计法规体系。

9.1 会计基础工作规范
及会计机构.mp4

9.2 会计人员.mp4

9.3 会计法规.mp4

参考文献

[1] 企业会计准则编审委员会. 企业会计准则 2020 年版[M]. 上海：立信会计出版社，2020.
[2] 企业会计准则编审委员会. 企业会计准则应用指南 2020 年版[M]. 上海：立信会计出版社，2020.
[3] 企业会计准则编审委员会. 企业会计准则案例讲解 2020 年版[M]. 上海：立信会计出版社，2020.
[4] 企业会计准则编审委员会. 企业会计准则条文讲解与实务运用 2020 年版[M]. 上海:立信会计出版社，2020.
[5] 财政部会计资格评价中心. 初级会计实务[M]. 北京：经济科学出版社，2019.
[6] 从丽娟，马玲. 基础会计[M]. 天津：天津大学出版社，2019.
[7] 杜珊，靳哲. 基础会计[M]. 北京：中国人民大学出版社，2019.
[8] 邵爱英，孙颖. 基础会计[M]. 北京：中国铁道出版社，2019.